한 권으로 끝내는
新 일본어
능력시험
필수단어

국립중앙도서관 출판시도서목록(CIP)

(한 권으로 끝내는) 新일본어 능력시험 필수단어 N3 N4
— 서울 : 창, 2015 p. ;   cm
감수 : 이치우, 오오또모후미꼬(大友富美子)
색인수록
권말부록: 일본어 문자와 음절 등
본문은 한국어, 일본어가 혼합수록됨

ISBN 978-89-7453-406-6 13730 : ￦12000
일본어 능력시험[日本語 能力試驗]
일본어 어휘[日本語 語彙]
730. 77-KDC5
495.6-DDC21   CIP2011003059

한 권으로 끝내는
新일본어 능력시험(JLPT) 필수단어 N3 N4

2015년 06월 05일 1쇄 발행
2024년 10월 15일 4쇄 발행

감수자 | 이치우 · 오오또모후미꼬
펴낸이 | 이규인
펴낸곳 | 도서출판 **창**
등록번호 | 제15-454호
등록일자 | 2004년 3월 25일

주소 | 서울특별시 마포구 대흥로4길, 49 1층(용강동, 월명빌딩)
전화 | (02) 322-2686, 2687 / **팩시밀리** | (02) 326-3218
홈페이지 | http://www.changbook.co.kr
e-mail | changbook1@hanmail.net

ISBN 978-89-7453-406-6   13730

정가 12,000원

*잘못 만들어진 책은 〈도서출판 **창**〉에서 바꾸어 드립니다.

*이 책의 저작권은 〈도서출판 창〉에 있습니다.
 저작권법에 의해 보호를 받는 저작물이므로 무단 전재와 복제를 금합니다.

한 권으로 끝내는 JLPT 新 일본어 능력시험 필수단어

N3 N4

＊머리말＊

F·o·r·e·w·o·r·d

요즘 일본어 학습자들이 늘어나면서 일본어능력시험에도 관심이 더해지고 있습니다. 최근에는 일본내의 관광가이드도 자격증 소지자로 제한하고 있으므로 통역 가이드 자격증이 각광을 받게 되자 점차 수험생들이 증가하고 있는 추세입니다.

일본어 시험에는 크게 분류하면 매월 시험이 실시되는 JPT(Japanese Proficiency Test)와 1년에 2번 실시되는 JLPT(Japanese Language Proficiency Test) 두 가지가 있습니다. 그 중에서 JLPT는 일본어 시험의 가장 핵심이 되는 시험입니다. 그 외에 일본으로 유학을 가기 위해 치러지는 EJU 등도 있습니다.

특히 일본어 능력시험은 1984년 처음 시행될 당시에는 15개 국가에서 7천 명 정도가 응시했으나 이후 점점 증가해 2008년에는 52개국가 약 56만 명이 응시하였습니다. 이처럼 수험자가 계속 증가함에 따라 연 1회 실시가 아닌 연간 복수 실시의 요망에 따라 일본 국제 교육지원협회와 국제교류 기금은 2010년부터 연 2회 실시를 결정했을 뿐만 아니라 일본어능력시험도 새롭게 바꾸었습니다.

시험의 새로운 특징은 문자·어휘·문법에 대한 지식뿐만이 아니라 언어지식을 이용해 과제수행을 위한 커뮤니케이션 능력을 측정하는 데 중점을 두었습니다. 따라서 학습자들은 단편적인 언어지식 습득이 아닌 의사 소통을 할 수 있는 회화능력까지 학습해야만 합니다.

또한 난이도를 4단계에서 5단계로 분류하여 2010년부터 개정되는 新일본어 능력시험은 기존 1급, 2급, 3급, 4급의 4단계가 명칭이 바뀌어 N1, N2, N3, N4, N5의 5단계로 세분화하여 보다 정밀하게 수험자의 능력을 측정할 수 있게 하였습니다. 新일본어 능력시험 각 단계의 난이도는 다음과 같습니다.

N1 - 기존 시험의 1급보다 높은 수준의 일본어 능력을 측정,
　　 합격 기준은 기존 시험과 거의 같다

F·o·r·e·w·o·r·d

> N2 – 기존 시험의 2급에 해당하는 난이도
> N3 – 기존 시험의 2급과 3급 사이 수준의 난이도(신설)
> N4 – 기존 시험의 3급에 해당하는 난이도
> N5 – 기존 시험의 4급에 해당하는 난이도

모든 시험의 대부분은 단어입니다. 일본어 단어의 중요성을 품사별로 나타내면 명사, 동사, 형용사, 어휘 및 문형입니다. 단어를 알아야 독해와 청해가 됩니다. 따라서 합격의 지름길은 누가 더 많이 체계적으로 학습하느냐에 따라 결정됩니다.

이 '한 권으로 끝내는 新JLPT N3·N4 일본어 능력시험 필수단어'의 특징을 보면 현재 시험 출제기준에 맞춰 N3와 N4로 나누어 합격에 필요한 핵심 단어만을 선별하였습니다. 또한 간혹 어려운 한자와 단어도 곁들였습니다. 그리고 JPT시험에 나오는 단어도 함께 다루어 두 가지 시험을 목표로 하는 학습자들에게 일본어 학습의 기본서입니다. 그 중에서도 중요한 것이 한자입니다. 한자를 알면 의미까지도 파악되어 공부하는 데 훨씬 도움이 됩니다. 모든 문자·어휘는 오십음도순으로, 중요한 단어는 ■로 표시, 문법은 접속 형태별로 정리하였으며, 예문은 최근 유행하는 실용 문장만을 엄선였습니다. 그리고 정확한 발음은 본사 홈페이지에서 MP3파일을 다운받아 들으면 보다 효과적으로 학습할 수 있습니다.

마지막으로 어학은 꾸준한 노력이 가장 중요합니다. 일본어가 우리말과 어순이 같고, 한자 문화권이라고 쉽게 생각하는 분들이 많습니다. 하지만 아무 요령 없이 학습하면 시간만 낭비할 뿐 만족스런 결과를 얻지 못할 것입니다. 그래서 본서는 그런 분들을 위해 부록편에 중요한 기초 일본어 자료를 실어 본서의 필수단어와 함께 학습하면 JLPT뿐 아니라 JPT에서도 좋은 점수를 기대할 수 있는 2배의 효과를 얻을 수 있을 것입니다.

차 례

Contents

Part I N3

1. 명사 ············· 8
2. 동사 ············· 74
3. な형용사 ············· 113
4. い형용사 ············· 126
5. 부사 ············· 140
6. 외래어 ············· 148
7. 기타 ············· 158
8. 문법 ············· 169
9. 한자 ············· 189

Part II N4

1. 명사 ············· 226
2. 동사 ············· 281
3. な형용사 ············· 308
4. い형용사 ············· 312
5. 부사 ············· 317
6. 외래어 ············· 324
7. 기타 ············· 328
8. 문법 ············· 333
9. 한자 ············· 346

Part III 부록

- 일본어 문자와 음절 ············· 368
- 수사 읽는 방법 ············· 374
- 동사 활용표 ············· 377
- 명사·형용사·형용동사의 변화 ············· 379
- 필수 관용구 ············· 382
- 필수 속담 ············· 384
- 찾아 보기 ············· 393

Part I
N3

1. 명사
2. 동사
3. な형용사
4. い형용사
5. 부사
6. 외래어
7. 기타
8. 문법
9. 한자

* 1402단어 *

명사

1
■ **(お)いわい** (お)祝い 　축하, 축하 선물, 축하파티

❖ おいわいを送(おく)る
축하선물(축의금)을 보내다

2
■ **(お)こづかい** (お)小遣い 　용돈

❖ 小遣(こづか)いにも困(こま)る　용돈에도 궁색하다

3
■ **(お)たがい** (お)互い 　서로, 피차, 상호간

❖ おたがいに遠慮(えんりょ)しあう　서로 사양하다

4
■ **(お)まつり** (お)祭り 　축제

花祭(はなまつ)り　꽃 잔치

5
■ **(お)みまい** (お)見舞い 　문안, 문병

❖ 病気(びょうき)のお見舞(みま)いに行(い)く　문병을 가다

6
■ **(お)みやげ** (お)土産 　토산품 선물, 방문선물

❖ みやげにクッキーを持(も)って行(い)く
선물로 쿠키를 들고 가다

7
■ **あい** 愛 　사랑

❖ 愛(あい)の誓(ちか)い　사랑의 맹세

8
□ **あかちゃん** 赤ちゃん 　아기(赤ん坊의 회화체)

❖ 赤(あか)ちゃんのちちくさいにおい
아기의 젖비린내

명사

9
□ **あかんぼう** 赤ん坊 　아기, 갓난아기

　❖ 赤ん坊を産む 아기를 낳다

10
■ **あき** 秋 　가을

　❖ 秋に咲く花 가을에 피는 꽃

11
■ **あさがた** 朝方 　아침무렵, 이른아침(↔ゆうがた)

　❖ 昨日の朝方地震があった
　　어제 아침결에 지진이 있었다.

12
■ **あさぬき** 朝抜き 　아침을 거른

　❖ 朝抜きで働く 아침을 거르고 일하다

13
■ **あじ** 味 　맛

　❖ 味のよい食べ物 맛 좋은 음식

14
■ **あし** 足 　발, 다리

　❖ 長い足 긴 다리

15
■ **あせ** 汗 　땀

　❖ 汗が引く 땀이 식다

16
■ **あつゆ** 熱湯 　더운물(=ねっとう)

　❖ 熱湯好き
　　뜨거운 목욕물을 좋아함. 또는 그 사람

17
■ **あてさき** 宛先 　수신처, 수신인

　❖ 宛先不明で戻る
　　수신인 불명으로 되돌아오다

JLPT N3 필수단어 | **9**

18
- **あな** 穴 구멍
  - 針の穴 바늘 구멍

19
- **あん** 案 생각, 계획, 예상
  - 案に相違して 예상[생각]과는 달리

20
- **あんない** 案内 안내
  - 案内役をかって出る 안내역을 맡고 나서다

21
- **いか** 以下 이하(↔いじょう)
  - 50歳以下 50세 이하

22
- **いがい** 以外 이외(↔いない)
  - これ以外の方法はない 이것 이외의 방법은 없다

23
- **いがく** 医学 의학
  - 臨床医学 임상 의학

24
- **いき** 息 숨, 호흡
  - 息をする[吸う] 숨을 쉬다

25
- **いけ** 池 연못
  - 池のこい 연못의 잉어

26
- **いけん** 意見 의견
  - 意見を述べる 의견을 말하다

27
いご 以後 — 이후(↔いぜん)

❖ 40歳以後の健康 40세 이후의 건강

28
いし 医師 — 의사

❖ 医師会 의사회

29
いじょう 以上 — 이상(↔いか)

❖ 6歳以上 6세 이상

30
いぜん 以前 — 이전(↔いご)

❖ 10月1日以前 10월 1일 이전

31
いっこだて 一戸建て — 단독 주택

❖ 一戸建てを好む大衆の性向
단독 주택을 좋아하는 일반의 성향

32
いどう 移動 — 이동

❖ 移動図書館 이동 도서관

33
いない 以内 — 이내(↔いがい)

❖ 三日以内 3일 이내

34
いぬ 犬 — 개

❖ 犬と猿 개와 원숭이

35
いまごろ 今頃 — 지금쯤, 이맘때

❖ 来年の今頃 내년 이맘때

36
☐ **いみ**　　　意味　　　의미

❖ 文章の中にふくまれている意味
문장 속에 내포된 의미

37
☐ **いもうと**　　妹　　여동생(↔おとうと)

❖ 妹がいると実ににぎやかだ
여동생이 있으면 참으로 떠들썩하다.

38
☐ **いりぐち**　　入り口　　입구(↔でぐち)

❖ 公園の入り口　공원 입구

39
■ **いわ**　　　岩　　　바위

❖ 岩をうがつ　바위를 뚫다

40
■ **いんさつ**　　印刷　　인쇄

❖ 凸版印刷　철판 인쇄

41
☐ **うけつけ**　　受け付け　　접수, 접수처

❖ 願書の受け付け期間　원서의 접수 기간

42
■ **うしろむき**　　後ろ向き　　등을 돌림

❖ すねてあのままずっと後ろ向きに座っている
토라져서 조냥 돌아앉아 있다

43
■ **うみぞい**　　海沿い　　해안, 바닷가

❖ 海沿い　바닷가의 도시

44
☐ **うわぎ**　　上着　　상의(↔したぎ)

❖ 上着のポケット　윗도리의 호주머니

45
■ **うんちんこみ** 運賃込み **운임이 포함된**
- 運賃込みの値段 운임을 포함한 값

46
■ **うんてん** 運転 **운전**
- ならし運転 연습 운전

47
■ **うんどう** 運動 **운동**
- だえん運動 타원 운동

48
□ **え** 絵 **그림**　　*絵の具(えのぐ)그림물감
- 絵ひがさ 그림이 있는 양산

49
■ **えいぎょう** 営業 **영업**　　*営業部(えいぎょうぶ)영업부
- うらぐち営業 비밀 영업

50
■ **えいきょう** 影響 **영향**
- たいない的影響 대내적 영향

51
■ **えがお** 笑顔 **웃는 얼굴**
- むしんな笑顔 천진난만하게 웃는 얼굴

52
■ **えんき** 延期 **연기**
- 無期延期 무기 연기

53
■ **えんそう** 演奏 **연주**
- へいばんな演奏 단조로운 연주

54 えんぴつ 鉛筆 연필　　*色鉛筆(いろえんぴつ) 색연필
- 鉛筆いっぽん 연필 한 자루

55 えんりょ 遠慮 사양, 조심함
- 遠慮はむよう 사양할 필요 없음

56 おうえん 応援 응원
- 応援団 응원단

57 おうせつま 応接間 응접실
- 応接間にはいる 응접실에 들어가다

58 おうふく 往復 왕복(↔かたみち)
- 往復はがき 왕복 엽서

59 おうぼ 応募 응모
- 応募要領 응모 요령

60 おくじょう 屋上 옥상
- 見はらしがいい屋上 전망이 좋은 옥상

61 おくりもの 贈り物 선물
- 誕生日の贈り物 생일 선물

62 おしいれ 押し入れ 벽장
- 押し入れにしまう 벽장[반침]에 넣다

63
□ **おっと** 夫 남편(↔つま)

❖ うちの夫[人] 내 남편, 우리 집 양반

64
□ **おとうと** 弟 남동생(↔いもうと)

❖ 弟のおとずれ 남동생이 찾아옴

65
■ **おとな** 大人 어른

❖ いよいよ大人になる
드디어 어른이 되다

66
■ **おもいで** 思い出 추억, 회상

❖ 幼いころの思い出 어릴 적의 추억

67
■ **おや** 親 부모 *母親(ははおや)모친, 父親(ちちおや)부친

❖ 生みの親 낳은 부모

68
■ **おやつ** 오후의 간식

❖ おやつをちょうだい 간식을 주세요

69
□ **おんがく** 音楽 음악

❖ 音楽を習う 음악을 배우다

70
■ **おんちゅう** 御中 귀중(관청, 단체, 회사명 뒤에 붙이는 말)

❖ 東京大学御中 東京 대학 귀중

71
■ **かい** 貝 조개

❖ 貝のように口を閉ざす
조개처럼 입을 굳게 다물다

72
■ **かいがい**　海外　해외(↔こくない)

❖ 海外<ruby>旅行</ruby>(かいがいりょこう) 해외 여행

73
■ **かいかん**　開館　개관(↔へいかん)

❖ 開館(かいかん)にあたって 개관에 즈음해서

74
■ **かいがん**　海岸　해안

❖ 海岸(かいがん)を散歩(さんぽ)する 해안을 산책하다

75
□ **かいぎ**　会議　회의

❖ 会議(かいぎ)が長引(ながび)く 회의가 오래 계속되다

76
■ **がいけん**　外見　외견, 외관

❖ 外見(がいけん)だけでは分(わ)からない
외견만으로는 알 수 없다

77
□ **がいこく**　外国　외국

❖ 外国使節(がいこくしせつ) 외국 사절

78
□ **かいじょう**　会場　회장

❖ 同窓会(どうそうかい)の会場(かいじょう) 동창회 회장

79
■ **がいしょく**　外食　외식

❖ 外食券(がいしょくけん)をくいきってしまう
외식권을 다 써 버리다

80
□ **かいだん**　階段　계단

❖ 非常階段(ひじょうかいだん) 비상 계단

81 かいてん 開店
개점(↔へいてん)
- 開店祝い 개점 축하

82 かいとう 解答
해답
- 模範解答 모범 해답

83 かいひ 会費
회비
- 講習会の会費 강습회의 회비

84 かいわ 会話
회화, 대화
- 会話をかわす 회화를 나누다

85 かお 顔
얼굴
- 顔をそむける 얼굴을 돌리다, 외면하다

86 かかく 価格
가격 *価格表(かかくひょう)가격표
- 販売価格 판매 가격

87 かがく 科学/化学
과학 / 화학
- 宇宙科学 우주 과학
- 化学反応 화학 반응

88 かかり 係
담당, 담당 직원 *係員(かかりいん)계원, 담당자
- 進行係 진행계[담당]

89 かくにん 確認
확인
- 未確認情報 미확인 정보

90
■ **かこ**　　過去　　과거(↔げんざい)
❖ 過去をしのぶ 과거를 그리워하다

91
□ **かさ**　　傘　　우산
❖ 傘をさす 우산을 받다

92
□ **かじ**　　家事/火事　　집안일 / 화재
❖ 家事の手伝い 가사 거들기
❖ 家が火事になる 집에 화재가 나다

93
■ **かしゅ**　　歌手　　가수
❖ オペラ歌手 오페라 가수

94
■ **かず**　　数　　숫자
❖ 数をかぞえる 수를 세다

95
■ **がすだい**　　ガス代　　가스대, 가스비
❖ ガス代を払う 가스비를 치루다

96
□ **かぜ**　　風　　바람
❖ 風が吹く 바람이 불다

97
□ **かぜ**　　風邪　　감기　　* 風邪薬(かぜぐすり) 감기약
❖ なつばの風邪 여름철의 감기

98
□ **かぞく**　　家族　　가족
❖ 家族を養う 가족을 부양하다

99
□ **かたち** 形 　　모양, 형상

❖ 変わった形の山 별난 모양의 산

100
■ **かたみち** 片道 　　편도(↔おうふく)

❖ 片道切符 편도 차표

101
■ **がっき** 楽器/学期 　　악기 / 학기

❖ 弦楽器 현악기
❖ 新学期が始まる 신학기가 시작되다

102
■ **かっこく** 各国 　　각국

❖ 各国の代表者 각국의 대표자

103
■ **かてい** 家庭/仮定/課程 　　집안 / 가정 / 과정

❖ 家庭訪問 가정 방문
❖ 仮定の話 가정한 이야기
❖ 教育課程 교육 과정

104
□ **かど** 角 　　모퉁이, 모서리

❖ 柱の角 기둥 모서리

105
■ **かにゅう** 加入 　　가입

❖ 加入期間をつうさんする
가입 기간을 통산하다

106
□ **かはんしん** 下半身 　　하반신(↔じょうはんしん)

❖ 下半身を鍛える 하반신을 단련하다

107
□ **かびん** 花瓶 　　화병, 꽃병

❖ バラを花瓶にさす 장미를 화병에 꽂다

108
■ **かぶしき** 株式   주식   * 株式会社(かぶしきがいしゃ) 주식회사
- ❖ 株式市場 주식시장

109
□ **かべ** 壁   벽
- ❖ 壁を塗る 벽을 바르다

110
■ **がまん** 我慢   참음, 견딤
- ❖ ここが我慢のしどころだ 이때야말로 참아야 할 때다

111
□ **かみ** 紙/髪/神   종이, 머리카락, 신
- ❖ 紙切れ 종잇조각
- ❖ 白い髪 흰머리
- ❖ 神を信ずる 신을 믿다

112
□ **からだ** 体   몸
- ❖ 弱い体 약한 몸

113
■ **かわ** 川   강, 하천
- ❖ 川の流れ 강의 흐름

114
■ **かわぞい** 川沿い   강가, 강변
- ❖ 川沿いの町 강가의 마을

115
■ **かんきせん** 換気扇   환풍기, 환기팬
- ❖ 換気扇やエアコンを止めて下さい 환풍기며(랑) 에어컨을 정지시켜주세요

116
■ **かんきょう** 環境   환경
- ❖ 自然環境 자연 환경

117
■ **かんけい** 関係 — 관계

❖ 因果関係 인과 관계

118
■ **かんげい** 歓迎 — 환영

❖ 温かい歓迎 따뜻한 환영

119
■ **かんこう** 観光 — 관광

❖ 観光バス 관광 버스

120
■ **かんごふ** 看護婦 — 간호사

❖ じゅうぐん看護婦 종군 간호사

121
■ **かんじ** 漢字/感じ — 한자 / 느낌

❖ 常用漢字 상용 한자

❖ 乙な感じ 멋진 느낌

122
■ **かんしゃ** 感謝 — 감사

❖ 感謝のしるし 감사의 표시

123
■ **かんじょう** 感情 — 감정

❖ 感情の対立 감정의 대립

124
■ **かんしん** 関心/感心 — 관심 / 감탄

❖ 関心の的 관심의 대상

125
■ **かんせつ** 間接 — 간접(↔ちょくせつ)

❖ 間接伝染 간접 전염

126
■ **かんどう** 感動 감동

❖ 深い感動を受ける 깊은 감동을 받다

127
■ **かんり** 管理 관리

❖ 生産管理 생산 관리

128
■ **きおく** 記憶 기억

❖ 記憶をたぐる 기억을 더듬다

129
■ **きおん** 気温 기온

❖ 気温が上がる 기온이 올라가다

130
□ **きかい** 機会/機械 기회 / 기계

❖ 機会均等 기회 균등

❖ 機械を操作する 기계를 조작하다

131
■ **きかん** 期間 기간

❖ 出張期間 출장 기간

132
■ **きぎょう** 企業 기업

❖ 企業の繁栄 기업의 번영

133
□ **ぎじゅつ** 技術 기술

❖ 技術の進歩 기술의 진보

134
■ **きず** 傷 상처, 긁힌 자국

❖ 額の傷 이마의 상처

135
□ **きせつ** 季節 계절

❖ 季節の花 계절의 꽃

136
□ **きそく** 規則 규칙

❖ 交通規則 교통 규칙

137
□ **きた** 北 북

❖ 北に面した窓 북으로 난 창문

138
■ **きたい** 期待 기대

❖ 期待を裏切る 기대를 저버리다

139
□ **きっさてん** 喫茶店 찻집

❖ じゅうじがいの喫茶店 네거리의 찻집

140
■ **きって** 切手 우표

❖ 切手を貼る 우표를 붙이다

141
□ **きっぷ** 切符 티켓

❖ 切符を買う 티켓을 사다

142
■ **きねん** 記念 기념

❖ 卒業の記念に写真をとる
졸업 기념으로 사진을 찍다

143
□ **きぶん** 気分 기분

❖ 気分がすぐれない 기분이 언짢다

144
■ **きぼう** 希望 희망

❖ 希望に胸をふくらませる
희망에 가슴을 부풀리다

145
■ **きほん** 基本 기본

❖ 学習の基本 학습의 기본

146
■ **きみ** 君 자네, 너

❖ ちょっと君 여보게, 자네

147
□ **きもち** 気持ち 기분, 감정, 마음

❖ 気持ちのいい朝 기분 좋은 아침

148
■ **ぎもん** 疑問 의문

❖ 疑問を抱く 의문을 품다

149
□ **きゅうこう** 急行 급행

❖ 急行に乗る 급행을 타다

150
□ **ぎゅうにく** 牛肉 쇠고기

❖ 牛肉1キロ 쇠고기 한 근

151
□ **ぎゅうにゅう** 牛乳 우유

❖ みずっぽい牛乳 싱거운 우유

152
■ **きゅうりょう** 給料 급료, 급여 *給料日(きゅうりょうび) 급여일

❖ 給料を払う 급료를 주다

153		
□ **きょういく**	教育	교육

❖ 教育を受ける 교육을 받다

154		
■ **きょうきゅう**	供給	공급(↔じゅよう)

❖ 資材の供給 자재의 공급

155		
■ **きょうじゅ**	教授	교수

❖ 法学部の教授 법학부의 교수

156		
□ **きょうそう**	競争	경쟁

❖ 自由競争 자유 경쟁

157		
□ **きょうだい**	兄弟	형제(↔しまい)

❖ 仲のよい兄弟 우애 있는 형제

158		
□ **きょうみ**	興味	흥미

❖ 興味が湧く 흥미가 솟다

159		
■ **きょうりょく**	協力	협력

❖ 協力を呼び掛ける 협력을 호소하다

160		
■ **きょく**	曲	곡

❖ 静かな曲 조용한 곡

161		
■ **きんえん**	禁煙	금연

❖ 禁煙車 금연차

162
■ **きんし** 禁止 　金지

❖ 外出禁止 외출 금지

163
□ **きんじょ** 近所 　근처, 이웃

❖ 近所どなり 가까운 이웃

164
□ **ぐあい** 具合 　몸 상태, 건강 상태, 일의 형편

❖ 午後なら具合がよろしいのですが
오후라면 형편이 괜찮겠습니다마는

165
□ **くうき** 空気 　공기 　　*空気中(くうきちゅう) 공기중

❖ 室気の空気 실내의 공기

166
□ **くうこう** 空港 　공항(↔みなと)

❖ 国際空港 국제 공항

167
□ **くすり** 薬 　약

❖ 薬を飲む 약을 먹다

168
□ **くつ** 靴 　신발 　　*靴下(くつした) 양말

❖ 靴を履く 신발을 신다

169
□ **くび** 首 　목

❖ 首を絞める 목을 죄다

170
■ **くふう** 工夫 　궁리, 고안

❖ 工夫の果てに 궁리 끝에

171
□ **くも** 雲 — 구름
- 雲にかくれる 구름에 가리다

172
■ **くろう** 苦労 — 고생, 수고
- 苦労に耐える 고생에 견디다

173
■ **けいえい** 経営 — 경영
- 経営不振 경영 부진

174
□ **けいかく** 計画 — 계획
- 計画を立てる 계획을 세우다

175
□ **けいかん** 警官 — 경관, 경찰관
- デモ隊と警官がもみ合う 데모대와 경관이 옥신각신하다

176
■ **けいき** 景気 — 경기　　*不景気(ふけいき) 불경기
- 景気が悪い 경기가 나쁘다

177
■ **けいぐ** 敬具 — 경구(편지끝인사)(↔はいけい)
- 敬具は手紙の最後に書くことばです 敬具는 편지끝인사로 쓰는 말입니다

178
□ **けいけん** 経験 — 경험
- 楽しい経験 즐거운 경험

179
□ **けいざい** 経済 — 경제
- 経済危機 경제 위기

JLPT N3 필수단어 | **27**

180
- **けいさつ** 警察 — 경찰 *警察署(けいさつしょ) 경찰서
  - ❖ 警察に届ける 경찰에 신고하다

181
- **けいさん** 計算 — 계산
  - ❖ 計算が合う 계산이 맞다

182
- **げいじゅつ** 芸術 — 예술
  - ❖ 空間芸術 공간 예술

183
- **けが** 怪我 — 부상, 상처, 다침
  - ❖ 交通事故で怪我をする 교통 사고로 다치다

184
- **けさ** 今朝 — 오늘 아침
  - ❖ 今朝は遅いね 오늘 아침은 늦는군

185
- **けしき** 景色 — 경치
  - ❖ 景色がいい 경치가 좋다

186
- **けつあつ** 血圧 — 혈압
  - ❖ 血圧を測る 혈압을 재다

187
- **けつえき** 血液 — 혈액
  - ❖ 血液の循環 혈액의 순환

188
- **けっこん** 結婚 — 결혼 *結婚式(けっこんしき) 결혼식
  - ❖ 見合い結婚 (선을 보고 하는) 중매 결혼

명사

189
けっしん 決心 — 결심
* 決心がかたい 결심이 굳다

190
けっせき 欠席 — 결석(↔しゅっせき)
* 欠席のかいすう 결석 횟수

191
けってん 欠点 — 결점
* 欠点を直す 결점을 고치다

192
けん 件 — 건
* 学費値上げに関する件 학비 인상에 관한 건

193
けん 券 — 표
* 芝居の券 연극 관람권

194
けん 県 — 현
* 県の行政 현의 행정

195
げんいん 原因 — 원인
* 原因不明 원인 불명

196
けんか 喧嘩 — 싸움, 다툼
* 喧嘩を仕掛ける 싸움을 걸다

197
げんかん 玄関 — 현관
* 車を玄関に寄せる 차를 현관 앞에 대다

JLPT N3 필수단어 | **29**

198
□ **けんきゅう** 研究 연구

❖ 研究資料 연구 자료

199
■ **げんきん** 現金 현금

❖ 現金で払う 현금으로 지불하다

200
■ **けんこう** 健康 건강

❖ 健康が衰える 건강이 나빠지다

201
■ **けんさ** 検査 검사

❖ 検査を受ける 검사를 받다

202
■ **げんざい** 現在 현재(↔かこ)

❖ 現在検討中である 현재 검토 중이다

203
■ **げんじつ** 現実 현실

❖ 現実を直視する 현실을 직시하다

204
■ **げんしょう** 減少 감소(↔ぞうか)

❖ 人口の減少 인구의 감소

205
■ **げんだい** 現代 현대

❖ 現代の学生気質 현대의 학생 기질

206
■ **けんとう** 検討 검토

❖ 再検討 재검토

207
□ **けんぶつ** 見物 　구경, 관광

❖ 東京見物 도쿄 구경

208
■ **けんめい** 件名 　건명

❖ 件名目録 건명 목록

209
■ **こうえん** 公園/公演/講演 　공원 / 공연 / 강연

❖ 国立公園 국립 공원
❖ 定期公演 정기 공연
❖ A先生の講演を聞く A선생의 강연을 듣다

210
■ **こうか** 効果 　효과

❖ 薬の効果 약의 효과

211
■ **こうがい** 公害 　공해

❖ 公害問題 공해 문제

212
□ **こうぎ** 講義 　강의

❖ 講義を聴く 강의를 듣다

213
■ **こうくう** 航空 　항공

❖ 民間航空 민간 항공

214
■ **こうし** 講師 　강사

❖ 専任講師 전임 강사

215
□ **こうじょう** 工場 　공장

❖ 工場地帯 공장 지대

216
□ **こうちょう** 校長　　教장

❖ 校長先生の訓示
교장 선생님의 훈시

217
□ **こうつう** 交通　　교통

❖ 交通の混雑　교통의 혼잡

218
■ **こうどう** 行動　　행동

❖ 団体行動　단체 행동

219
■ **こうはい** 後輩　　후배(↔せんぱい)

❖ 会社の2年後輩　회사의 2년 후배

220
□ **こうばん** 交番　　파출소

❖ 駅前の交番　역전 파출소

221
■ **こうりゅう** 交流　　교류

❖ 交流発電機　교류 발전기

222
□ **こえ** 声　　목소리

❖ やさしい声　상냥한 목소리

223
■ **こきゅう** 呼吸　　호흡

❖ じんこう呼吸　인공 호흡

224
□ **こくさい** 国際　　국제

❖ 国際情勢　국제 정세

225
□ **こくない** 国内 — 국내(↔かいがい)
❖ 国内の問題 국내의 문제

226
□ **こころ** 心 — 마음
❖ 心の病 마음의 병

227
■ **こし** 腰 — 허리
❖ 腰が曲がる 허리가 굽다

228
□ **こしょう** 故障 — 고장
❖ 機械の故障 기계의 고장

229
■ **こじん** 個人 — 개인(↔だんたい)
❖ 個人としての意見 개인으로서의 의견

230
□ **ことば** 言葉 — 말, 언어
❖ 言葉を交わす 말을 주고받다

231
■ **こむぎ** 小麦 — 밀 *小麦粉(こむぎこ)밀가루
❖ 小麦2百たい 밀 2백 부대

232
■ **こんざつ** 混雑 — 혼잡
❖ 混雑にまぎれて逃げる 혼잡을 타서 달아나다

233
□ **さいきん** 最近 — 최근
❖ 最近の景気 최근의 경기

234
□ **さいご** 最後   최후(↔さいしょ)

❖ 最後を飾る 최후를 장식하다

235
■ **さいこう** 最高   최고(↔さいてい)

❖ 最高の人出 최고의 인파

236
□ **さいしょ** 最初   최초(↔さいご)

❖ 最初の給料 최초의 급료

237
■ **さいしょう** 最小   최소(↔さいだい)

❖ 最小の努力は必要だ
최소의 노력은 필요하다

238
■ **さいしょう** 最少   최소(↔さいた)

❖ 最少の人数で最大の効果を上げる
최소의 인원수로 최대의 효과를 올리다.

239
■ **さいしん** 最新   최신

❖ 最新の技術 최신 기술

240
■ **さいた** 最多   최다(↔さいしょう)

❖ 最多得点 최다 득점

241
■ **さいだい** 最大   최대(↔さいしょう)

❖ 日本最大の企業 일본의 최대의 기업

242
■ **さいてい** 最低   최저(↔さいこう)

❖ 最低賃金 최저 임금

명사

243
■ **ざいりょう** 材料 — 재료
- 工作の材料 공작 재료

244
□ **さかな** 魚 — 물고기, 생선
- 魚屋 생선 장수, 어물전

245
■ **さぎょう** 作業 — 작업
- 単純作業をする 단순 작업을 하다

246
■ **さつえい** 撮影 — 촬영
- 野外撮影 야외 촬영

247
□ **ざっし** 雑誌 — 잡지
- 雑誌記者 잡지 기자

248
■ **さら** 皿 — 접시   *灰皿(はいざら) 재떨이
- 皿洗い 접시닦기

249
■ **さんか** 参加 — 참가   *参加費(さんかひ) 참가비
- 参加を申しこむ 참가를 신청하다

250
■ **さんがいだて** 三階建て — 3층 건물
- 三階建をこわす 3층 건물을 허물다

251
□ **さんぎょう** 産業 — 산업
- 軍需産業 군수 산업

JLPT N3 필수단어 | **35**

252
■ **さんせい** 賛成 찬성(↔はんたい)

❖ 賛成を求める 찬성을 구하다

253
■ **し** 市 시

*市民(しみん) 시민

❖ 市の中心 도시의 중심

254
□ **しお** 塩 소금

❖ 塩を振りかける 소금을 치다

255
■ **じかんわり** 時間割 수업 시간표, 공사예정표

❖ 時間割を決める 시간표를 짜서 정하다

256
■ **じき** 時期 시기

❖ 政治的空白の時期 정치적 공백 시기

257
□ **しけん** 試験 시험

❖ 入学試験 입학 시험

258
■ **じこ** 事故/自己 사고/ 자기(자신)

❖ 事故を起こす 사고를 일으키다

❖ 自己を見つめる 자기를 바라보다

259
■ **じさん** 持参 지참

❖ 弁当は各自持参のこと
도시락은 각자 지참할 것

260
■ **ししゅつ** 支出 지출(↔しゅうにゅう)

❖ 予算外支出 예산외 지출

명사

261
□ **じしょ** 辞書 사전

❖ 辞書を引く 사전을 찾아보다

262
■ **じしん** 自身/自信/地震 자신 / 자신감 / 지진

❖ 自身でやりなさい 자신이 해요

❖ 自信にあふれる 자신에 넘치다

❖ 地震のうれい 지진의 우려

263
□ **じだい** 時代 시대, 시절

❖ 時代の移り変り 시대의 변천

264
□ **したぎ** 下着 속옷(↔うわぎ)

❖ よごれた下着を着かえる
더러워진 속옷을 갈아입다

265
□ **したく** 支度 준비, 채비

❖ 昼の支度をする 점심 준비를 하다

266
■ **じっけん** 実験 실험

❖ 核実験 핵실험

267
■ **じつげん** 実現 실현

❖ 実現不可能の夢 실현 불가능한 꿈

268
□ **しっぱい** 失敗 실패, 실수

❖ 失敗は成功の元 실패는 성공의 어머니

269
□ **しつもん** 質問 질문

❖ 質問を受ける 질문을 받다

JLPT N3 필수단어 | **37**

270
■ **しつれい** 失礼 실례

❖ 失礼にあたる 실례가 되다

271
□ **じてんしゃ** 自転車 자전거

❖ 自転車つうがく 자전거 통학

272
■ **じどうはんばいき** 自動販売機 자동판매기

❖ 自動販売機を無料開放する 자동판매기를 무료개방하다

273
□ **しなもの** 品物 상품, 물건, 물품

❖ 変わった品物だ 색다른 물건이다

274
■ **しまい** 姉妹 자매(↔きょうだい)

❖ 兄弟姉妹 형제 자매

275
□ **じむしょ** 事務所 사무소

❖ 現場事務所 현장 사무소

276
□ **しゃしん** 写真 사진 *写真館(しゃしんかん)사진관

❖ 写真をとる 사진을 찍다

277
■ **じゃま** 邪魔 방해, 훼방

❖ 邪魔が入る 훼방이 들다

278
■ **じゅよう** 需要 수요(↔きょうきゅう)

❖ 有効需要 유효 수요

명사

279
□ **しゅうかん** 週間/習慣   주간 / 습관
- 週間天気予報 주간 일기 예보
- 手を洗う習慣 손을 씻는 습관

280
■ **じゅうしょ** 住所   주소
- 住所変更届け 주소 변경 신고

281
■ **しゅうしょく** 就職   취직
- 就職試験 취직 시험

282
■ **しゅうにゅう** 収入   수입(↔ししゅつ)
- 収入をあげる 수입을 올리다

283
■ **しゅうまつ** 週末   주말(↔へいじつ)
- 週末旅行 주말 여행

284
□ **じゅぎょう** 授業   수업
- 授業時間 수업 시간

285
□ **しゅくだい** 宿題   숙제
- 宿題を忘れる 숙제를 잊다

286
■ **しゅくはく** 宿泊   숙박
- 宿泊施設 숙박 시설

287
□ **しゅじん** 主人   남편, 주인
- 一家の大黒柱たる主人
  일가의 기둥인 주인

JLPT N3 필수단어 | 39

288
- **しゅだん** 手段 수단
  - 生産手段 생산 수단

289
- **しゅっせき** 出席 출석(↔けっせき)
  - 出席を取る 출석을 조사하다

290
- **しゅっぱつ** 出発 출발(↔とうちゃく)
  - 出発信号 출발 신호

291
- **しゅみ** 趣味 취미
  - 素朴な趣味が感じられる 소박한 취미가 느껴진다

292
- **しゅるい** 種類 종류
  - 同じ種類の植物 같은 종류의 식물

293
- **じゅんび** 準備 준비
  - 受験準備 수험 준비

294
- **しよう** 使用 사용
  - 効果的な使用 효과적인 사용

295
- **じょうおん** 常温 상온
  - 常温を保つ 상온을 유지하다

296
- **しょうかい** 紹介 소개
  - 自己紹介 자기 소개

297
- **しょうがくきん** 奨学金 장학금
  - たいよ奨学金 대여 장학금

298
- **じょうし** 上司 상사(↔ぶか)
  - 上司に取り入る 상사에게 빌붙다

299
- **じょうたい** 状態 상태
  - ひどい状態だ 지독한 상태다

300
- **しょうたい** 招待 초대
  - 招待を受ける 초대를 받다

301
- **しょうち** 承知 사정 등을 알고 있음, 승낙
  - 承知の上でやった事だ 알고서 한 일이다

302
- **じょうはんしん** 上半身 상반신(↔かはんしん)
  - 上半身を起こす 상반신을 일으키다

303
- **しょうひ** 消費 소비   *消費者(しょうひしゃ) 소비자
  - 電力の消費 전력의 소비

304
- **しょうひん** 商品 상품
  - 商品目録 상품 목록

305
- **しょうめん** 正面 정면
  - 正面を向く 정면을 향하다

306
□ **しょうゆ** 醤油 간장

❖ 濃い醤油 진간장

307
□ **しょうらい** 将来 장래

❖ 近い将来 가까운 장래

308
■ **しょくじだい** 食事代 식사대, 식사비

❖ 食事代までひっくるめて12万ウォンです 식사비까지 통틀어 12만원입니다

309
□ **しょくどう** 食堂 식당

❖ 食堂兼居間 식당 겸 거실

310
■ **しょくぶつ** 植物 식물(↔どうぶつ) *植物園(しょくぶつえん)식물원

❖ 植物標本 식물 표본

311
■ **しょくりょうひん** 食料品 식료품

❖ 食料品店 식료품점. 식품점

312
■ **しょるい** 書類 서류

❖ 書類選考 서류 전형

313
■ **しりあい** 知り合い 아는 사이

❖ 知り合いの人 아는 사람. 친지

314
■ **しりょう** 資料 자료

❖ 資料を集める 자료를 모으다

315
■ **しんがっき** 新学期 　신학기

❖ 新学期にはいる 신학기로 접어들다

316
□ **じんこう** 人口 　인구

❖ 人口問題 인구 문제

317
■ **じんせい** 人生 　인생

❖ 長い人生 긴 인생

318
■ **しんだん** 診断 　진단

❖ 健康診断 건강 진단

319
■ **しんちょう** 身長 　신장(↔たいじゅう)

❖ 身長を測る 신장을 재다

320
□ **しんぶん** 新聞 　신문　　　　　*新聞紙(しんぶんし)신문지

❖ 新聞記事[配達] 신문 기사[배달]

321
■ **じんるい** 人類 　인류

❖ 人類の繁栄 인류의 번영

322
□ **すいえい** 水泳 　수영

❖ 水泳選手 수영 선수

323
□ **すいどう** 水道 　수도

❖ 水道を引く 수도를 설치하다

324
■ **すうじ**　数字　숫자

❖ 数字に強い 숫자에 강하다

325
■ **すえっこ**　末っ子　막내

❖ 三人兄弟の末っ子 3형제의 막내

326
■ **すがた**　姿　모습, 모양, 옷차림

❖ 寝券姿 잠옷 차림

327
■ **すしや**　寿司屋　초밥 가게

❖ 寿司屋で働いています
초밥가게에서 일하고 있습니다

328
□ **すな**　砂　모래

❖ かわいた砂 건조한 모래

329
■ **せいかく**　性格　성격

❖ 性格異常 성격 이상

330
□ **せいかつ**　生活　생활　　*生活費(せいかつひ)생활비

❖ 家庭生活 가정 생활

331
■ **せいこう**　成功　성공

❖ 成功の秘訣 성공의 비결

332
■ **ぜいこみ**　税込み　세금이 포함된

❖ 税込み50万円の月給
세금을 포함하여 50만 엔의 월급

333
■ **せいさん** 生産 — 생산

❖ 大量生産 대량 생산

334
□ **せいじ** 政治 — 정치

❖ 議会政治 의회 정치

335
■ **せいしつ** 性質 — 성질

❖ 楽天的な性質 낙천적인 성질

336
■ **せいせき** 成績 — 성적

❖ 好成績 좋은 성적

337
□ **せいと** 生徒 — 생도, 학생

❖ 全校の生徒が式に参列した
전교의 학생이 식에 참렬했다

338
■ **ぜいぬき** 税抜き — 세금별도

❖ この値段は税抜きです
이 가격은 세금 별도입니다

339
■ **せいもん** 正門 — 정문

❖ 正門から入る 정문으로 들어가다

340
□ **せいよう** 西洋 — 서양(↔とうよう)

❖ 西洋から輸入 서양물이 듦

341
□ **せかい** 世界 — 세계

❖ 世界の平和 세계 평화

342
■ **せきにん** 責任 　책임

❖ 責任転嫁 책임 전가

343
□ **せつめい** 説明 　설명

❖ 説明不足 설명 부족

344
□ **せびろ** 背広 　신사복

❖ 背広のじょうげ 신사복의 아래위

345
□ **せわ** 世話 　도와줌, 보살펴줌, 신세, 폐

❖ 大変お世話になりました
　대단히 신세를 졌습니다

346
■ **ぜんいん** 全員 　전원

❖ 全員集合 전원 집합

347
■ **せんじつ** 先日 　일전, 요전

❖ 先日お目にかかった者です
　일전에 만나뵌 사람입니다

348
■ **せんしゅ** 選手 　선수

❖ 野球選手 야구 선수

349
□ **せんそう** 戦争 　전쟁

❖ 戦争孤児 전쟁 고아

350
■ **ぜんたい** 全体 　전체

❖ 国全体の問題 나라 전체의 문제

351
□ せんたく　洗濯/選択　세탁 / 선택

* 洗濯が利く
  세탁이 잘 되다. 때가 잘 빠지다
* 選択を誤る 선택을 그르치다

352
□ せんぱい　先輩　선배(↔こうはい)

* 高校の先輩 고교의 선배

353
□ せんもん　専門　전문

* 専門課程 전문 과정

354
□ ぞうか　増加　증가(↔げんしょう)

* 自然増加 자연 증가

355
□ そうじ　掃除　청소

* 大掃除 대청소

356
□ そうだん　相談　상담

* 身の上相談 신상 상담

357
□ そつぎょう　卒業　졸업　*卒業式(そつぎょうしき) 졸업식

* 卒業証書 졸업 증서

358
□ そふ　祖父　조부(↔そぼ)

* ぼう祖父 돌아가신 조부

359
□ そぼ　祖母　조모(↔そふ)

* ちち方の祖母 친조모

360
■ **そんざい** 存在 　　존재

❖ 神の存在を信ずる 신의 존재를 믿는다

361
■ **だいきん** 代金 　　대금

❖ 代金の全額を払い込む
대금의 전액을 불입하다

362
■ **たいし** 大使 　　대사　　　　　*大使館(たいしかん) 대사관

❖ 駐米大使 주미 대사

363
■ **たいじゅう** 体重 　　체중(↔しんちょう)

❖ 体重計 체중계

364
□ **だいどころ** 台所 　　부엌

❖ 台所道具 부엌 용품

365
■ **だいひょう** 代表 　　대표

❖ 代表作 대표작

366
■ **たいひん** 退院 　　퇴원(↔にゅういん)

❖ 二日の朝入院、どうや退院
2일 아침 입원, 그날 밤 퇴원

367
□ **たいふう** 台風 　　태풍

❖ 台風警報 태풍 경보

368
■ **たて** 縦 　　세로(↔よこ)

❖ 縦に書く 세로로 쓰다

369
□ **たてもの** 建物 건물
- 高層建物 고층 건물

370
■ **たび** 旅 여행
- うきねの旅 정처없는 여행

371
□ **たまご** 卵 계란
- 卵のから 계란 껍질

372
■ **たまねぎ** 玉ねぎ 양파
- 玉ねぎをきざみこむ 양파를 잘게 썰어 넣다

373
■ **たんしょ** 短所 단점(↔ちょうしょ)
- 長所と短所 장점과 단점

374
□ **たんじょうび** 誕生日 생일
- 誕生日おめでとう 생일을 축하합니다

375
■ **だんたい** 団体 단체(↔こじん)
- 団体生活 단체 생활

376
■ **たんとう** 担当 담당
- 担当区域 담당 구역

377
■ **たんにん** 担任 담임
- 学級担任 학급 담임

378
□ **だんぼう** 暖房　난방

❖ 暖房のきいた部屋　난방이 잘 된 방

379
□ **ち** 血　피

❖ 血を流す　피를 흘리다

380
□ **ちから** 力　힘

❖ 力自慢　힘 자랑

381
■ **ちきゅう** 地球　지구

❖ 地球の自転　지구의 자전

382
□ **ちず** 地図　지도

❖ 世界地図　세계 지도

383
■ **ちゅうか** 中華　중화　*中華料理(ちゅうかりょうり) 중화요리

❖ 中華思想　중화 사상

384
□ **ちゅうし** 中止　중지

❖ 発売を中止する　발매를 중지하다

385
□ **ちゅうしゃ** 注射　주사

❖ 予防注射　예방 주사

386
■ **ちゅうしょく** 昼食　중식

❖ 昼食を取る　점심(중식)을 들다

387
ちゅうもん 注文　주문

❖ 注文先 주문처

388
ちょうさ 調査　조사

❖ 調査が進む 조사가 진척되다

389
ちょうし 調子　상태, 컨디션, 진행 상태

❖ 調子がくるう 상태가 이상해지다

390
ちょうしょ 長所　장점(↔たんしょ)

❖ 長所を生かす 장점을 살리다

391
ちょくせつ 直接　직접(↔かんせつ)

❖ 事故の直接原因 사고의 직접 원인

392
ちり 地理　지리

❖ 自然地理 자연 지리

393
つうがく 通学　통학

❖ 自転車通学 자전거 통학

394
つうきん 通勤　통근

❖ 通勤ラッシュ 통근 러시

395
つうしん 通信　통신

❖ 通信衛星 통신 위성

396
■ **つうやく**　通訳　통역

❖ 通訳を頼む 통역을 부탁하다

397
□ **つごう**　都合　형편, 사정

❖ 都合のよい日 형편이 좋은 날

398
□ **つま**　妻　아내(↔おっと)

❖ 妻をめとる 아내를 얻다

399
■ **ていきょう**　提供　제공

❖ A社提供の放送番組
A사 제공의 방송 프로그램

400
■ **ていど**　程度　정도

❖ それぞれ程度の差がある
각기 정도의 차가 있다

401
□ **でぐち**　出口　출구(↔いりぐり)

❖ トンネルの出口 터널의 출구

402
■ **てつどう**　鉄道　철도

❖ 大陸横断鉄道 대륙 횡단 철도

403
■ **てまえ**　手前　자기(앞)

❖ 手前の箸を取る
자기 앞의 젓가락을 집다

404
□ **でんき**　電気　전기

❖ 電気が通じる 전기가 통하다

52 | 일본어 능력시험 단어

405
□ **てんき** 天気 | 날씨, 일기 　*天気予報(てんきよほう) 일기예보
❖ 今日は天気がよい 오늘은 날씨가 좋다

406
■ **でんきだい** 電気代 | 전기대, 전기비
❖ 電気代がすごく高かった
전기세가 많이 나왔다

407
■ **でんし** 電子 | 전자
❖ 電子けんびきょう 전자 현미경

408
■ **てんすう** 点数 | 점수
❖ 合格には点数が足りない
합격에는 점수가 모자라다

409
■ **でんたく** 電卓 | 탁상용 전자계산기
❖ 電卓のような手軽な計算機
탁상 전자 계산기와 같은 간편한 계산기

410
■ **でんとう** 伝統 | 전통
❖ 伝統を守る 전통을 지키다

411
■ **てんぷら** 天ぷら | 튀김
❖ 天ぷらの油がはねる 튀김의 기름이 튀다

412
□ **てんらんかい** 展覧会 | 전람회
❖ 展覧会を開く 전람회를 열다

413
■ **どうぐ** 道具 | 도구
❖ 家財道具 가재 도구

명사

JLPT N3 필수단어 | 53

414
■ **とうじつ** 当日 — 당일

❖ 事件の当日 사건 당일

415
■ **とうちゃく** 到着 — 도착(↔しゅっぱつ)

❖ 到着順に並ぶ 도착순으로 늘어서다

416
□ **どうぶつ** 動物 — 동물(↔しょくぶつ) *動物園(どうぶつえん)동물원

❖ 動物試験 동물 시험

417
■ **とうよう** 東洋 — 동양(↔せいよう)

❖ 東洋文化を研究する
동양 문화를 연구하다

418
■ **どうりょう** 同僚 — 동료

❖ 職場の同僚 직장 동료

419
■ **どうろぞい** 道路沿い — 도로변

❖ 道路沿いにずらりとビルが建っています 도로변을 따라서 빌딩이 세워져 있다

420
■ **とくちょう** 特徴 — 특징

❖ 特徴のない顔 특징이 없는 얼굴

421
■ **とくてい** 特定 — 특정

❖ 特定の人 특정인

422
■ **としょ** 図書 — 도서 *図書館(としょかん)도서관

❖ 図書目録 도서 목록

423
□ **とちゅう** 途中 　도중

❖ 途中下車 도중 하차

424
□ **とっきゅう** 特急 　특급

❖ 特急で頼む 특급으로 부탁하다

425
□ **となり** 隣 　옆, 이웃, 이웃사람

❖ 隣の国 이웃 나라

426
□ **とり** 鳥 　새, 닭

❖ 鳥の声 새소리

427
■ **どりょく** 努力 　노력

❖ 努力が実る 노력이 결실되다

428
□ **どろぼう** 泥棒 　도둑

❖ 泥棒根性 도둑 근성

429
■ **な** 名 　이름 　　　*名前(なまえ) 이름

❖ 国の名 나라의 이름

430
■ **なか** 仲 　사이, 관계

❖ 親子の仲 부모 자식 사이

431
□ **なかま** 仲間 　동료, 동아리, 무리

❖ 仲間意識 동료 의식

432
■ **なかみ** 中身 내용물, 알맹이

❖ 小包の中身 소포의 내용물

433
■ **なつ** 夏 여름

❖ 夏がさる 여름이 지나가다

434
■ **なみ** 波 파도

❖ 大波 큰 파도

435
■ **なみだ** 涙 눈물

❖ 涙があふれる 눈물이 넘치다

436
■ **なんぶ** 何部 몇 부

❖ 新聞は全部何部ですか
신문은 모두 몇부입니까

437
□ **にし** 西 서

❖ 西に沈む太陽 서쪽으로 지는 해

438
□ **にもつ** 荷物 짐, 화물

❖ 荷物を積む 짐을 쌓다[싣다]

439
□ **にゅういん** 入院 입원(↔たいいん)

❖ 入院費 입원비

440
■ **にんぎょう** 人形 인형

❖ フランス人形 프랑스 인형

441
■ **にんずう** 人数 — 인원수, 사람의 수
❖ 人数が余る 인원수가 남다

442
■ **ねこ** 猫 — 고양이
❖ 野良猫 들고양이

443
□ **ねだん** 値段 — 가격
❖ おろし値段 도매 가격

444
□ **ねつ** 熱 — 열
❖ 熱を加える 열을 가하다

445
■ **のうりょく** 能力 — 능력
❖ 生産能力 생산 능력

446
□ **は** 葉 — 잎
❖ 葉が落ちる 잎이 지다

447
■ **ば** 場 — 장소, 자리
❖ 活動の場 활동 장소

448
□ **ばあい** 場合 — 경우, 때
❖ 万一の場合 만일의 경우

449
■ **はいけい** 拝啓 — 배계(편지 첫인사)(↔けいぐ)
❖ 拝啓は手紙の初めに書くあいさつ語です
拝啓는 편지 첫머리에 쓰는 인사말입니다

450
■ **ばいてん**　売店　매점

❖ 駅の売店でみやげを買う
역의 매점에서 선물을 사다

451
□ **はがき**　葉書　엽서

❖ 絵葉書 그림 엽서

452
□ **はこ**　箱　상자　　*ゴミ箱(ごみばこ) 쓰레기통

❖ からの箱 빈 상자

453
■ **はし**　橋/端　다리 / 끝

❖ 橋のたもと 다리 옆
❖ さおの端 장대의 끝

454
■ **はだ**　肌　피부, 살갗

❖ 肌が荒れる 살결이 거칠어지다

455
□ **はつおん**　発音　발음

❖ 発音器官 발음 기관

456
■ **はっけん**　発見　발견

❖ 新星の発見に失敗した
새 별의 발견에 실패했다

457
■ **はつばい**　発売　발매

❖ 発売禁止 발매 금지

458
■ **はっぴょう**　発表　발표　　*発表者(はっぴょうしゃ) 발표자

❖ ピアノの発表会 피아노 발표회

459
はな　　花/鼻　　꽃 / 코

- 花が散る 꽃이 지다
- 鼻が詰まる 코가 막히다

460
はる　　春　　봄

行く春 가는 봄

461
ばんぐみ　　番組　　프로그램, 프로

- 教養番組 교양 프로

462
ばんごう　　番号　　번호

- 番号をつける 번호를 달다

463
はんたい　　反対　　반대(↔さんせい)

- 東の反対は西 동(쪽)의 반대는 서(쪽)

464
はんにん　　犯人　　범인

- 殺人犯人 살인 범인

465
ひあたり　　日当たり　　볕이 듦, 볕이 드는 정도

- 日当たりのよい部屋 볕이 잘 드는 방

466
ひかく　　比較　　비교

- 比較にならないほど安い
  비교가 안 될 만큼 싸다

467
ひがし　　東　　동

- 東を向く 동쪽을 향하다

468
□ ひかり　光　빛

❖ 光と影 빛과 그림자

469
□ ひきだし　引き出し　서랍 / 인출

❖ 引き出しを開ける 서랍을 열다

❖ 預金の引き出し 예금의 인출

470
□ ひこうき　飛行機　비행기(↔ふね)

❖ もけい飛行機 모형 비행기

471
■ ひざし　日差し　햇살, 볕

❖ つよい夏の日差し 따가운 여름 햇살

472
■ びじゅつ　美術　미술

*美術館(びじゅつかん) 미술관

❖ 美術大学 미술대학

473
■ ひしょ　秘書　비서

❖ 社長の秘書 사장 비서

474
■ ひっしゃ　筆者　필자

❖ 筆者未詳 필자 미상

475
■ ひみつ　秘密　비밀

❖ 公然の秘密 공공연한 비밀

476
■ ひよう　費用　비용

❖ 費用が掛かる 비용이 들다

477
ひょう 表
표
- 表にして示す 표로 만들어 나타내다

478
ひょうか 評価
평가
- 高く評価する 높이 평가하다

479
ひょうばん 評判
평판
- 評判がいい 평판이 좋다

480
ひょうめん 表面
표면
- 月の表面 달의 표면

481
ふうとう 封筒
봉투
- 封筒に切手をはる 봉투에 우표를 붙이다

482
ふうふ 夫婦
부부
- 夫婦愛 부부애

483
ぶか 部下
부하(↔じょうし)
- 部下にする 부하로 삼다

484
ふく 服
옷
- そまつな服 초라한 옷

485
ふくしゅう 復習
복습(↔よしゅう)
- 前の科の復習 앞 과의 복습

486
■ **ふくそう**　服装　복장

❖ 改まった服装　격식 차린 복장

487
□ **ぶたにく**　豚肉　돼지고기

❖ なみの豚肉　보통 돼지고기

488
■ **ふつう**　普通　보통

❖ 彼の成績は普通だ　그의 성적은 보통이다

489
■ **ぶっか**　物価　물가

❖ 物価調節　물가 조절

490
■ **ぶっしつ**　物質　물질

❖ 物質ぶんめい　물질 문명

491
■ **ふとん**　布団　이불

❖ 布団を掛ける　이불을 덮다

492
□ **ふね**　船　배(↔ひこうき)

❖ 船にのる　배를 타다

493
□ **ふゆ**　冬　겨울

❖ 冬休み　겨울 방학

494
□ **ふろ**　風呂　목욕, 목욕통, 목욕탕

❖ 風呂のかま　목욕탕의 보일러

495
□ **ぶんか** 文化　　　문화

❖ 韓国文化の伝統 한국 문화의 전통

496
■ **ぶんしょう** 文章　　　문장

❖ 簡潔な文章 간결한 문장

497
■ **ぶんぼうぐ** 文房具　　　문방구　　*文房具屋(ぶんぼうぐや) 문방구점

❖ 書店と文房具店をかねる
서점과 문구점을 겸하다

498
■ **へいかん** 閉館　　　폐관(↔かいかん)

❖ 図書館を閉館する 도서관을 폐관하다

499
■ **へいじつ** 平日　　　평일(↔しゅうまつ)

❖ 平日は9時に開店する
평일은 9시에 개점한다

500
■ **へいてん** 閉店　　　폐점(↔かいてん)

❖ 閉店時間までねばる
폐점 시간까지 버티다

501
■ **へいわ** 平和　　　평화

❖ 戦争と平和 전쟁과 평화

502
■ **へんか** 変化　　　변화

❖ 化学変化 화학 변화

503
■ **べんとう** 弁当　　　도시락

❖ 弁当持参 도시락 지참

504
□ **ぼうえき** 貿易 무역

❖ 自由貿易 자유 무역

505
□ **ほうそう** 放送/包装 방송 / 포장

❖ テレビ放送 텔레비전 방송
❖ 真空包装 진공 포장

506
■ **ほうちょう** 包丁 부엌칼, 식칼

❖ 見事な包丁さばき
훌륭한 식칼 놀림[요리 솜씨]

507
■ **ほうほう** 方法 방법

❖ 好きな方法 좋아하는 방법

508
■ **ほうもん** 訪問 방문

❖ 訪問を受ける 방문을 받다

509
□ **ほうりつ** 法律 법률

❖ 法律案 법률안

510
■ **ぼく** 僕 나 (남자말)

❖ 君と僕 너와 나

511
□ **ほし** 星 별

❖ 星がでる 별이 나오다

512
■ **ぼしゅう** 募集 모집

❖ 募集広告 모집 광고

64 | 일본어 능력시험 단어

513
■ **ほんじつ** 本日 　　본일, 오늘

❖ 本日大やすうり 오늘 염가 대매출

514
□ **ほんやく** 翻訳 　　번역

❖ 翻訳小説 번역 소설

515
■ **まいあさ** 毎朝 　　매일 아침

❖ 毎朝体操をする 매일 아침 체조를 하다

516
□ **まいつき** 毎月 　　매월

❖ 毎月食費を稼ぐ 매월 식비를 벌다

517
□ **まいにち** 毎日 　　매일

❖ 毎日出勤する 매일 출근하다

518
□ **まいばん** 毎晩 　　매일 밤

❖ 毎晩10時にはとこに就く
매일 밤 10시에는 잠자리에 들다

519
□ **まど** 窓 　　창문 　　＊窓口(まどぐち) 창구

❖ 窓を開ける 창(문)을 열다

520
□ **まんねんひつ** 万年筆 　　만년필

❖ 太字用万年筆 촉이 굵은 만년필

521
■ **みかけ** 見かけ 　　겉보기, 외관

❖ 見かけだけが立派だ 외양만 훌륭하다

522
□ **みずうみ** 湖 호수

❖ しずかな湖 고요한 호수

523
□ **みどり** 緑 녹색, 녹음, 자연, 나무의 싹

❖ 松の緑 소나무의 새싹

524
□ **みなと** 港 항구(↔くうこう)

❖ 港浜の港 요코하마 항구

525
□ **みなみ** 南 남

❖ 南の国 남쪽 나라

526
■ **みなみむき** 南向き 남향

❖ 南向きの家 남향 집

527
□ **みらい** 未来 미래

❖ 未来の妻 미래의 아내

528
□ **むこう** 向こう 건너편, 저쪽

❖ 向こう岸 건너편 물가. 대안

529
□ **むし** 虫 벌레, 곤충

❖ 虫の音 벌레 소리

530
□ **むすこ** 息子 아들(↔むすめ)

❖ うちの跡取り息子
우리집의 대를 이을 아들

531
□ **むすめ** 娘

딸(↔むすこ)

❖ うちの娘 우리집 딸

532
□ **むら** 村

마을, 부락, 촌락

❖ 村の人 마을 사람

533
■ **むりょう** 無料

무료(↔ゆうりょう)

❖ 入場無料 입장 무료

534
□ **めがね** 眼鏡

안경

❖ 度の強い眼鏡 도수가 높은 안경

535
■ **めんせつ** 面接

면접

❖ 面接試験 면접 시험

536
■ **もうしこみ** 申し込み

신청　　　*申請書(もうしこみしょ) 신청서

❖ 結婚の申し込み 결혼 신청

537
■ **もくてき** 目的

목적　　　*目的地(もくてきち) 목적지

❖ 当初の目的 당초의 목적

538
■ **ものがたり** 物語

이야기, 전설, 설화

❖ 古井戸にまつわる物語
오랜 우물에 얽힌 전설

539
■ **ものさし** 物差し

자, 기준, 척도

❖ 物差しで測る 자로 재다

540
□ **もんだい**　問題　문제

❖ 試験問題　시험 문제

541
□ **やさい**　野菜　야채

❖ 野菜いため　야채 볶음

542
■ **やじるし**　矢印　화살표

❖ 地図に描いてある矢印
  지도에 그려져 있는 화살표

543
■ **やちん**　家賃　집세

❖ 家賃が高い　집세가 비싸다

544
□ **ゆうがた**　夕方　저녁때, 해질녘(↔ゆうはん)

❖ 明日の夕方に電話します
  내일 저녁때 전화하겠습니다

545
■ **ゆうじん**　友人　친구

❖ 同室の友人　같은 방 친구

546
■ **ゆうはん**　夕飯　저녁

❖ 夕飯をもてなす　저녁을 내다

547
■ **ゆうりょう**　有料　유료(↔むりょう)

❖ 有料の施設　유료 시설

548
□ **ゆしゅつ**　輸出　수출(↔ゆにゅう)

❖ 輸出産業の育成　수출 산업의 육성

549
□ **ゆにゅう** 輸入 — 수입(↔ゆしゅつ)
❖ 輸入を規制する 수입을 규제하다

550
□ **よう** 用 — 용무, 볼일, 일
❖ 急ぎの用 급한 볼일

551
□ **ようい** 用意 — 준비
❖ 用意を整える 준비를 갖추다

552
■ **ようけん** 用件 — 용건, 볼일
❖ 用件を思い出す 용건이 생각나다

553
□ **ようじ** 用事 — 볼일, 용무, 용건
❖ 用事がある 볼일이 있다

554
■ **ようし** 用紙 — 용지
❖ 筆記用紙 필기 용지

555
■ **ようす** 様子 — 사물의 상태, 상황, 형편, 낌새
❖ どんな様子でしたか
어떤 상황이었습니까?

556
□ **ようふく** 洋服 — 옷, 양복
❖ 洋服姿 양복 차림

557
□ **よこ** 横 — 가로, 옆(↔たて)
❖ 横幅 가로 폭

JLPT N3 필수단어 | **69**

558
□ **よしゅう** 予習 　예습(↔ふくしゅう)

❖ 明日の予習　내일의 예습

559
■ **よそう** 予想 　예상

❖ 予想が当たった　예상이 적중했다

560
■ **よてい** 予定 　예정

❖ 予定日　예정일

561
■ **よなか** 夜中 　한밤중

❖ 夜中に起きる　한밤중에 일어나다

562
■ **よやく** 予約 　예약

❖ 予約金　예약금

563
■ **りかい** 理解 　이해

❖ 理解力　이해력

564
■ **りゆう** 理由 　이유

❖ 一身上の理由　일신상의 이유

565
■ **りゅうがく** 留学 　유학　　*留学生(りゅうがくせい) 유학생

❖ 官費留学　관비 유학

566
■ **りょう** 量 　양

❖ ご飯の量が多い　밥의 양이 많다

명사

567
□ **りよう** 利用 　이용

❖ 利用価値 이용 가치

568
■ **りょうきん** 料金 　요금

❖ 深夜料金 심야 요금

569
□ **りょうしん** 両親/良心 　양친, 부모 / 양심

❖ 両親を失う 양친을 여의다
❖ 学的良心 학문적 양심

570
□ **りょうり** 料理 　요리

❖ 中華料理 중국 요리

571
□ **りょかん** 旅館 　여관

❖ 温泉旅館 온천 여관

572
□ **りょこう** 旅行 　여행

❖ 観光旅行 관광 여행

573
□ **るす** 留守 　부재, 집을 비움

❖ 留守に泥棒が入る 부재중에 도둑이 들다

574
■ **れいぎ** 礼儀 　예의 　*礼儀正しい(れいぎただしい)예의바르다

❖ 礼儀が欠ける 예의가 없다

575
□ **れいぞうこ** 冷蔵庫 　냉장고

❖ 電気冷蔵庫 전기냉장고

576
■ **れいぼう** 冷房 냉방

❖ 冷房完備 (れいぼうかんび) 냉방완비

577
□ **れきし** 歴史 역사

❖ 鉄道の歴史 (てつどうのれきし) 철도의 역사

578
■ **れんしゅう** 練習 연습

❖ 練習不足 (れんしゅうぶそく) 연습 부족

579
□ **れんらく** 連絡 연락

❖ 連絡兵 (れんらくへい) 연락병

580
■ **ろうか** 廊下 복도

❖ 手狭な廊下 (てぜまなろうか) 비좁은 복도

581
■ **わが** 我が 우리

❖ 我が国 (わがくに) 우리 나라

582
□ **わかもの** 若者 젊은이

❖ 村の若者 (むらのわかもの) 마을의 청년(젊은이)

583
■ **わだい** 話題 화제

❖ 話題の主 (わだいのぬし) 화제의 주인공

584
■ **わりびき** 割引 할인

❖ 割引券 (わりびきけん) 할인권

585
■ 명사 + 建(だ)て ~층 짜리 건물

❖ 二階建て 2층집

586
■ 명사 + 代(だい) ~대, 대금, ~비

❖ 当代の大家 당대의 대가
❖ 薬代がかさむ 약값(대금)이 많아지다
❖ しゃば代 거마비, 교통비

587
■ 명사 + 抜(ぬ)き ~을 뺀, ~을 거른

❖ 骨抜きにされた原案
알맹이를 빼버린 원안

588
■ 명사 + 沿(ぞ)い ~가, ~을 따라서

❖ 線路沿いに行く 철길을 따라서 가다

589
■ 명사 + 込(こ)み ~이 포함된

❖ 税込みで20万円の月給
세금 포함해서 20만 엔의 월급

590
■ 명사 + 向(む)き ~향

❖ 南向きの部屋 남향 방

TIP

わがこ (我が子) 우리 아들
わがや (我が家) 우리 집
わがしゃ (我が社) 우리 회사
わがくに (我が国) 우리 나라

동사

591
- **あう** 合う 맞다, 어울리다
  - くちに合う 입에 맞다

592
- **あがる** 上がる 오르다
  - ねが上がる 값이 오르다

593
- **あく** 明く 시간이 나다, 비다
  - 時間が明く 시간이 나다

594
- **あく** 開く 열리다
  - 窓が開く 창문이 열리다

595
- **あける** 開ける 열다
  - とを開ける 문을 열다

596
- **あける** 空ける 시간을 비워두다
  - 時間を空ける 시간을 내다

597
- **あける** 明ける 날이 새다
  - しらしらと夜が明ける 흰히 날이 새기 시작하다

598
- **あげる** 上げる 올리다
  - 机を2階に上げる 책상을 2층에 올리다

599
■ **あずかる** 預かる　맡다, 보관하다
- カウンターを預かる 카운터 일을 맡다

600
■ **あずける** 預ける　맡기다, 보관시키다
- 手荷物を預ける 수하물을 맡기다

601
■ **あたえる** 与える　주다, 부여하다, 끼치다
- ヒントを与える 힌트를 주다

602
■ **あたたまる** 温まる　따뜻해지다, 데워지다
- 手足が温まる 손발이 따뜻해지다

603
■ **あたためる** 温める　따뜻하게 하다, 데우다
- 酒を温めて飲む 술을 데워서 마시다

604
■ **あたる** 当たる　맞다, 적중되다
- やまが当たる 예상이 맞다

605
■ **あつかう** 扱う　다루다, 취급하다
- だいじに扱う 소중히 다루다

606
□ **あつまる** 集まる　모이다
- つきに1回集まる 한 달에 한 번 모이다

607
□ **あつめる** 集める　모으다
- 兵士を集める 병사를 모으다

JLPT N3 필수단어 | **75**

608
■ **あてる** 当てる 맞히다, 적중시키다

❖ ぴたりと当てる 정확히 맞히다

609
□ **あびる** 浴びる (햇볕을) 쬐다, 샤워하다

❖ シャワーを浴びる 샤워를 하다

610
■ **あふれる** 溢れる 가득 차서 넘치다, 흘러넘치다

❖ ふろの水が溢れる 목욕탕의 물이 넘치다

611
■ **あます** 余す 남기다, 남겨두다

❖ 小遣いを余す 용돈을 남기다

612
■ **あまる** 余る 남다

❖ じかんが余る 시간이 남다

613
■ **あむ** 編む 엮다, 뜨다

❖ ししゅうを編む 시집을 엮다

614
□ **あやまる** 謝る 사과하다

❖ ぺこぺこと謝る 굽실굽실하며 사과하다

615
□ **あらう** 洗う 씻다, (머리를) 감다

❖ 水で洗う 물로 씻다

616
■ **あらわす** 表す 나타내다, 표시하다

❖ 名はたいを表す
이름은 그 실체를 나타낸다

617
■ **あらわれる** 表れる 나타나다

❖ 字の中にひとがらが表れる
글씨 속에 인품이 나타나다

618
□ **あるく** 歩く 걷다

❖ そっと歩く 조용히 걷다

619
■ **あわせる** 合わせる 합치다, 맞추다

❖ 僕のに合わせる
내 것에 맞추다, 내 것에 합치다

620
■ **いいかえす** 言い返す 대답하다, 말대꾸하다

❖ 尖り声で言い返す
가시 돋친 목소리로 말대꾸하다

621
■ **いかす** 生かす 살리다, 활용하다

❖ 創意を生かす 창의를 살리다

622
■ **いかす** 活かす 활용하다

❖ 時間を活かす
시간을 보람있게 쓰다(활용하다)

623
□ **いきる** 生きる 살다, 생존하다

❖ まともに生きる 성실하게 살다

624
□ **いじめる** 괴롭히다, 못살게 굴다

❖ 他国者をいじめる
타관 사람을 괴롭히다

625
□ **いそぐ** 急ぐ 서두르다

❖ 急ぎに急ぐ 급히 서두르다

626
□ **いのる** 祈る 기도하다, 기원하다

❖ かみに祈る 신에게 빌다[기도하다]

627
□ **いる** 要る 필요하다 (예외5단활용 동사)

❖ もう5人ほど人手が要る
다섯 사람쯤 더 일손이 필요하다

628
□ **いれる** 入れる 넣다

❖ 入れ歯を入れる 틀니를 해 넣다

629
■ **いわう** 祝う 축하하다

❖ こきを祝う 고희를 축하하다

630
□ **うえる** 植える (나무 등을)심다

❖ 木を植える 나무를 심다

631
□ **うかがう** 伺う 여쭙다, 듣다, 방문하다의 겸양어

❖ 尊意を伺う 존의를 여쭈어 보다

632
■ **うけとる** 受け取る 받다, 수취하다

❖ 俸給を受け取る 봉급을 받다

633
□ **うける** 受ける 받다, (어떤 행위에)응하다

❖ 取調べを受ける 조사를 받다

634
■ **うごかす** 動かす 옮기다, 움직이게 하다

❖ 椅子を前に動かす 의자를 앞으로 옮기다

635			
□	**うごく**	動く	움직이다

❖ だせいで動く 관성으로 움직이다

636			
■	**うしなう**	失う	잃다, 상실하다

❖ いしきを失う 의식을 잃다

637			
■	**うたいはじめる**	歌い始める	노래 부르기 시작하다

❖ 鼻歌を歌い始める
콧노래를 부르기시작하다

638			
□	**うつ**	打つ	치다, 두드리다, (컴퓨터 자판 등을)치다

❖ 膝を打つ 가볍게 무릎을 치다

639			
□	**うつす**	写す	사진을 찍다

❖ てなれたカメラで写す
손익은 카메라로 (사진을)찍다

640			
■	**うつす**	映す	비추다

❖ すいめんに自分の姿を映す
수면에 자신의 모습을 비추다

641			
■	**うつす**	移す	옮기다

❖ 居を移す 주거를 옮기다

642			
□	**うまれる**	生まれる	태어나다, 생기다

❖ 二世が生まれる 2세가 태어나다

643			
■	**うむ**	生む	낳다, 임신하다

❖ 三つ子を生む 세쌍둥이를 낳다

644
□ **えらぶ**　　選ぶ　　고르다, 선택하다

❖ 任意に選ぶ 임의로 선택하다

645
■ **おう**　　負う　　지다, 입다

❖ 荷を負う 짐을 지다

646
■ **おう**　　追う　　쫓아가다

❖ あしを追う (범인의) 발자취를 쫓다

647
■ **おえる**　　終える　　끝내다, 마치다

❖ しごとを終える 일을 끝내다

648
□ **おきる**　　起きる　　일어나다, 일어서다

❖ はやく起きる 일찍 일어나다

649
□ **おく**　　置く　　놓다, 두다

❖ はしを置く 젓가락을 놓다

650
■ **おくる**　　送る　　보내다, 발송하다, 배웅하다

❖ 手紙を送る 서간을 보내다

651
■ **おくる**　　贈る　　선물하다

❖ 菓子箱を贈る 과자 상자를 선물하다

652
■ **おくれる**　　遅れる　　늦다, 뒤떨어지다

❖ 汽車に遅れる 기차(시간)에 늦다

653
■ **おこす** 起こす 깨우다, 일으키다

❖ 妻を起こす 아내를 깨우다

654
■ **おこす** 興す (사업 등을) 시작하다, 일으키다

❖ 新しい事業を興す
새로운 사업을 시작하다

655
□ **おこなう** 行う 행하다, 실행하다

❖ 命令により行う 명령에 따라 행하다

656
■ **おこる** 起こる 일어나다, 발생하다

❖ 静電気が起こる 정전기가 일어나다

657
□ **おしえる** 教える 가르치다

❖ イルカに芸を教える
돌고래에게 재주를 가르치다

658
□ **おす** 押す 밀다, 누르다(↔ひく)

❖ 乳母車を押す 유모차를 밀다

659
■ **おちつく** 落ち着く 안정되다, 침착하다, 차분하다

❖ 国内が落ち着く 국내가 안정되다

660
□ **おちる** 落ちる (물건, 시험, 품질 등)떨어지다

❖ 栗が落ちる 알밤이 떨어지다

661
□ **おとす** 落とす 떨어뜨리다

❖ 地面に落とす 땅에 떨어뜨리다

662
□ **おどろく**　驚く　놀라다

❖ あまりの美しさに驚く
너무나 예쁜 데 놀라다

663
□ **おぼえる**　覚える　기억하다, 익히다, 배우다

❖ 部下の名前を覚える
부하의 이름을 기억하다

664
□ **おもいだす**　思い出す　생각해 내다

❖ 忘れていたことを思い出す
잊고 있었던 일을 상기하다 (생각해내다)

665
□ **およぐ**　泳ぐ　수영하다

❖ 海で泳ぐ 바다에서 헤엄치다(수영하다)

666
□ **おりる**　降りる/下りる　내려오다

❖ 山から降りる 산에서 내려오다[내려가다]

667
□ **おる**　折る　구부리다, 꺾다, 접다

❖ 色紙で鶴を折る 색종이로 두루미를 접다

668
■ **おれる**　折れる　굽어지다, 꺾이다, 접히다

❖ 枝がぽきんと折れる
나뭇가지가 뚝 부러지다

669
■ **おわる**　終わる　끝나다

❖ 仕事が終わる 일이 끝나다

670
□ **かえる**　帰る　돌아오다

❖ 家に帰る 집으로 돌아오다

671
かえる　　返る　　되돌아오다

❖ 初心に返る
처음에 먹은 마음으로 (되)돌아오다

672
かえる　　変える　　바꾸다

❖ 顔色を変える　안색을 바꾸다

673
かかえる　　抱える　　껴안다, 감싸 쥐다, 떠안다

❖ 両手に抱える　양팔로 (껴)안다

674
かかる　　掛かる　　걸리다

❖ 壁に掛かっている絵
벽에 걸려 있는 그림

675
かきつづける　　書き続ける　　계속 쓰다

❖ 話を書き続ける　이야기를 계속 쓰다

676
かける　　掛ける　　걸다

❖ 額を掛ける　액자를 걸다

677
かこむ　　囲む　　두르다, 둘러싸다

❖ テーブルを囲んで談笑する
테이블을 둘러싸고 담소하다

678
かさなる　　重なる　　포개지다, 중첩되다

❖ ぴったり重なる　빈틈없이 포개어지다

679
かさねる　　重ねる　　포개다, 겹치다

❖ 左右の手を重ねる　좌우의 손을 포개다

680
□ **かざる** 飾る 장식하다, 꾸미다, 치장하다

❖ 部屋を飾る 방을 꾸미다

681
■ **かしこまる** 畏まる 황공해 하다

❖ 先生の話を畏まって聞く
선생님의 말씀을 공손히 듣다

682
■ **かしだす** 貸し出す 대출하다, 빌려주다

❖ 図書を貸し出す 도서를 대출하다

683
□ **かす** 貸す 빌려주다

❖ 金を貸す 돈을 꾸어주다

684
■ **かぞえる** 数える 세다

❖ 人数を数える 인원수를 세다

685
■ **かたづく** 片付く 정리되다, 처리되다

❖ 散らかった部屋が片付いた
난잡했던 방이 정돈되었다

686
□ **かたづける** 片付ける 정리하다, 결말내다

❖ 押し入れの中を片付ける
반침 안을 정리하다

687
□ **かつ** 勝つ 이기다(↔まける)

❖ 戦いに勝つ 싸움에 이기다

688
□ **かぶる** 被る (모자, 이불, 탈 등을)뒤집어쓰다

❖ 毛布を頭から被って寝る
담요를 머리까지 뒤집어쓰고 자다

689
□ **かむ** 噛む 물다, 씹다
❖ 砂を噛むように 모래를 씹는 것처럼

690
□ **かよう** 通う 다니다, 왕래하다, 오가다
❖ 会社に通う 회사에 다니다

691
■ **かりる** 借りる 빌리다
❖ 本を借りる 책을 빌리다

692
■ **かわかす** 乾かす 말리다
❖ 洗濯物を乾かす 빨래를 말리다

693
□ **かわく** 乾く 마르다
❖ ハンカチが乾く 손수건이 마르다

694
■ **かんじる** 感じる 느끼다, 감동하다
❖ ひけを感じる 열등감을 느끼다

695
□ **がんばる** 頑張る 노력하다, 열심히 하다
❖ 試験に受かるよう頑張る
시험에 합격할 수 있도록 끝까지 노력하다

696
□ **きえる** 消える 꺼지다, 사라지다
❖ 姿が消える 모습이 사라지다

697
■ **きづく** 気付く 눈치채다, 알아차리다, 깨닫다
❖ 自分の欠点に気付く
자기의 결점을 깨닫다

698
□ **きまる** 決まる 정해지다, 결정되다

❖ 会長に決まる 회장으로 결정되다

699
□ **きめる** 決める 정하다, 결정하다

❖ 予算を決める 예산을 결정하다

700
□ **きる** 切る 자르다, 끊다

❖ 大根を切る 무를 자르다

701
□ **きる** 着る (의류를) 입다

❖ コートを着る 코트를 입다

702
■ **きれる** 切れる 잘리다, 끊기다

❖ くもが切れる 구름이 끊기다

703
■ **くたびれる** 지치다, 피로하다

❖ 気をつかってすっかりくたびれた
신경을 썼더니 아주 지쳤다

704
■ **くばる** 配る 나누어 주다, 배포하다

❖ 菓子を配る 과자를 나누어 주다

705
■ **くむ** 組む 엇걸다, 짜다, 조직하다

❖ デュオを組む 2인조를 짜다

706
□ **くもる** 曇る 흐리다(↔はれる)

❖ 一日中曇っていた
하루 종일 흐려 있었다

707			
■ **くらべる**	比べる	비교하다	

❖ 身長を比べる 신장을 비교하다

708			
□ **くれる**	暮れる	(한 해, 날등이)저물다, 지다	

❖ 日がどっぷり暮れる 해가 완전히 지다

709			
□ **けす**	消す	끄다, 지우다	

❖ 火を消す 불을 끄다

710			
□ **こたえる**	答える	답하다, 대답하다	

❖ 先生の問いかけに答える
선생님의 물음에 대답하다

711			
■ **こぼす**	零す	엎지르다, 흘리다	

❖ 御飯を零す 밥을 흘리다

712			
■ **こぼれる**	零れる	흘러내리다	

❖ 涙がほおを零れる
눈물이 뺨을 흘러내리다

713			
□ **こまる**	困る	곤란하다, 어려움을 겪다	

❖ 寒くて困る 추워서 곤란하다

714			
■ **こむ**	込む・混む	붐비다, 복잡하다, 북적거리다	

❖ 電車が込む 전차가 붐비다

715			
■ **ころぶ**	転ぶ	넘어지다, 쓰러지다, 구르다	

❖ すべって転ぶ 미끄러져 넘어지다

716
□ **こわす** 壊す 부수다, 고장내다, 깨뜨리다

❖ 建物を壊す 건물을 부수다[허물다]

717
□ **こわれる** 壊れる 부셔지다, 고장나다

❖ 粉々に壊れた
산산이 부서졌다. 박살이 났다

718
□ **さがす** 探す 찾다

❖ 職を捜す 직장을 찾다

719
□ **さがる** 下がる 내리다, 내려가다

❖ 気温が下がる 기온이 내려가다

720
□ **さく** 咲く (꽃이) 피다

❖ 桜の花が咲く 벚꽃이 피다

721
□ **さげる** 下げる 낮추다

❖ 機首を下げる 기수를 낮추다

722
■ **ささえる** 支える 받치다, 떠받치다, 지탱하다

❖ つっかい棒で柱を支える
버팀목으로 기둥을 떠받치다

723
□ **さしあげる** 差し上げる 드리다, 바치다 (やる의 겸양어)

❖ ちょくせつ差し上げる 직접 드리다

724
■ **さす** 指す・差す 가리키다, 지적하다

❖ 東の空を指す 동쪽 하늘을 가리키다

725
■ **さそう** 誘う 권유하다, 꾀다, 유혹하다
❖ 保険に誘う 보험을 권유하다

726
■ **さます** 覚ます 잠을 깨우다
❖ 眠りを覚ます 잠을 깨우다[깨다]

727
□ **さわぐ** 騒ぐ 떠들다, 시끄러운 소리를 내다
❖ 子供たちが騒ぐ 아이들이 떠들다

728
□ **さわる** 触る 만지다, 손을 대다, 닿다
❖ 肩に触る 어깨에 손을 대다

729
□ **しかる** 叱る 꾸짖다(↔ほめる)
❖ 息子を叱る 아들을 꾸짖다

730
■ **しはらう** 支払う 지불하다, 지급하다
❖ 代金を支払う 대금을 지급하다

731
■ **しばる** 縛る 묶다, 결박하다
❖ 荷物を紐で縛る 짐을 끈으로 묶다

732
□ **しまう** 仕舞う 끝내다, 끝나다, 간수하다
❖ 仕事を仕舞う 일을 끝내다

733
□ **しまる** 閉まる 닫히다, 잠기다
❖ かちっと戸が閉まる
제꺽 하고 문이 닫히다

734
■ しめす　示す　보이다, 가리키다

❖ 模範を示す 모범을 보이다

735
□ しめる　閉める　닫다, 잠그다

❖ ばたんと戸を閉める 쾅 하고 문을 닫다

736
■ しゃべる　喋る　재잘거리다, 말하다 (예외5단동사)

❖ 英語は全然しゃべれない
영어는 전혀 말하지 못하다

737
□ しらせる　知らせる　알리다, 통지하다, 보고하다

❖ 電話で知らせる 전화로 알리다

738
□ しらべる　調べる　조사하다, 찾다, 연구하다

❖ 事故の原因を調べる
사고의 원인을 조사하다

739
□ しる[しらせる]　知る　알다

❖ 事件を知る 사건을 알다

740
■ しんじる　信じる　믿다

❖ むやみに信じる 무턱대고 믿다

741
■ すう　吸う　빨다, 들이마시다, (담배를) 피다

❖ 空気を吸う 공기를 들이마시다

742
■ すすめる　勧める　권하다, 권장하다

❖ 結婚を勧める 결혼을 권하다

743
■ **すすめる** 進める 전진, 진행, 승진시키다

❖ 兵を国境まで進めた
군대를 국경까지 전진시켰다

744
□ **すてる** 捨てる 버리다(↔ひろう)

❖ ごみを捨てる 쓰레기를 버리다

745
□ **すべる** 滑る 미끄러지다 (스키, 스케이트 등을)타다

❖ テールを開いて滑る
테일을 벌리고 미끄러지다

746
□ **すむ** 済む 끝나다, 해결되다

❖ 試験が済む 시험이 끝나다

747
□ **すむ** 住む 살다

❖ この町に住んで10年になる
이 동네에 산 지 10년이 된다

748
■ **すわる** 座る 앉다

❖ 上座に座る 상석에 앉다

749
■ **そう** 沿う 가를 따라가다, 따르다

❖ 国策に沿う 국책에 따르다

750
■ **たおす** 倒す 쓰러뜨리다, 넘어뜨리다

❖ 斧で木を倒す 도끼로 나무를 쓰러뜨리다

751
□ **たおれる** 倒れる 쓰러지다, 넘어지다

❖ 台風でへいが倒れる
태풍으로 담이 쓰러지다

752
□ **だく** 抱く 포옹하다, 안다

❖ 赤ん坊を抱く 아기를 안다

753
■ **だしあう** 出し合う 함께 내다, 나누어내다

❖ 費用を出し合う 비용을 함께 나누어 내다

754
□ **だす** 出す 내다, 제출하다

❖ つやを出す 광택을 내다

755
■ **たすかる** 助かる 도움이 되다, 살아나다

❖ 奇跡的に助かる 기적적으로 살아나다

756
■ **たすけあう** 助け合う 서로 돕다

❖ 困ったときは助け合うものだ
곤란한 때는 서로 돕는 법이다

757
□ **たすける** 助ける 도와주다, 구하다

❖ おぼれかけている子供を助ける
물에 빠진 아이를 구하다

758
■ **たずねる** 訪ねる 방문하다, 찾아가다

❖ 娘の縁先を訪ねる 딸의 시가를 방문하다

759
□ **たずねる** 尋ねる 묻다, 질문하다

❖ 名前を尋ねる 이름을 묻다

760
■ **たたむ** 畳む 개다, 접다

❖ 布団を畳む 이부자리를 개다

761 たつ　建つ　건물이 서다

❖ 雨後のたけのこのように新しい建物が建つ 우후죽순처럼 새로운 건물이 서다

762 たつ　経つ　시간이 경과하다

❖ ここに移り住んでから3年経った 이곳으로 이사한 지 3년이 지났다

763 たつ　立つ　서다

❖ 端に立つ 거리에 서다

764 たのしむ　楽しむ　즐기다

❖ 余生を楽しむ 여생을 즐기다

765 たのむ　頼む　부탁하다

❖ 頼むから教えてくれ 부탁이니 가르쳐 다오

766 たべおわる　食べ終わる　먹기가 끝나다, 다먹다

❖ ご飯を食べ終わる 밥을 다먹다

767 たべつづける　食べ続ける　계속 먹다

❖ 何か食べ続ける 무엇인가 계속 먹다

768 たまる　溜る　모이다

❖ 人が溜る 사람이 모이다

769 ためる　溜める　모아두다, 모으다

❖ 庭の隅にごみを溜める 뜰 한쪽에 쓰레기를 모아 두다

770
たりる 足りる 충분하다, 족하다, 충족되다

❖ 1万円ほどあれば足りる
1만 엔 정도 있으면 족하다

771
ちがう 違う 다르다

❖ 好みが違う 기호가 다르다

772
ちかづく 近づく 가까이대다

❖ 現場に近づく 현장에 접근하다

773
ちかづける 近づける 접근시키다

❖ 敵を近づけない 적을 접근시키지 않다

774
つうじる 通じる 통하다, 연결되다

❖ 電氣が通じる 전기가 통하다

775
つかう 使う 사용하다, 쓰다

❖ あたまを使う 머리[두뇌]를 쓰다

776
つかまえる 捕まえる 붙잡다

❖ 犯人を捕まえる 범인을 붙잡다

777
つかまる 捕まる 잡히다

❖ 泥棒が捕まる 도둑이 잡히다

778
つかれる 疲れる 지치다, 피로해지다

❖ 生活に疲れる 생활에 지치다

779
つきあう 付き合う 사귀다, 함께 행동하다

❖ 長年付き合う 오랫동안 사귀다

780
つく 付く 붙다, 묻다

❖ ぴったり付いて離れない
딱 달라붙어 떨어지지 않다

781
つく 着く 도착하다

❖ 定刻に着く 정각에 도착하다

782
つくりかえる 作り替える 새로 만들다, 고쳐 만들다

❖ カーテンを作り替える
커튼을 새로 만들다

783
つくりだす 作り出す 만들어 내다

❖ 製品を作り出す 제품을 만들어내다

784
つくりなおす 作り直す 다시 만들다

❖ スカートを作り直す
스커트[치마]를 다시[고쳐] 만들다

785
つくる 作る 만들다

❖ 時計を作る 시계를 만들다

786
つける 付ける 붙이다, 묻히다

❖ 体を壁に付ける 몸을 벽에 붙이다

787
つける 浸ける 담그다, 적시다

❖ 洗濯物をせっけん水に浸けておく
세탁물을 비눗물에 담가 두다

JLPT N3 필수단어 | **95**

788
つたえる　伝える　전하다, 전달하다
❖ 命令を伝える 명령을 전하다

789
つたわる　伝わる　전해지다, 전승되다
❖ 家に伝わる宝刀 집에 전해 내려오는 보도

790
つづく　続く　계속되다
❖ 打ち続く長雨で洪水になる
계속되는 장마로 홍수가 나다

791
つづける　続ける　계속하다
❖ 話を続ける 이야기를 계속하다

792
つつむ　包む　싸다, 포장하다
❖ ふろしきで着物を包む
보자기로 옷을 싸다

793
つとめる　勤める　근무하다, 종사하다
❖ 商事会社に勤める 상사 회사에 근무하다

794
つまる　詰まる　가득 차다, 막히다
❖ ぎっしり詰まった本箱 가득 찬 책장

795
つめる　詰める　채우다, 틀어막다
❖ びんに入れる[詰める]
병에 넣다[채우다]

796
であう　出会う　우연히 만나다, 마주치다
❖ 道でばったり旧友に出会った
길에서 옛 친구와 딱 마주쳤다

96 | 일본어 능력시험 단어

797
□ **でかける** 出かける 나가다, 외출하다

❖ すきを見て出かける 짬을 보아 나가다

798
■ **てつだう** 手伝う 거들다, 도와주다

❖ 家事を手伝う 가사를 거들다

799
■ **でる** 出る 나오다, 나가다

❖ 庭に出る 뜰로 나가다

800
■ **といあわせる** 問い合わせる 문의하다, 조회하다

❖ 日時を問い合わせる 일시를 조회하다

801
■ **とおす** 通す 통하게하다, 안내하다

❖ 客を応接間に通す
손을 응접실로 안내하다

802
□ **とおる** 通る 지나다, 합격하다

❖ 毎朝通る道 매일 아침 지나는 길

803
■ **とく** 溶く 용해시키다

❖ メリケン粉を水に溶く
밀가루를 물에 풀다

804
■ **とく** 解く (문제 등을)풀다

❖ 方程式を解く 방정식을 풀다

805
■ **とどく** 届く 도착하다, 닿다, 미치다

❖ 荷物が届く 짐이 도착하다

806
□ とどける　届ける　보내다, 전하다

❖ 品物を届ける 물건을 전하다

807
■ とばす　飛ばす　날리다, 건너뛰다

❖ 鳩を飛ばす 비둘기를 날리다

808
■ とびだす　飛び出す　(갑자기) 뛰어나오다, 뛰어나가다

❖ 部屋から飛び出す 방에서 뛰어나가다

809
□ とぶ　飛ぶ　날다, 급히가다

❖ 鳥が飛ぶ 새가 날다

810
□ とめる　泊める　묵게 하다

❖ 留学生を家に泊める
유학생을 집에 숙박시키다

811
■ とめる　止める　세우다, 막다

❖ 機械を止める 기계를 세우다

812
□ とりかえる　取り替える　바꾸다, 교환하다

❖ 電球を取り替える 전구를 바꾸다

813
■ とりなおす　撮り直す　다시 찍다, 다시 촬영하다

❖ 写真を撮り直す 사진을 다시찍다

814
■ とれる[とる]　取れる[取る]　집다, 받다, 훔치다, 맡다 등

❖ 机の上の本を取る 책상 위의 책을 집다

815
なおる 直る 고쳐지다, 수리되다

❖ 間違いが直る 잘못된 것이 고쳐지다

816
なおる 治る 낫다, 치료되다

❖ びょうきが治る 병이 낫다

817
ながす 流す 흘리다, 흐르게하다

❖ 涙を流す 눈물을 흘리다

818
なかす 泣かす 울리다

❖ 子供をじらして泣かす
어린이를 약올려서 울리다

819
ながれでる 流れ出る 흘러나오다, 유출하다

❖ どろどろと流れ出る
걸쭉하게 흘러나오다

820
ながれる 流れる 흐르다

❖ 川が流れる 강이 흐르다

821
なきだす 泣き出す (갑자기) 울기시작하다, 울음을 터뜨리다

❖ わっと泣き出した
와악 하고 울기 시작했다

822
なく 泣く 울다

❖ 悲しくて泣く 슬퍼서 울다

823
なくす 亡くす 여의다, 사별하다

❖ 父を亡くす 아버지를 여의다

824
- **なくす** 無くす 잃다, 없애다
  - この世から戦争を無くす
    이 세상에서 전쟁을 없애다

825
- **なげる** 投げる 던지다
  - ボールを投げる 공을 던지다

826
- **なやむ** 悩む 고민하다
  - 恋に悩む若者 사랑에 번민하는 젊은이

827
- **ならう** 習う 배우다, 익히다
  - 技術を習う 기술을 배우다

828
- **ならす** 慣らす 길들이다, 적응시키다
  - 飼い慣らす 길러 길들이다

829
- **ならぶ** 並ぶ 한줄로서다, 늘어서다
  - 一列に並ぶ 한 줄로 줄서다

830
- **ならべる** 並べる 늘어놓다, 배열하다
  - 店頭に並べる 가게 앞에 죽 늘어놓다

831
- **なれる** 慣れる 길들다, 적응하다
  - この靴はまだ足に慣れていない
    이 구두는 아직 발에 길들지 않았다

832
- **にあう** 似合う 어울리다, 잘 맞다
  - よく似合うカップル 잘 어울리는 커플

833
にげる　逃げる　도망치다, 달아나다
❖ 刑務所から逃げる 교도소에서 도망치다

834
ぬぐ　脱ぐ　벗다, 탈의하다
❖ 帽子を脱ぐ 모자를 벗다

835
ぬすむ　盗む　훔치다, 도둑질하다
❖ さいふを盗む 지갑을 훔치다

836
ぬらす　濡らす　적시다
❖ 雨で服を濡らす 비로 옷을 적시다

837
ぬれる　濡れる　젖다
❖ 雨に濡れる 비에 젖다

838
ねがう　願う　원하다, 바라다
❖ 大臣の椅子を願う 대신의 자리를 바라다

839
ねむる　眠る　자다, 잠들다
❖ ぐっすり眠る 푹 자다

840
のこす　残す　남기다
❖ 食べものを残す 음식을 남기다

841
のこる　残る　남다
❖ 雪が残っている 눈이 남아 있다

JLPT N3 필수단어 | **101**

842
のぞむ 望む 바라다, 원하다

❖ 出世を望む 출세를 바라다

843
のびる 伸びる/延びる 늘다

❖ 売上げが伸びる 매출이 늘다

844
のびる 延びる 연장되다

❖ 寿命が延びる 수명이 연장되다

845
□ **のぼる** 登る 등산하다

❖ 山に上る 산에 오르다

846
のぼる 上る 오르다

❖ 階段を上る 계단을 오르다

847
□ **のりかえる** 乗り換える 갈아타다, 바꿔 타다

❖ バスで行って電車に乗り換える
버스로 가서 전차로 갈아타다

848
のりこえる 乗り越える 타고 넘다

❖ へいを乗り越える 담을 타고 넘다

849
のる 乗る/載る 탈 것에 타다

❖ 馬に乗る 말을 타다

850
のる 載る 실리다, 게재되다

❖ 新聞に美談が載る
신문에 미담이 실리다

851
□ **はいる** 入る 들어가다, 들어오다, 들다

❖ 応接間に入る 응접실에 들어가다

852
■ **はかる** 計る 재다, 측정하다

❖ 距離を計る 거리를 재다

853
■ **はく** 履く 신다

❖ くつを履く 신발을 신다

854
■ **はく** 穿く 입다

❖ ズボンを穿く 바지를 입다

855
□ **はじまる** 始まる 시작되다

❖ 新学期が始まる 새 학기가 시작되다

856
■ **はじめる** 始める 시작하다

❖ 仕事を始める 일을 시작하다

857
□ **はしる** 走る 달리다

❖ 医者を呼びに走る 의사를 부르러 달리다

858
■ **はずす** 外す 떼다, 놓치다

❖ 看板を外す 간판을 떼다

859
■ **はずれる** 外れる 빠지다, 빗나가다, 벗어나다

❖ 入歯が外れる 틀니가 빠지다

860
□ はたらく　働く　일하다, 작용하다

❖ 山で働く 산에서 일하다

861
■ はなしあう　話し合う　서로 이야기하다, 서로 의논하다

❖ 家族で話し合う 가족끼리 이야기하다

862
■ はなしかける　話しかける　말을 걸다, 말을 붙이다

❖ 隣席の人に話し掛ける
옆자리의 사람에게 말을 걸다

863
■ はなしはじめる　話し始める　이야기하기 시작하다

❖ おもむろに話し始める
천천히 말을 시작하다

864
□ はらう　払う　지불하다, 털어내다

❖ 着物の雪を払う 옷의 눈을 털다

865
■ はる　張る・貼る　붙이다, 바르다

❖ 切手を貼る 우표를 붙이다

866
■ はれる　晴れる　맑다, 개다(↔くもる)

❖ 空が晴れる 하늘이 개다

867
■ ひえる　冷える　차가워지다, 추워지다

❖ 冷えないようにする
차가워지지 않도록 하다

868
■ ひかる　光る　빛나다, 반짝이다

❖ 星が光る 별이 빛나다

869
■ **ひきうける**　引き受ける　　책임지고 떠맡다, 맡다

❖ 翻訳を引き受ける　번역을 맡다

870
■ **ひく**　引く　　끌다, 당기다

❖ 綱を引く　밧줄을 당기다

871
■ **ひく**　引く　　끌다, 당기다, 빼다(↔おす)

❖ ジェット機がおを引く
　제트기가 꼬리를 끌다

872
■ **ひく**　弾く　　연주하다, 치다

❖ ピアノを弾く　피아노를 치다

873
■ **ひっこす**　引っ越す　　이사하다, 이전하다

❖ 田舎へ引っ越す　시골로 이사하다

874
■ **ひやす**　冷やす　　차게하다

❖ かんぶを冷やす　환부를 차게 하다

875
■ **ひらく**　開く　　개업하다, 열다, 펼치다

❖ 店を開く　가게를 열다

876
■ **ひろう**　拾う　　줍다(↔すてる)

❖ 稲穂を拾う　이삭을 줍다

877
■ **ひろがる**　広がる　　넓어지다, 퍼지다, 번지다

❖ 付き合いが広がる　교제가 넓어지다

878
□ **ふえる**　増える　늘다, 증가하다

❖ めかたが増える　무게가 늘다

879
□ **ふく**　吹く　(바람이) 불다, (관악기를) 불다

❖ かぜが吹く　바람이 불다

880
■ **ふせぐ**　防ぐ　막다, 방지하다

❖ 暴力を防ぐ　폭력을 방지하다

881
□ **ふとる**　太る　살찌다, 뚱뚱해지다(↔やせる)

❖ でぶでぶに太る　뒤룩뒤룩하게 살이 찌다

882
□ **ふむ**　踏む　밟다, 구르다

❖ むぎを踏む　보리를 밟다

883
■ **ふやす**　増やす　늘리다, 증가시키다

❖ まかずを増やす　방의 수를 늘리다

884
■ **へらす**　減らす　줄이다, 덜다

❖ くちを減らす　식구를 줄이다

885
■ **へる**　減る　줄다, 적어지다

❖ 商売のあがりが減る　장사의 매상이 줄다

886
□ **ほめる**　褒める　칭찬하다(↔しかる)

❖ 口でけなして心で褒める
　말로는 헐뜯고 속으로 칭찬하다

887
まがる　曲がる　방향 등을 바꾸다, 돌다
❖ 塀について曲がる 담을 따라서 돌다

888
まく　巻く　말다, 감다
❖ ほを巻く 돛을 감다

889
まげる　曲げる　굽히다, 굽다
❖ こしを曲げる 허리를 굽히다

890
まける　負ける　지다(↔かつ)
❖ わずかの差で負ける 근소한 차로 지다

891
まちがえる　間違える　잘못하다, 착각하다
❖ けいさんを間違える 계산을 잘못하다

892
まとまる　모이다, 정리되다
❖ 考えがまとまる 생각이 정리되다

893
まとめる　모으다, 정리하다
❖ 荷物を一箇所にまとめる
짐을 한데 모으다

894
まなぶ　学ぶ　배우다, 익히다
❖ 先人の言行に学ぶ
선인의 언행에서 배우다

895
まもる　守る　지키다, 수호하다
❖ 国を守る 나라를 지키다

896
■ **まよう**　　迷う　　헤매다, 망설이다

❖ 路頭に迷う 노두에서 헤매다

897
■ **まわす**　　回す　　돌리다

❖ ハンドルを回す 핸들을 돌리다

898
□ **まわる**　　回る　　돌다

❖ こまが回る 팽이가 돌다

899
□ **みえる**　　見える　　보이다

❖ 山が見える 산이 보이다

900
□ **みがく**　　磨く　　닦다, 연마하다

❖ 歯を磨く 이를 닦다

901
■ **みせる**　　見せる　　보여주다

❖ 絵本を友達に見せてあげる
그림책을 친구에게 보여 주다

902
□ **みつかる**　　見付かる　　발견되다, 들키다

❖ 数学の時間に内職して見付かる
수학 시간에 몰래 딴 과목을 공부하다가 들키다

903
■ **みつける**　　見付ける　　찾아내다

❖ 欠点をめざとく見付ける
결점을 재빨리 찾아내다

904
□ **みる**　　見る　　보다

❖ 相手の顔を見る 상대의 얼굴을 보다

905
むかう　向かう　향해 가다, 마주보다
❖ 面と向かう 얼굴을 마주 대하다

906
むかえる　迎える　맞다, 맞아들이다
❖ 客を笑顔で迎える
손을 웃는 낯으로 맞다

907
むきあう　向き合う　서로 바라보다, 마주하다, 마주대하다
❖ 向き合った席を取る
마주 보이게 자리를 잡다

908
むく　向く　향하다, 얼굴 등을 돌리다
❖ 北に向く 북으로 향하다

909
むける　向ける　향하게하다, 돌리다
❖ 目を向ける 눈을 돌리다

910
もうしこむ　申し込む　신청하다
❖ 面会を申し込む 면회를 신청하다

911
やく　焼く　태우다, 굽다
❖ 古い手紙を焼く 낡은 편지를 태우다

912
やける　焼ける　타다, 굽히다
❖ 家が焼ける 집이 불타다

913
やせる　痩せる　여위다, 마르다(↔ふとる)
❖ 栄養不足で痩せる 영양 부족으로 마르다

914
■ **やぶれる**　破れる　찢어지다, 패배하다

❖ 紙が破れる 종이가 찢어지다

915
■ **やむ**　止む　(비, 눈 등이)그치다, 멎다

❖ 雨が止む 비가 멎다

916
□ **やめる**　辞める　사직하다

❖ 会社を辞める 회사를 그만두다[사직하다]

917
□ **やめる**　止める　그만두다, 끊다

❖ ちゅうとで止める 중도에서 그만두다

918
■ **やる**　　　주다, 하다, 행하다

❖ うつろな事をやる 얼빠진 짓을 하다

919
□ **ゆれる**　揺れる　흔들리다, 요동하다

❖ 電車が揺れる 전차가 흔들리다

920
■ **よごす**　汚す　더럽히다, 오염시키다

❖ インクをこぼして服を汚す
잉크를 엎질러서 옷을 더럽히다

921
■ **よごれる**　汚れる　더럽혀지다, 오염되다

❖ セーターのくびが汚れた
스웨터의 목이 더럽혀졌다

922
■ **よぶ**　呼ぶ　부르다, 호명하다

❖ ボーイを呼ぶ 보이를 부르다

923
■ **よみおわる** 読み終わる 읽기
* 本が読み終わる 책을 다 읽어 버리다

924
□ **よる** 寄る 들르다, 다가가다
* そばに寄る 곁에 다가서다

925
□ **よろこぶ** 喜ぶ 기뻐하다
* 父の喜ぶ顔が見たい
  아버지의 기뻐하시는 얼굴이 보고 싶다

926
□ **わかす** 沸かす 끓이다, 데우다
* お茶を沸かす 차를 끓이다

927
□ **わかれる** 別れる 헤어지다, 이별하다
* 妻と別れる 아내와 헤어지다

928
□ **わく** 沸く 끓다, 데워지다
* お湯が沸く 물이 끓다

929
■ **わける** 分ける 나누다, 가르다
* 生徒を四組に分ける
  생도를 4조로 나누다

930
□ **わすれる** 忘れる 잊다, 깜빡
* 英語の単語を忘れる 영어 단어를 잊다

931
□ **わたす** 渡す 건네주다
* けいやくきんを渡す 계약금을 건네주다

동사

932
- **わたる** 渡る 건너가다, 넘어가다
  - ❖ 大陸へ渡る 대륙으로 건너가다

933
- **わらう** 笑う 웃다
  - ❖ にこにこ(と)笑う 싱글싱글 웃다

934
- **わる** 割る 깨뜨리다, 나누다
  - ❖ ふたつに割る 둘로 나누다[쪼개다]

935
- **われる** 割れる 깨지다, 나누어지다
  - ❖ コップが割れる 컵이 깨지다

TIP

- 중요한 복합동사
  - いいかえす(言い返す) 대답하다, 말대꾸하다
  - うけとる(受け取る) 받다, 수취하다
  - かしだす(貸し出す) 대출하다, 빌려주다
  - つくりかえる(作り替える) 새로 만들다, 고쳐 만들다
  - といあわせる(問い合わせる) 문의하다, 조회하다
  - とりかえる(取り替える) 바꾸다, 교환하다
  - ながれでる(流れ出る) 흘러나오다, 유출하다
  - のりかえる(乗り換える) 갈아타다, 바꿔 타다
  - はなしかける(話しかける) 말을 걸다, 말을 붙이다
  - ひきうける(引き受ける) 책임지고 떠맡다, 맡다
  - もうしこむ(申し込む) 신청하다

な형용사

New JLPT Level 3 일본어능력시험

936
■ **あきらかだ** 明らかだ　분명하다, 명백하다, 명확하다

❖ 明らかな理由
명백한 이유

937
■ **あたりまえだ** 当たり前だ　당연하다, 마땅하다

❖ 夏は暑いのが当たり前だ
여름은 더운 것이 당연하다

938
□ **あんしんだ** 安心だ　안심이다

❖ 彼にまかせておけば安心だ
그에게 맡겨 두면 안심이다

939
□ **あんぜんだ** 安全だ　안전하다

❖ 安全な遊び場　안전한 놀이터

940
■ **いいかげんだ** いい加減だ　적당하다, 무책임하다, 엉터리다

❖ いい加減な性格　알맞은(적당한) 성격

941
■ **いがいだ** 意外だ　의외다

❖ 意外な事件　의외의 사건

942
■ **いじょうだ** 異常だ　이상이다(↔せいじょうだ)

❖ 異常な関係　비정상적인 관계

943
■ **いっぱんてきだ** 一般的だ　일반적이다

❖ まず一般的なことを述べる
먼저 일반적인 것을 말한다

944
□ **いやだ** 嫌だ 싫다, 불쾌하다

❖ たばこの煙が嫌だ 담배 연기가 싫다

945
■ **いろいろだ** 色々だ 여러 가지이다

❖ 色々な形にさいくする
여러 가지 모양으로 세공하다

946
■ **おしゃべりだ** 수다스럽다, 수다쟁이다

❖ 男のくせにお喋りで困る
남자가 수다스러워서 탈이다

947
■ **おしゃれだ** 멋스럽다, 세련되다

❖ お洒落な女 멋을 부리는 여자

948
■ **かくじつだ** 確実だ 확실하다

❖ 確実な証拠 확실한 증거

949
■ **かわいそうだ** 불쌍하다, 가엾다

❖ 可哀相なことをした 가엾은 짓을 했다

950
■ **かんぜんだ** 完全だ 완전하다

❖ 完全な敗北 완전한 패배

951
□ **かんたんだ** 簡単だ 간단하다

❖ 簡単な仕事 간단한 일

952
■ **きけんだ** 危険だ 위험하다

❖ 危険なふなじ 위험한 뱃길

953
- **きちょうだ** 貴重だ　귀重하다
  - 貴重な品 귀중한 물건

954
- **きらいだ** 嫌いだ　싫다(↔すきだ)
  - 雷が嫌いだ 천둥이 싫다

955
- **きらくだ** 気楽だ　속 편하다, 홀가분하다
  - 気楽な仕事 속 편한 일

956
- **きれいだ** 綺麗だ　깨끗하다, 예쁘다
  - 奇麗な着物 예쁜 옷

957
- **ぐうぜんだ** 偶然だ　우연이다
  - この事故は偶然ではない
    이 사고는 우연한 일이 아니다

958
- **けちだ**　인색하다
  - けちな老人 인색한 노인

959
- **けっこうだ** 結構だ　좋다, 훌륭하다, 다행이다
  - じょうぶで結構だ 건강하여 다행이다

960
- **げひんだ** 下品だ　천박하다(↔じょうひんだ)
  - 下品な言葉遣い 상스러운 말씨

961
- **げんきだ** 元気だ　원기왕성하다
  - 元気な尊容を拝する
    건강하신 존안을 뵙다

962
- **ごういんだ** 強引だ 강제로다, 억지로다
  - 強引なやりくち 강압적인 수법

963
- **さかんだ** 盛んだ 번성하다, 번창하다, 성하다, 빈번하다
  - 工業が盛んだ 공업이 번성하다

964
- **さまざまだ** 様々だ 다양하다
  - 様々な生き方 갖가지 사는 방식

965
- **ざんねんだ** 残念だ 유감스럽다, 아쉽다
  - 残念なことには 유감스럽게도

966
- **しずかだ** 静かだ 조용하다
  - 心静かな日を送る 조용한 날을 보내다

967
- **じつようてきだ** 実用的だ 실용적이다
  - 実用的な研究 실용적인 연구

968
- **じみだ** 地味だ 수수하다(↔はでだ)
  - 地味な色 수수한 색

969
- **じゆうだ** 自由だ 자유롭다
  - 自由な選挙の雰囲気 자유스러운 선거 분위기

970
- **じゅうぶんだ** 十分だ 충분하다
  - 十分な配慮 충분한 배려

971
じゅうようだ 重要だ 중요하다
* 重要な証拠 중요한 증거

972
しょうきょくてきだ 消極的だ 소극적이다(↔せっきょくてきだ)
* 消極的な性格 소극적인 성격

973
しょうじきだ 正直だ 정직하다
* 正直な人 정직한 사람

974
じょうずだ 上手だ 능숙하다(↔へただ)
* 絵が上手だ 그림을 잘 그린다

975
じょうひんだ 上品だ 우아하다(↔げひんだ)
* 上品な婦人 품위 있는 부인

976
じょうぶだ 丈夫だ 튼튼하다, 건강하다
* 丈夫で結構だ 건강하여 다행이다

977
しんけんだ 真剣だ 열심이다, 진지하다, 진심이다
* 真剣な態度[表情] 진지한 태도[표정]

978
しんこくだ 深刻だ 심각하다
* 事態は深刻だ 사태는 심각하다

979
しんせつだ 親切だ 친절하다
* 親切な人 친절한 사람

980
- **しんせんだ** 新鮮だ　신선하다
  - 新鮮な野菜 신선한 야채

981
- **しんちょうだ** 慎重だ　신중하다
  - 慎重な態度 신중한 태도

982
- **すきだ** 好きだ　좋다(↔きらいだ)
  - 好きな人 좋아하는 사람

983
- **すてきだ** 素敵だ　멋있다, 훌륭하다
  - ほんとうに素敵だ 정말 근사하다

984
- **すなおだ** 素直だ　고분고분하다, 솔직하다, 순수하다
  - 素直に白状した 순순히 자백했다

985
- **せいかくだ** 正確だ　정확하다
  - 正確な情報 정확한 정보

986
- **せいじょうだ** 正常だ　정상이다(↔いじょうだ)
  - 正常な精神 정상적인 정신

987
- **ぜいたくだ** 贅沢だ　사치스럽다, 호강하다
  - 贅沢な食事 사치스러운 식사

988
- **せっきょくてきだ** 積極的だ　적극적이다(↔しょうきょくてきだ)
  - 積極的に行動する 적극적으로 행동하다

989
■ **そっくりだ**　　꼭 닮았다
* 母親にそっくりだ 어머니를 꼭 닮았다

990
■ **だいきらいだ**　大嫌いだ　매우 싫다(↔だいすきだ)
* ああいうやり方は大嫌いだ
  저런 방식은 아주 싫다

991
■ **たいくつだ**　退屈だ　지루하다, 따분하다, 무료하다
* 退屈な話 지루한 이야기

992
□ **だいじだ**　大事だ　소중하다, 중요하다
* 大事な所でまずった
  중요한 곳에서 실패했다

993
□ **だいじょうぶだ**　大丈夫だ　괜찮다, 걱정 없다
* ぬらしても大丈夫な時計
  물에 적셔도 안전한 시계

994
□ **だいすきだ**　大好きだ　매우 좋다(↔だいきらいだ)
* 甘い物は大好きだ 단것은 아주 좋아한다

995
□ **たいせつだ**　大切だ　소중하다, 중요하다, 귀중하다
* この点が大切だ 이 점이 중요하다

996
■ **たいへんだ**　大変だ　큰일이다, 대단하다, 힘들다, 고생스럽다
* 大変な人出だ 대단한 인파다

997
□ **たしかだ**　確かだ　확실하다
* 確かな証拠 확실한 증거

998
□ **だめだ** 駄目だ 안 된다, 좋지 않다, 쓸모없다

❖ 運命に逆らっても駄目だ
운명에 거역하여도 소용없다

999
■ **たんきだ** 短気だ 성미가 급하다

❖ 短気な性格 성급한 성미

1000
■ **たんじゅんだ** 単純だ 단순하다(↔ふくざつだ)

❖ 単純な考え 단순한 생각

1001
□ **ていねいだ** 丁寧だ 정중하다, 예의 바르다, 세심하다

❖ 丁寧なあいさつ 공손한 인사

1002
■ **てがるだ** 手軽だ 손쉽다, 간단하다

❖ 手軽な朝食をとる 간단한 조반을 들다

1003
□ **てきとうだ** 適当だ 적당하다

❖ 適当な運動 적당한 운동

1004
■ **てごろだ** 手頃だ (능력, 조건에)걸맞다, 어울리다

❖ 手頃な大きさの板 알맞은 크기의 널빤지

1005
■ **とくいだ** 得意だ 잘한다, 자신있다(↔にがてだ)

❖ 得意ながっか 잘하는 학과

1006
□ **とくべつだ** 特別だ 특별하다(↔へいぼんだ)

❖ あいつは特別だよ 저 녀석은 특별이야

1007
■ **にがてだ** 苦手だ 못한다, 자신없다(↔とくいだ)

❖ あいつはどうも苦手だ
저 녀석은 어쩐지 대하기가 벅차다

1008
□ **にぎやかだ** 賑やかだ 번화하다, 떠들썩하다

❖ 賑やかな町 번화한 거리

1009
□ **ねっしんだ** 熱心だ 열심이다

❖ 熱心な仕事振り
열심히 일하는 태도[모습]

1010
■ **はでだ** 派手だ 화려하다(↔じみだ)

❖ 派手な色のネクタイをする
화사한 빛깔의 넥타이를 매다

1011
□ **ひつようだ** 必要だ 필요하다

❖ 必要な手段を取る 필요한 수단을 쓰다

1012
□ **ひまだ** 暇だ 한가하다

❖ 暇な職場 한가한 직장

1013
■ **ふあんだ** 不安だ 불안하다

❖ 不安な一夜 불안한 하룻밤

1014
□ **ふくざつだ** 複雑だ 복잡하다(↔たんじゅんだ)

❖ 複雑な仕事 복잡한 일

1015
■ **ふしぎだ** 不思議だ 불가사의하다, 이상하다

❖ 不思議な出来事 이상한 사건

1016
■ **ぶじだ**　無事だ　무사하다

❖ 無事に暮す 무사히 지내다[살아가다]

1017
□ **ふべんだ**　不便だ　불편하다(↔べんりだ)

❖ 不便な所 불편한 곳

1018
■ **ふまんだ**　不満だ　불만스럽다

❖ 不満な結果 불만스러운 결과

1019
■ **ふりだ**　不利だ　불리하다(↔ゆうりだ)

❖ 不利な条件 불리한 조건

1020
■ **へいぼんだ**　平凡だ　평범하다(↔とくべつだ)

❖ 平凡な人物 평범한 인물

1021
■ **へいわだ**　平和だ　평화롭다

❖ 平和に暮らす 평화롭게 살다

1022
□ **へただ**　下手だ　서툴다(↔じょうずだ)

❖ 下手な字を書く 서투른 글씨를 쓰다

1023
□ **へんだ**　変だ　이상하다

❖ なにか変だ 어쩐지 이상하다

1024
□ **べんりだ**　便利だ　편리하다(↔ふべんだ)

❖ 生活に便利な道具 생활에 편리한 도구

1025
■ **ほうふだ** 豊富だ 풍부하다

❖ 豊富な経験を生かす
풍부한 경험을 살리다

1026
■ **まあまあだ** 그럭저럭 괜찮다

❖ この程度ならまあまあだ
이 정도면 수수하다

1027
■ **まじめだ** 真面目だ 성실하다, 진지하다

❖ 真面目な話 진지한 이야기

1028
□ **まっすぐだ** 真っ直だ 똑바르다, 정직하다

❖ 真っ直な姿勢 똑바른 자세

1029
■ **まんぞくだ** 満足だ 만족스럽다

❖ 発掘した物はみな満足な状態であった
발굴한 물건은 모두 만족스런 상태였다

1030
■ **みごとだ** 見事だ 멋지다, 뛰어나다, 훌륭하다

❖ 見事な演技 뛰어난 연기

1031
■ **みぢかだ** 身近だ 익숙하다, 친숙하다

❖ 身近な人 가까운 사람

1032
■ **むくちだ** 無口だ 말수가 적다, 과묵하다

❖ 無口な人 과묵한 사람

1033
■ **むこうだ** 無効だ 무효하다(↔ゆうこうだ)

❖ 当選を無効とする 당선을 무효로 하다

1034
むだだ 無駄だ — 쓸데없다, 헛되다, 보람없다

❖ 無駄な骨折り 헛된 수고, 헛수고

1035
むちゅうだ 夢中だ — 열중하다, 몰두하다

❖ 無我夢中 자기를 잊고 열중함

1036
むのうだ 無能だ — 무능하다(↔ゆうのうだ)

❖ 無能な指揮官 무능한 지휘관

1037
むりだ 無理だ — 무리이다

❖ 無理なことを言う 무리한 말을 하다

1038
めいかくだ 明確だ — 명확하다

❖ 明確な返答をする 명확한 대답을 하다

1039
めんどうだ 面倒だ — 번거롭다, 귀찮다, 성가시다

❖ 面倒な手続き 귀찮은 절차

1040
ゆうこうだ 有効だ — 유효하다(↔むこうだ)

❖ この契約は5年間有効だ
이 계약은 5년간 유효하다

1041
ゆうしゅうだ 優秀だ — 우수하다

❖ 優秀な成績で卒業する
우수한 성적으로 졸업하다

1042
ゆうのうだ 有能だ — 유능하다(↔むのうだ)

❖ 有能な弁護士 유능한 변호사

1043
□ **ゆうめいだ** 有名だ 유명하다

❖ 有名な作家 유명한 작가

1044
■ **ゆうりだ** 有利だ 유리하다(↔ふりだ)

❖ 有利な投資 유리한 투자

1045
■ **ゆたかだ** 豊かだ 풍부하다

❖ 豊かな生活 풍족[유복]한 생활

1046
■ **らくだ** 楽だ 안락하다, 간단하다, 간편하다

❖ 楽な姿勢を取る 편안한 자세를 취하다

1047
■ **りそうてきだ** 理想的だ 이상적이다

❖ 理想的な生活 이상적인 생활

1048
■ **りっぱだ** 立派だ 훌륭하다, 뛰어나다

❖ 立派な家造り 훌륭한 집의 구조

TIP

- たいへん[大変]와 けっこう(結構)는 품사에 따라 의미가 달라진다.

  たいへん[大変] [부] 매우, 대단히, 몹시
  　　　　　　　 [な형] 큰일이다, 대단하다

  けっこう[結構] [부] 제법, 꽤, 상당히
  　　　　　　　 [な형] 좋다, 훌륭하다

い형용사 — New JLPT Level 3 일본어능력시험

1049
□ **あおい** 青い 　파랗다
❖ 青い目の人形 파란 눈의 인형

1050
□ **あかい** 赤い 　빨갛다
❖ 夕焼けが赤い 저녁놀이 붉다

1051
□ **あかるい** 明るい 　밝다(↔くらい)
❖ 月が明るい 달이 밝다

1052
■ **あさい** 浅い 　얕다(↔ふかい)
❖ 川が浅い 강이 얕다

1053
□ **あたたかい** 暖かい 　따뜻하다(↔すずしい)
❖ 暖かいごはん 따뜻한 밥

1054
□ **あたらしい** 新しい 　새것이다(↔ふるい)
❖ 新しい靴 새 구두

1055
□ **あつい** 暑い 　덥다(↔さむい)
❖ 今日は大変暑い 오늘은 매우 덥다

1056
■ **あつい** 熱い 　뜨겁다, 열정적이다(↔つめたい)
❖ 湯が熱い 물[목욕물]이 뜨겁다

1057
□ **あつい** 厚い 두껍다, 두텁다(↔うすい)

❖ 厚い板 두꺼운 널빤지

1058
□ **あぶない** 危ない 위험하다, 위태롭다

❖ 危ない遊び 위험한 놀이

1059
□ **あまい** 甘い 달다(↔からい)

❖ 甘い菓子 단 과자

1060
■ **ありがたい** 고맙다, 감사하다, 다행스럽다

❖ 親切にしてくれてありがたい
친절하게 해 주어서 고맙다

1061
□ **いそがしい** 忙しい 바쁘다(↔ひまだ)

❖ 目が回るほど忙しい
눈이 핑핑 돌 정도로 바쁘다

1062
□ **いたい** 痛い 아프다, 고통스럽다

❖ のどが腫れて痛い
목구멍이 부어서 아프다

1063
□ **うすい** 薄い 얇다(↔あつい)

❖ 薄い紙 얇은 종이

1064
□ **うすい** 薄い 옅다, 연하다(↔こい)

❖ 色が薄い 색이 옅다

1065
□ **うつくしい** 美しい 아름답다

❖ 美しい女 아름다운 여자

い형용사

1066
□ **うまい** 甘い 맛있다(↔まずい)

❖ 甘い料理 맛있는 요리

1067
■ **うらやましい** 부럽다

❖ 羨ましいと思わない
부럽다고 생각지 않다

1068
□ **うるさい** 煩い 시끄럽다(↔しずかだ)

❖ がいやが煩い 국외자가 시끄럽다

1069
□ **うれしい** 嬉しい 기쁘다(↔かなしい)

❖ 会えて嬉しい
만날 수 있어서 기쁘다[반갑다]

1070
■ **えらい** 偉い 훌륭하다, 위대하다, 지위가 높다

❖ 偉い学者 훌륭한 학자

1071
□ **おいしい** 美味しい 맛있다

❖ 美味しいお菓子 맛있는 과자

1072
□ **おおい** 多い 많다(↔すくない)

❖ 悩みの多い人生 고민이 많은 인생

1073
□ **おおきい** 大きい 크다(↔ちいさい)

❖ 幅が大きい 폭이 크다

1074
□ **おかしい** 可笑しい 이상하다, 우습다

❖ 箸がころんでも可笑しい
젓가락이 구르기만 해도 우습다

1075
■ **おさない** 幼い 어리다

❖ 幼(おさな)いころのおもいで 어릴 적의 추억

1076
□ **おそい** 遅い 늦다, 느리다(↔はやい)

❖ テンポが遅(おそ)い 템포가 느리다

1077
■ **おとなしい** 얌전하다, 온순하다, 고분고분하다

❖ 大人(おとな)しい子(こ) 얌전한 아이

1078
□ **おもい** 重い 무겁다(↔かるい)

❖ 重(おも)い荷物(にもつ) 무거운 짐

1079
□ **おもしろい** 面白い 재미있다, 흥미롭다

❖ このごろ勉強(べんきょう)が面白(おもしろ)い
요즘 공부가 재미있다

1080
■ **かしこい** 賢い 현명하다, 영리하다, 요령이 좋다

❖ 賢(かしこ)い少年(しょうねん) 영리한 소년

1081
□ **かたい** 堅い 단단하다(↔やわらかい)

❖ 石(いし)は堅(かた)い 돌은 단단하다

1082
□ **かなしい** 悲しい 슬프다(↔うれしい)

❖ 悲(かな)しい物語(ものがたり) 슬픈 이야기

1083
□ **からい** 辛い 맵다, 짜다(↔あまい)

❖ 辛(から)いカレー 매운 카레

い형용사

JLPT N3 필수단어 | **129**

1084
かるい 軽い 가볍다(↔おもい)

❖ 紙は石より軽い 종이는 돌보다 가볍다

1085
かわいい 可愛い 귀엽다

❖ 可愛い顔 귀여운 얼굴

1086
かわいらしい 可愛らしい 앙증맞다

❖ 可愛らしい車 작고 예쁘장스러운 자동차

1087
きいろい 黄色い 노랗다

❖ 顔色が黄色い 얼굴색이 노랗다

1088
きたない 汚い 더럽다, 비겁하다, 인색하다

❖ 汚い手 더러운 손

1089
きつい 꽉 끼다, 여유가 없다, 힘들다

❖ そのくつはきつい 그 구두는 꼭 끼인다

1090
きびしい 厳しい 엄하다, 엄격하다, 혹독하다

❖ 厳しい表情 엄한 표정

1091
くさい 臭い 구리다, 악취가 나다

❖ どこかで臭いにおいがする
어디선지 구린내가 난다

1092
くだらない 下らない 시시하다, 쓸모없다

❖ 下らない人間 쓸모없는 인간

1093
くやしい 悔しい 분하다, 억울하다, 후회스럽다

❖ あんなやつにばかにされて悔しい
저런 놈에게 멸시당해서 억울하다

1094
くらい 暗い 어둡다(↔あかるい)

❖ この電灯は暗い 이 전등은 어둡다

1095
くるしい 苦しい 답답하다, 괴롭다, 경제적으로 어렵다

❖ 息が苦しい 숨이 답답하다

1096
くろい 黒い 검다

❖ 黒い喪服 검은 상복

1097
くわしい 詳しい 상세하다, 세세하다, 정통하다, 잘 알고 있다

❖ 詳しい地図 상세한 지도

1098
こい 濃い 진하다(↔うすい)

❖ 味が濃い 맛이 진하다

1099
こまかい 細かい 잘다, 자잘하다, 상세하다, 자세하다

❖ 細かい粒 작은 알갱이

1100
こわい 怖い 무섭다, 두렵다

❖ 怖い目付き 무서운 눈매

1101
さびしい 寂しい 쓸쓸하다, 외롭다

❖ 寂しい村 쓸쓸한 마을

1102
- □ **さむい** 寒い 춥다(↔あつい)

  ❖ 寒い冬 추운 겨울

1103
- ■ **しおからい** 塩辛い 짜다(↔あまい)

  ❖ 塩辛いみそ汁 짠 된장국

1104
- ■ **しかくい** 四角い 네모나다(↔まるい)

  ❖ 四角い豆腐 네모난 두부

1105
- □ **しずかだ** 静かだ 조용하다(↔うるさい)

  ❖ 海は油を流したように静かだ
  바다는 아주 잔잔하다

1106
- ■ **したしい** 親しい 친하다, 익숙하다

  ❖ 親しい仲 친한 사이

1107
- ■ **しつこい** 끈덕지다, 집요하다, (맛, 냄새 등이)질다, 농후하다

  ❖ しつこい質問 끈질긴 질문

1108
- □ **しろい** 白い 희다

  ❖ 色が白い 색이 희다

1109
- □ **すくない** 少ない 적다(↔おおい)

  ❖ 口数の少ない人 말수가 적은 사람

1110
- □ **すごい** 凄い 대단하다, 굉장하다

  ❖ 凄いうなり声 무시무시한 신음소리

1111
□ **すずしい** 涼しい 시원하다(↔あたたかい)

❖ ほんとうに涼しい 정말로 시원하다

1112
□ **すっぱい** 酸っぱい 시다, 시큼하다(↔にがい)

❖ 酸っぱいみかん 시큼한 귤

1113
□ **すばらしい** 素晴らしい 훌륭하다, 굉장하다

❖ 彼の演奏は素晴らしかった
그의 연주는 매우 훌륭했다

1114
■ **するどい** 鋭い 날카롭다

❖ 鋭い刃先 날카로운 칼끝

1115
□ **せまい** 狭い 좁다(↔ひろい)

❖ 庭が狭い 마당이 좁다

1116
■ **たかい** 高い 높다(↔ひくい)

❖ 高い山 높은 산

1117
■ **たかい** 高い 비싸다(↔やすい)

❖ 金利が高い 금리가 비싸다

1118
□ **ただしい** 正しい 바르다, 맞다

❖ 君の姿勢は正しい 너의 자세는 바르다

1119
□ **たのしい** 楽しい 즐겁다

❖ 楽しい音楽 즐거운 음악

JLPT N3 필수단어 | **133**

1120
□ **ちいさい** 小さい 작다(↔おおきい)

❖ 小さい別荘 작은 별장

1121
□ **ちかい** 近い 가깝다(↔とおい)

❖ 近い距離 가까운 거리

1122
■ **つまらない** 시시하다, 하찮다, 재미가 없다

❖ つまらない事にこだわる
하찮은 일에 신경을 쓰다

1123
□ **つめたい** 冷たい 차갑다, 냉정하다(↔あつい)

❖ 山から降りる冷たい風
산에서 내리부는 차가운 바람

1124
□ **つよい** 強い 강하다, 강인하다(↔よわい)

❖ いしが強い 의지가 강하다

1125
■ **つらい** 辛い 괴롭다, 고통스럽다, 모질다

❖ 生きてゆくのが辛い
살아가는 것이 괴롭다

1126
□ **とおい** 遠い 멀다(↔ちかい)

❖ 駅からかなり遠い所 역에서 꽤 먼 곳

1127
■ **とんでもない** 뜻밖이다, 터무니없다, 당치도 않다

❖ とんでもない値段 터무니없는 값

1128
□ **ながい** 長い 길다(↔みじかい)

❖ 長い棒 긴 막대기

1129
■ **なさけない** 情けない　한심하다, 딱하다, 정나미 떨어지다

❖ 連敗とは情けない 연패라니 한심하구나

1130
■ **なつかしい** 懐かしい　그립다, 정겹다, 옛생각이 난다

❖ 昔が懐かしい 옛날이 그립다

1131
□ **にがい** 苦い　쓰다(↔すっぱい)

❖ 苦い薬 쓴 약

1132
■ **にぶい** 鈍い　무디다

❖ 鈍い刀 무딘 칼

1133
□ **ぬるい** 温い　미지근하다

❖ ふろが温い 목욕물이 미지근하다

1134
□ **ねむい** 眠い　졸리다

❖ いやに眠い 몹시 졸리다

1135
■ **ばかからしい**　시시하다, 바보스럽다

❖ ばからしい話はやめなさい
시시한[터무니없는] 이야기는 그만두시오

1136
■ **はげしい** 激しい　세차다, 심하다, 격심하다

❖ 激しい痛み 심한 통증

1137
□ **はずかしい** 恥ずかしい　부끄럽다, 창피하다

❖ 恥ずかしい行為 부끄러운 행위

1138
□ **はやい** 早い 이르다, 빠르다(↔おそい)

❖ 早い汽車 빠른 기차

1139
□ **ひくい** 低い 낮다(↔たかい)

❖ 低い山 낮은 산

1140
□ **ひどい** 심하다, 형편없다, 무정하다

❖ あまりにもひどい 너무 심하다

1141
□ **ひまだ** 暇だ 한가하다(↔いそがしい)

❖ 暇な体 한가로운 몸

1142
□ **ひろい** 広い 넓다(↔せまい)

❖ 広い海 넓은 바다

1143
□ **ふかい** 深い 깊다(↔あさい)

❖ 傷口が深くない 상처가 깊지 않다

1144
□ **ふとい** 太い 굵다(↔ほそい)

❖ 太い糸 굵은 실

1145
□ **ふるい** 古い 낡았다, 오래되다(↔あたらしい)

❖ 古い建物 낡은 건물

1146
□ **ほしい** 欲しい 갖고 싶다, 탐나다

❖ 何も欲しくない 아무것도 갖고 싶지 않다

1147
ほそい 細い 가늘다(↔ふとい)

❖ 細い糸 가는 실

1148
まずい 맛없다(↔うまい)

❖ かんざましはまずい
식은 술은 맛이 없다

1149
まずしい 貧しい 가난하다

❖ 暮らしが貧しい 살림이 가난하다

1150
まっくろい 真っ黒い 새까맣다

❖ 真っ黒い煙を吐き出す
새까만 연기를 내뿜다

1151
まっしろい 真っ白い 새하얗다

❖ 真っ白い雲 새하얀 구름

1152
まぶしい 眩しい 눈부시다

❖ 太陽が眩しかった 태양이 눈부셨다

1153
まるい 丸い 둥글다(↔しかくい)

❖ 丸い月 둥근 달

1154
みじかい 短い 짧다(↔ながい)

❖ 短いスカート 짧은 스커트

1155
むしあつい 蒸し暑い 무덥다, 찌듯덥다

❖ 蒸し暑い夜 무더운 밤

1156
□ **むずかしい** 難しい   어렵다(↔やさしい)

❖ この書物は難しい 이 책은 어렵다

1157
□ **めずらしい** 珍しい   진귀하다, 희귀하다, 보기 드물다

❖ 珍しい形の花 희귀한 모양의 꽃

1158
■ **めでたい**   경사스럽다, 축하할 만하다

❖ 合格してめでたい 합격해서 경사스럽다

1159
■ **もうしわけない** 申し訳ない   변명할 여지가 없다, 미안하다

❖ まったく申し訳ない 정말로 미안하다

1160
■ **もったいない**   아깝다

❖ そんなに残すなんて勿体無い
그렇게 남기다니 아깝다

1161
□ **やさしい** 易しい   쉽다(↔むずかしい)

❖ 問題が易しい 문제가 쉽다

1162
□ **やすい** 安い   싸다(↔たかい)

❖ 物価が安い 물가가 싸다

1163
□ **やわらかい** 柔らかい   부드럽다, 온화하다, 유연하다(↔かたい)

❖ 柔らかい肌 보드라운 살결

1164
■ **よい・いい** 良い   좋다(↔わるい)

❖ 良い天気だ 좋은 날씨이다

1165
□ **よろしい** 宜しい 좋다 (いい・よい의 정중한 표현)

❖ 帰(かえ)っても宜(よろ)しい 돌아가도 좋다

1166
□ **よわい** 弱い 약하다, 허약하다(↔つよい)

❖ 気(き)が弱(よわ)い 기가 약하다

1167
■ **わかい** 若い 젊다

❖ 若(わか)い人(ひと) 젊은 사람

1168
□ **わるい** 悪い 나쁘다(↔よい)

❖ 悪(わる)い事(こと)はすぐ覚(おぼ)える
   나쁜 짓은 금방 배운다

TIP

- 감정 관련 い형용사
  - うれしい(嬉しい) 기쁘다
  - かなしい(悲しい) 슬프다
  - いたい(痛い) 아프다, 고통스럽다
  - おもしろい(面白い) 재미있다, 흥미 있다 / 우습다
  - かわいい(可愛い) 귀엽다
  - かわいらしい(可愛らしい) 앙증맞다
  - こわい(怖い) 무섭다, 두렵다
  - たのしい(楽しい) 즐겁다
  - さびしい(寂しい) 쓸쓸하다, 외롭다
  - おかしい 이상하다, 우습다

부사

1169
■ **あいにく** — 공교롭게도, 마침
- あいにく留守だった
  공교롭게도 집에 없었다

1170
■ **あっというまに** あっという間に — 순식간, 눈깜짝 할사이
- あっという間に逃げた
  눈 깜짝할 사이에 도망쳤다

1171
■ **いきなり** — 돌연, 갑자기
- いきなり胸ぐらをとる
  갑자기 멱살을 잡다

1172
■ **いちおう** 一応 — 일단, 우선은
- 一応考えた上で 일단 생각한 연후에

1173
■ **いったい** 一体 — 도대체, 대체
- 一体どんな事が起こったんだ
  도대체 무슨일이 생겼냐?

1174
■ **いつのまにか** いつの間にか — 어느 사이엔지, 어느덧
- 雨はいつの間にか止んでいた
  비는 어느 사이엔지 그쳐 있었다

1175
■ **いっぱんに** 一般に — 일반적으로
- 一般に熱帯の住民は早熟である
  일반적으로 열대 주민은 조숙하다

1176
■ **いよいよ** — 마침내, 드디어
- いよいよ僕の番だ 마침내 내차례다

1177
うっかり
깜빡, 무심코

❖ うっかり秘密を漏らす
무심코 비밀을 누설하다

1178
がっかり
실망, 낙담하는 모양

❖ 不合格にがっかりする
불합격에 낙심하다

1179
きちんと
정확히, 규칙 바른, 말쑥히

❖ きちんと約束の時間に着く
정확히 약속시간에 닿다

1180
きゅうに 急に
갑자기

❖ 子供が急に家に帰りたがる
아이가 갑자기 집에 가고싶어 한다

1181
ぐっすり
푹, 깊이 자는

❖ 昼の疲れでぐっすりと眠る
낮의 피로 때문에 푹 자다

1182
けっきょく 結局
결국, 마침내

❖ 結局わたしたちが勝った
결국 우리가 이겼다

1183
さすが
과연, 역시

❖ さすが(に)寒い 과연 춥다

1184
さっぱり
개운, 담백, 산뜻한 모양

❖ 髪を洗ってさっぱり(と)する
머리를 감아 상쾌해지다

1185
さらに
더욱더, 더한층

❖ さらに速く走る 더욱 더 빨리 달리다

부사

1186
□ **しっかり** — 단단히, 확실히, 착실히

❖ ひもを しっかり 結ぶ 끈을 단단히 매다

1187
■ **じっさいに** 実際に — 실제로

❖ 実際にやってみたら難しかった
실제로 해보니 어려웠다

1188
■ **しょうしょう** 少々 — 잠시, 잠깐, 약간, 조금

❖ 今日は少々疲れだ
오늘은 좀 지쳤다

1189
■ **ずいぶん** — 상당히, 꽤

❖ ずいぶん寒い日だ 상당히 추운 날씨다

1190
■ **すくなくとも** 少なくとも — 적어도, 최소한

❖ 少なくとも1万円にはなる
최소한 만 엔은 된다

1191
□ **すっかり** — 완전히, 매우

❖ すっかり体が丈夫になる
건강을 완전히 회복하다

1192
■ **すっきり** — 상쾌해지다, 산뜻이

❖ 良く寝たので頭がすっきりした
잘 자고 나니 머리가 상쾌해졌다

1193
□ **ずっと** — 계속, 쭉, 훨씬

❖ この方がずっと重い 이쪽이 훨씬 무겁다

1194
■ **すべて** 全て — 모두, 전부

❖ 財産を全て失った 재산을 몽땅 잃었다

1195
□ **ぜんぜん** 全然 — 전혀, 조금도

❖ 全然知らない 전혀 알지 못하다

1196
□ **それほど** — 그렇게, 그만큼, 그다지

❖ それほどうれしいか 그렇게 기쁘냐?

1197
□ **そろそろ** — 슬슬, 어떤 시기에 접어듦

❖ そろそろ来るころだ
이제 슬슬 올 때가 되었다

1198
■ **そんなに** — 그렇게, 그토록

❖ そんなに簡単に行くかな
그렇게 간단히 될까

1199
■ **たいして** 大して — 그다지, 별로

❖ 大して気にしない
별로 신경 쓰지 않는다

1200
■ **だいたい** — 대개, 대충

❖ 仕事はだいたい終わった
일은 대충 끝났다

1201
□ **たいてい** — 대개, 대체로

❖ 日曜日はたいてい家にいる
일요일에는 대개 집에 있다

1202
■ **たしか** 確か — 분명히, 확실히, 아마

❖ 確かに自分がやった。
분명히 내가 했다.

1203
■ **たしょう** 多少 — 다소

❖ 多少成績があがる 다소 성적이 오르다

부사

1204
□ **だんだん** — 점점, 차차, 차츰

❖ 成績(せいせき)がだんだんよくなる
성적이 차츰차츰 나아지다

1205
□ **ちっとも** — 조금도, 전혀

❖ ちっともこわくない 조금도 두렵지 않다

1206
■ **ちゃんと** — 꼼꼼하게, 착실하게, 분명하게

❖ ちゃんと話(はなし)をして別(わか)れる
분명하게 이야기를 하고 헤어지다

1207
■ **つい** — 무심코, 그만, 바로

❖ つい目(め)の前(まえ)を通(とお)っていく
바로 눈앞을 지나가다

1208
■ **ついに** — 마침내, 결국

❖ ついに成功(せいこう)した 마침내 성공했다

1209
■ **つぎつぎに** 次々に — 잇달아, 계속해서

❖ 新(あたら)しい家(いえ)が次々(つぎつぎ)に建(た)つ
새집이 계속해서 들어서다

1210
□ **できるだけ** — 가능한 한, 최대한

❖ できるだけ早(はや)く済(す)ませよう
되도록 서둘러 끝내자

1211
□ **とうとう** — 드디어, 마침내

❖ とうとう成功(せいこう)した 마침내 성공했다

1212
□ **どうも** — 어쩐지, 아무래도

❖ どうも助(たす)けようがない
아무리 해도 도울 방도가 없다

1213
■ **どきどき** 두근두근

❖ 胸がどきどきする 가슴이 두근두근하다

1214
■ **とつぜん** 突然 돌연, 갑자기

❖ 突然雨が降る 돌연 비가 오다

1215
■ **とにかく** 여하튼, 어쨌든

❖ とにかくまちがいない 여하튼 틀림없다

1216
■ **どんどん** 잇따라, 계속해서, 자꾸자꾸

❖ 新人がどんどん出てくる
신인이 속속 나오다

1217
□ **なるべく** 가능한 한, 되도록

❖ なるべくならその方がいい
가능하다면 그 편[그것]이 좋다

1218
□ **なるほど** 과연, 정말(수긍이나 납득)

❖ なるほど立派な人だ
과연 훌륭한 사람이다

1219
■ **なんだか** 何だか 어쩐지, 왠지

❖ 何だか変だ 어쩐지 이상하다

1220
■ **なんとか** 何とか 이럭저럭, 어떻게든

❖ 何とかなるさ 어떻게(든) 되겠지

1221
■ **にこにこ** 웃는 모습, 생글생글

❖ にこにこ顔 생글생글 웃는 얼굴

부사

JLPT N3 필수단어 | **145**

1222
■ のんびり
한가로이, 유유히, 태평스럽게

❖ のんびりと暮らす 한가롭게 살아가다

1223
□ はっきり
확실히, 뚜렷이

❖ はっきり(と)区切る 확실히 구분하다

1224
□ ひじょうに 非常に
대단히, 매우

❖ 非常に頭がいい 대단히 머리가 좋다

1225
■ びっくり
놀라는 모습, 깜짝

❖ びっくり驚かせる 깜짝 놀라게 하다

1226
■ ぴったり
꼭 들어맞는 모양, 잘 맞는 모양, 꼭, 딱

❖ ぴったりとした表現 딱 들어맞는 표현

1227
■ ふたたび 再び
재차, 다시

❖ 再び舞い戻る 다시 되돌아오다

1228
□ ほとんど
거의

❖ ほとんど手がつけられない
거의 손댈 수가 없다

1229
■ まさか
설마

❖ まさか逃げはしないだろう
설마 달아나기야 하겠나?

1230
■ まったく 全く
전혀, 정말로, 참으로

❖ お酒を全く飲まない人
술을 전혀 마시지 않는 사람

1231
■ むしろ
오히려, 차라리

❖ それならむしろやめたい
그렇다면 차라리 그만두고 싶다

1232
□ もちろん　勿論
물론

❖ 勿論行くよ　물론 가지

1233
■ もっとも　最も
가장, 제일

❖ 最も重要な問題　가장 중요한 문제

1234
■ やっと
겨우, 가까스로

❖ やっと出来上がった　겨우 완성되었다

1235
□ ゆっくり
천천히, 느긋하게

❖ ゆっくり歩く　천천히 걷다

1236
■ ようやく
겨우, 간신히

❖ ようやく完成を見た
간신히 완성을 보았다

1237
■ わざと
고의로, 일부러

❖ わざとこわす　일부러 부수다

1238
■ わざわざ
특별히, 특히

❖ わざわざ見舞いに行く
특별히 문안하러 가다

부사

JLPT N3 필수단어 | **147**

외래어

1239
■ アイデア・アイディア アイディア

❖ 奇抜(きばつ)なアイディア 기발한 아이디어

1240
■ アクセサリー 액세서리

❖ 少女趣味(しょうじょしゅみ)のアクセサリー
소녀 취미의 액세서리

1241
■ アジア 아시아

❖ 東南(とうなん)アジア 동남 아시아

1242
■ アナウンサー 아나운서, 방송원

❖ アナウンサーが生中継(なまちゅうけい)で放送(ほうそう)する
아나운서가 생중계로 방송하다

1243
■ アナウンス 아나운스, 방송

❖ 校内放送(こうないほうそう)でアナウンスする
교내 방송으로 방송하다

1244
■ アニメーション 애니메이션

❖ 人形(にんぎょう)を使(つか)って撮(と)る立体(りったい)アニメーション
인형을 사용하여 찍는 입체 애니메이션

1245
■ アルバイト・バイト 아르바이트

❖ アルバイトをしてがくひをかせぐ
아르바이트를 하여 학비를 벌다

1246
■ インスタント 인스턴트

❖ インスタントコーヒー 인스턴트 커피

1247
■ インタビュー — 인터뷰

❖ 首相にインタビューする
수상과 인터뷰하다

1248
■ エネルギー — 에너지

❖ エネルギー不滅の法則
에너지 불멸의 법칙

1249
■ オーダー — 오더, 주문

❖ 背広をオーダーする 양복을 주문하다

1250
□ オーバー — 오버

❖ 定員をオーバーする
정원을 초과(오버)하다

1251
□ カーテン — 커튼

❖ カーテンを引く 커튼을 치다

1252
■ ガイド — 가이드

❖ 山でガイドを雇う
산에서 안내인(가이드)을 고용하다

1253
□ ガソリンスタンド — 주유소

❖ 免税ガソリンスタンドで給油する
면세주유소에서 급유하다

1254
□ ガソリン — 가솔린

❖ ガソリンをまんタンにする
가솔린을 탱크에 가득 채우다

1255
■ カタログ — 카탈로그

❖ ステレオのカタログをとりよせる
스테레오의 상품 목록(카탈로그)을 부쳐오게 하다

외래어

1256
■ **カット**　　커트, 자름

❖ ハンドカット　손으로 잘라 냄

1257
□ **カレンダー**　　달력

❖ スポーツカレンダー　스포츠 캘린더(달력)

1258
■ **キャンセル**　　캔슬, 취소

❖ 航空券をキャンセルする
　항공권을 취소하다

1259
□ **クラス**　　학급, 반

❖ クラスの首席　학급 수석

1260
■ **クラスメート**　　클래스메이트, 동급생, 급우

❖ クラスメートのかいごうを催す
　클래스메이트의 회합을 개최하다

1261
□ **グループ**　　그룹

❖ グループ活動　그룹 활동

1262
■ **ケーキ**　　케이크

❖ ケーキをきりはじめる
　케이크를 베기 시작하다

1263
□ **コーヒー**　　커피

❖ コーヒーを入れる　커피를 끓이다

1264
■ **コピー**　　카피, 복사

❖ コピーを取る　사본을 뜨다, 복사하다

150 | 일본어 능력시험 단어

1265
■ **コミュニケーション** 커뮤니케이션

❖ 部員相互のコミュニケーションが大切だ
부원 상호간의 의사소통이 중요하다

1266
□ **コンサート** 콘서트

❖ コンサートを催す
연주회(콘서트)를 개최하다

1267
■ **コントロール** 컨트롤, 조정

❖ コントロールのいい投手
컨트롤이 좋은 투수

1268
□ **サンダル** 샌들

❖ サンダルをひっかける 샌들을 신다

1269
■ **スーツ** 슈트, 양복

❖ くろのスーツ 검은 양복

1270
□ **スーツケース** 슈트케이스, 여행용 가방

❖ スーツケースがほしいのですが見せて下さい
여행용가방을 사고 싶은데 보여주세요

1271
■ **スーパー** 슈퍼(슈퍼마켓의 준말)

❖ 大資本のスーパーが商店街になぐりこみをかけた 대자본의 슈퍼마켓이 상가에 진출하여 도전했다

1272
■ **スクリーン** 스크린

❖ スクリーンに大きくうつる
스크린에 크게 비치다

1273
■ **スケジュール** 스케줄, 일정, 예정표

❖ スケジュールを組む 스케줄을 짜다

외래어

JLPT N3 필수단어 | 151

1274
ステーキ — 스테이크
- ステーキハウス 스테이크 전문점

1275
ステレオ(レコード) — 스테레오(레코드)
- 車にステレオをとりつける 차에 스테레오를 설치하다

1276
ストレート — 스트레이트
- ウィスキーをストレートで飲む 위스키를 스트레이트로 마시다

1277
ストレス — 스트레스
- ストレスが溜まる 스트레스가 쌓이다

1278
スピーチ — 스피치, 연설
- 長いスピーチにげんなりする 긴 연설에 진절머리나다

1279
セール — 세일, 판매
- クリスマスセール 크리스마스 세일

1280
セット — 세트
- コーヒーセット 커피 세트

1281
タイプ — 타입, 형, 형식
- 新しいタイプの車 새로운 형의 차

1282
ダンス — 댄스, 춤
- ソーシャルダンス 소셜 댄스, 사교춤

1283
■ **チェック** 체크

❖ チェックライター
체크 라이터. 수표 금액 기입기

1284
■ **チェックアウト** 체크아웃(↔チェックイン)

❖ ホテルのチェックアウトを済ませる
호텔의 체크아웃을 마치다

1285
■ **チェックイン** 체크인(↔チェックアウト)

❖ ホテルのフロントでチェックインを済ませる
호텔 프런트에서 체크인을 마치다

1286
■ **チャンス** 찬스, 기회

❖ 絶好のチャンス 절호의 찬스

1287
■ **ツアー** 투어, 관광 여행

❖ スキーツアー 스키 투어. 스키 여행

1288
□ **テキスト** 텍스트, 교재, 교과서

❖ テキストを構成し直す
텍스트를 재구성하다

1289
■ **デジタルカメラ** 디지털카메라

❖ しんしきのデジタルカメラ
신식디지털 카메라

1290
■ **ドイツ** 독일

❖ ドイツかきょく 독일 가곡

1291
■ **トイレットペーパー** 화장지

❖ トイレットペーパー3個
두루마리 휴지(화장지) 3개

외래어

1292
□ **ナイフ** 칼

❖ フォークとナイフ 포크와 나이프

1293
■ **パートタイム** 파트타임, 시간제 근무

❖ 主婦の間ではパートタイムの仕事が盛んである
주부들 사이에는 파트타임이 성행하고 있다

1294
■ **パソコン** PC, 개인용 컴퓨터

❖ モデムを介してパソコンと電話回線をつなぐ 모뎀을 개재하여 PC와 전화 회선을 연결하다

1295
□ **バタ** 버터

❖ ピーナッツバター 피너츠 버터, 땅콩 버터

1296
■ **パック** 旅行 패키지 여행의 준말

❖ パック旅行にでる 패키지여행을 떠나다

1297
■ **パッケージ** 패키지, 포장, 꾸러미

❖ パッケージされた品物 포장된 물건

1298
■ **バレーボール** 배구

❖ 同校の先生たちでつくるバレーボールチームではエースーアタッカーだった
동교 선생들로 구성한 배구 팀에서는 주공격수였다

1299
□ **ハンカチ** 손수건

❖ ハンカチがかわく 손수건이 마르다

1300
■ **ファン** 팬(연예인의 팬, 선풍기, 송풍기)

❖ 電気ファン 전기 송풍기

1301
□ フィルム
필름

❖ フィルムを巻く 필름을 감다

1302
■ フリ
프리, 자유, 공짜

❖ フリーの記者 자유계약기자

1303
■ ページ
페이지

❖ ページの狂っている本
페이지가 뒤바뀐 책

1304
□ ベッド
침대

❖ ダブルベッド 더블 베드. 2인용 침대

1305
■ ペット
애완동물

❖ ペットをかう 애완 동물을 기르다

1306
■ ペットボトル
페트병

❖ 手にペットボトルを下げた人たちが
来る 손에 페트병을 든 사람들이 온다

1307
□ ベル
벨

❖ 玄関のベルを押す 현관의 벨을 누르다

1308
□ ボタン
버튼, 단추

❖ 金ボタン 금 단추

1309
■ ホームページ
홈페이지

❖ ホームページの作り方を学ぶ
홈페이지 만드는법을 배우다

외래어

1310
□ **ポケット** 포켓

❖ うちがわのポケット 안쪽 포켓

1311
■ **ポスター** 포스터

❖ ポスターの図案 포스터의 도안

1312
■ **ポスト** 우체통

❖ 手紙をポストに入れる
편지를 우체통에 넣다

1313
□ **ホテル** 호텔

❖ ホテルに泊まる 호텔에 유숙하다

1314
□ **マッチ** 성냥

❖ マッチ棒 성냥개비

1315
□ **メートル** 미터

❖ メートル法にかんさんする
미터법으로 환산하다

1316
■ **ユーモア** 유머

❖ ユーモアのある人 유머가 있는 사람

1317
□ **ラジオ** 라디오

❖ ラジオを聞く 라디오를 듣다

1318
■ **リサイクル** 리사이클, 재활용

❖ リサイクルショップ [recycle shop]
리사이클 숍. 재활용품·중고품 등의 판매·교환을 하는 상점

1319
■ ルール
룰, 규칙

❖ 会議のルール 회의의 규칙

1320
■ レシート
리시트, 영수증

❖ レシートをパンチする
영수증에 구멍을 뚫다

1321
■ レジスター・レジ
금전 출납계

❖ レジスターの女の子 금전 출납원 아가씨

1322
■ レポーター・リポーター
리포터, 보고자

❖ 研究会のレポーター 연구회의 보고자

1323
■ レポート
리포트, 보고서

❖ レポートを作成する
리포트를 작성하다

외래어

기타

1324
□ **だから・ですから** 접 그러니까, 그래서

❖ だからどうだと言うのだ
그러니까 어쨌다는 거야?
❖ 雨が降ったから試合はなかった
비가 내렸으므로(그래서) 시합은 없었다

1325
□ **それで** 그래서

❖ それで彼は来られなかった
그래서 그는 오지 못했다

1326
■ **そこで** 접 그래서, 그런 까닭으로

❖ ノックをしたが返事がない。そこで裏へ回ってみた
노크를 했지만 대답이 없다. 그래서 뒤편으로 돌아가 보았다

1327
□ **すると** 접 그러자, 그러자

❖ 門をたたいた。すると娘が出てきた
문을 두드렸다. (그랬더니)그러자 처녀가 나왔다

1328
□ **しかし** 접 그러나, 그렇지만

❖ 品物は良い。しかし値段が高い
물건은 좋다. 그러나 값이 비싸다

1329
■ **が・だが** 접 그러나, 그렇지만

❖ 努力したがだめだった
노력하였으나 소용없었다
❖ 仕事は早いだが間違いが多い
일은 빠르지만 실수가 많다

1330
けれども・けれど
접 그렇지만

❖ 頭は良くない。けれど気立てはいい
머리는 좋지 않다. 하지만(그렇지만) 마음씨는 좋다

1331
でも
접 그래도, 그렇지만

❖ でもこのあたりの眺めは悪くない
하지만(그래도) 이 근방의 전망은 나쁘지 않다

1332
それでも
접 그런데도, 그럼에도 불구하고

❖ 天気は悪かった。それでも出かけて行った
날씨는 나빴다. 그런데도 나섰다

1333
ところが
접 그런데, 그러나

❖ ところが大違いだった
그런데 딴판이었다

1334
それなのに
접 그런데도, 그럼에도 불구하고

❖ 収入は十分ある。それなのにいつも赤字だ
수입은 충분히 있다. 그런데도 언제나 적자다

1335
そして
접 그리고

❖ 春が来た。そして花も咲いた
봄이 왔다. 그리고 꽃도 피었다

1336
また
접 또, 게다가

❖ また雪が降った 또(다시) 눈이 왔다

1337
さて
접 그런데, 그건 그렇고

❖ さて例の件ですが
그건 그렇고, 그 건에 대해선데요

1338
■ **ところで**
(접) 그런데, 그건 그렇고

❖ ところでどこで食事をしましょうか
그런데, 어디서 식사를 할까요?

1339
■ **そのうえ**
(접) 게다가, 또한

❖ 雨降りだ。そのうえ風も強い
비가 온다. 게다가 바람도 세다

1340
□ **それに**
(접) 게다가, 더욱이

❖ 頭が痛い。それにかぜ気味だ
머리가 아프다. 게다가 감기 기운도 있다

1341
■ **しかも**
(접) 게다가

❖ 安くてしかも営養のある食べ物
값싸고 게다가 영양분이 많은 음식

1342
□ **それから**
(접) 그리고

❖ テレビを見た。それから勉強をした
텔레비전을 보았다. 그리고(나서) 공부를 했다

1343
■ **なぜなら**
(접) 왜냐하면

❖ なぜなら(ば)彼が嫌いだからだ
왜냐하면 그가 싫기 때문이다

1344
■ **ただ**
(접) 다만, 그러나

❖ あの店はうまいものを食わせる。ただ料金が高い
저 집의 음식은 맛이 좋다. 단(다만), 값이 비싸다

1345
■ **あまり**
(기타부사) 그다지

❖ あまり嬉しくない 그다지 기쁘지 않다

1346
いくら 〔기타부사〕 아무리

❖ いくら頼んでも無駄だろう
아무리 부탁해도 허사일 것이다

1347
いちども 一度も 〔기타부사〕 한번도

❖ 一度も怒ったためしがない
한 번도 화를 낸 예가 없다

1348
いまにも 今にも 〔기타부사〕 당장이라도

❖ 今にも降り出しそうな空
당장에라도 비가[눈이] 내릴 것 같은 하늘

1349
かなり 〔기타부사〕 꽤

❖ あの人はかなり酔っている
저 사람은 꽤 취해 있다

1350
きっと 〔기타부사〕 꼭, 틀림없이

❖ きっと彼が食べたのだろう
틀림없이 그가 먹었을 것이다

1351
けっして 決して 〔기타부사〕 결코

❖ 決して不自然ではない
결코 부자연스럽지는 않다

1352
じつは 実は 〔기타부사〕 실은, 사실은

❖ 実は金がない 사실은 돈이 없다

1353
すこしも 少しも 〔기타부사〕 조금도

❖ 少しも驚かない 조금도 놀라지 않다

1354
■ ぜひ (~たい・~ましょう) 〔기타부사〕 꼭, 부디 (~하고 싶다, ~합시다, ~てください) ~해 주십시오)

❖ ぜひ行きましょう 꼭 갑시다
❖ ぜひもう一度がんばりたい
꼭, 다시 한번 열심히 해 보고 싶다

1355
■ たいへん 大変 〔기타부사〕 대단히

❖ 大変な人出だ 대단한 인파다

1356
■ たとえ 〔기타부사〕 가령, 설령, 비록

❖ たとえわが身がどうなろうとも約束は守る 비록 내가 어떻게 된다 하더라도 약속은 지키겠다

1357
■ たぶん (~だろう・~でしょう) 〔기타부사〕 아마 (~일 것이다, ~일 것입니다)

❖ たぶんそれがベターだろう
아마 그것이 더 나을 것이다
❖ たぶん寒いでしょう 아마 추울 것입니다

1358
□ とても 〔기타부사〕 도저히, 매우, 아주

❖ とても駄目だ 도저히 할 수 없다
❖ とてもいい 매우 좋다

1359
■ どんなに 〔기타부사〕 아무리

❖ どんなにすきあっていても
아무리 서로 좋아하더라도

1360
□ なかなか 〔기타부사〕 좀처럼

❖ なかなかうまくできない
좀처럼 잘 되지 않다

1361
なんと・なんて
[기타부사] 이 얼마나, 참으로

- なんと美しい人だろう
  참으로 아름다운 사람이구나
- なんて鈍なやつだ
  참(으로) 둔한 녀석이군

1362
にどと 二度と
[기타부사] 두 번 다시

- 二度とない機会 두 번 다시 없는 기회

1363
べつに 別に
[기타부사] 별로, 특별히

- 別に用はない 별로 볼일은 없다

1364
まるで (~ようだ)
[기타부사] 마치, 흡사(~같다)

- まるで絵のようだ 마치 그림같다

1365
もし
[기타부사] 만약

- もし雨が降れば中止する
  만약 비가 오면 중지한다

1366
もしかすると
[기타부사] 어쩌면 (~일지도 모른다)

- もしかするとあしたは雨かも知れない
  어쩌면 내일은 비가 올지도 모른다

1367
やはり・やっぱり
[기타부사] 역시, 과연

- 彼もやはり冒険家だ 그도 역시 모험가다
- やっぱり思ったとおりだ
  역시 생각했던 대로다

1368
~れる
- 5단동사 : 어미 ~う단을 ~あ단으로 바꾸고 +

[수동] ~한테서 ~함을 당하다

- 財布を盗まれる
  지갑을 도둑맞다 (도둑한테서 도둑질함을 당하다)

1369
■ ~られる   수동 ~한테서 ~함을 당하다

• 1단동사 : 어미 ~る를 빼고 +

❖ 甘く見られる
만만하게 보이다(누군가에게서 만만하게 보임을 당하다)

1370
■ ~れる   수동 ~한테서 ~함을 당하다

• 불규칙동사 : 来る → 来られる
　　　　　　 する → される

❖ 急に夜中に来られて迷惑だった
갑자기 한밤중에 호출받아 귀찮았다

❖ いたずらをされる 희롱당하다

1371
■ ~せる   사역 ~에게 ~하도록 지시하다, 명령하다, 허락하다

• 5단동사 : 어미 ~う단을 ~あ단으로 바꾸고 +

❖ 子供を外で遊ばせる
아이를 밖에서 놀게 하다

1372
■ ~させる   사역 ~에게 ~하도록 지시하다, 명령하다, 허락하다

• 1단동사 : 어미 ~る를 빼고 +

❖ 料理が下手だから妹に煮させる
요리솜씨가 서투르니까 누이동생에게 끓이게 하다

❖ ごみを捨てさせる 쓰레기를 버리게 하다

1373
■ ~させる   사역 ~에게 ~하도록 지시하다, 명령하다, 허락하다

• 불규칙동사 : 来る → 来させる
　　　　　　 する → させる

❖ 彼を来させます 그를 오게 하겠습니다

❖ むりやりに承服させる
억지로 승복시키다

1374
■ ~せられる   사역수동 ~한테서 ~하게함을 당하다

• 5단동사 : 어미 ~う단을 ~あ단으로 바꾸고 +

❖ お酒を飲ませられたり歌を歌わせられたりしたんです
술을 마시게도 하고, 노래를 부르게도 하기도 하고 했던겁니다

1375
~させられる
- 1단동사 : 어미 ~る를 빼고 +

[사역수동] ~한테서 ~하게함을 당하다

❖ 子供のとき母にいろいろな野菜を食べさせられました 어릴 적, 엄마는 여러 가지 야채를 억지로 먹이셨습니다

1376
~させられる
- 불규칙동사 : 来る → 来させられる / する →させられる

[사역수동] ~한테서 ~하게함을 당하다

❖ 部長にコーヒーを買って来させられました
부장님 때문에 커피를 사 오게 되었습니다
❖ 警察の命令によって停船させられる
경찰의 명령에 의해 정선당하다

1377
~てやる・~てあげる・~てさし上げる

[수수] 자신이 상대에게 ~해 주다

❖ 絵本を友達に見せてやる
그림책을 친구에게 보여 주다
❖ 老人をたすけてバスに乗せてあげる
노인을 부축하여 버스에 태워 드리다
❖ お客様に案内して差しあげました
손님께 안내해 드렸습니다

1378
~てくれる・~てくださる

[수수] 상대가 자신에게 ~해 주다

❖ 親がしおくりしてくれる
부모가 돈을 보내준다

1379
~てもらう・~ていただく

[수수] 자신이 상대로부터 ~해 받다

❖ 10円まけてもらう 10엔 에누리해 받다
❖ なにからなにまで教えていただいた
이것저것 다 가르침을 받았다

1380
□ **お・ご~になる**　존경 ~하시다

❖ おあいになる　만나시다
❖ 御こうらいになる　왕림하시다

1381
■ **~れる・られる**　존경 ~하시다

❖ 本を読まれる　책을 보시다
❖ 叔父さまが見えられる　숙부님이 오시다

1382
■ **お・ご~くださる/ください**　존경 ~주시다 / ~주십시오

❖ いつも心にお掛けくださる
　늘 염려하여 주시다
❖ よくお読みください　잘 읽어 주십시오

1383
■ **お・ご~する**　겸양 ~하다, ~해 드리다

❖ お電話する　전화드리다
❖ お客を家までご案内する
　손님을 집까지 모시다

1384
■ **お・ご~いただく**　겸양 ~해 받다, ~해 주시다

❖ いろいろとお心づかいを頂きまして
　여러 모로 배려를 해 주셔서
❖ 教示をいただく　교시를 받다

1385
■ **ござる**　정중 있습니다

❖ いずれに御座るか　어디 계신가?

1386
■ **~でござる**　정중 ~입니다

❖ 鈴木でございます　鈴木입니다

1387
□ うかがう　伺う

[겸양] 찾아뵙다

❖ 明日8時に伺います
  내일 8시에 찾아뵙겠습니다

1388
■ ~ていただく

[정중] ~하다

❖ せんえつながら司会をつとめさせていただきます
  외람됩니다만 사회를 맡아보겠습니다

1389
■ ~ていただけますか
~ていただけませんか

[정중] ~해 주실 수 있겠습니까?

❖ もう1回言っていただけますか
  다시 말씀해 주시겠습니까

❖ 私にやらせていただけませんか
  저에게 맡겨주시지 않겠습니까?

1390
■ あさねぼうする　朝寝坊する

[관용] 늦잠 자다

❖ ゆっくり朝寝坊する 느긋이 늦잠을 자다

1391
■ かぜをひく　風邪を引く

[관용] 감기에 걸리다

❖ 毎年今時分になると風邪を引く
  매년 이맘때가 되면 감기에 걸린다

1392
■ きがながい　気が長い

[관용] 성미가 느긋하다(↔きがみじかい)

❖ 落ちついていて気の長い
  안정되어 성미가 느긋하다

1393
■ きがみじかい　気が短い

[관용] 성질이 급하다(↔きがながい)

❖ 生まれ付き気が短い 원래 성질이 급하다

1394
きにする 気にする 〔관용〕 걱정하다, 마음에 두다

❖ そんなこと気にするなよ
  그런 것 걱정하지 마라

1395
きになる 気になる 〔관용〕 걱정되다, 마음에 걸리다

❖ 気になって食事も喉を通らない
  걱정이 되어 음식도 잘 넘어가지 않다

1396
きをつける 気を付ける 〔관용〕 조심하다, 주의하다

❖ 気を付けてお帰りなさい
  조심해서 돌아가세요

1397
くちがおもい 口が重い 〔관용〕 말수가 적다, 과묵하다

❖ なにせ口が重いのでその心中をはかり知れない
  워낙 말이 없는지라 속을 알 수가 없다

1398
はらがたつ 腹が立つ 〔관용〕 화가 나다

❖ 彼の無神経に腹が立つ
  그의 뻔뻔스러움에 화가 나다

1399
まにあう 間に合う 〔관용〕 시간에 대다, 늦지않다

❖ ぎりぎりで間に合う
  가까스로 시간에 대다

1400
みちにまよう 道に迷う 〔관용〕 길을 헤매다, 길을 잃다

❖ 山の中で道に迷う 산중에서 길을 잃다

1401
やくにたつ 役に立つ 〔관용〕 쓸모가 있다, 도움이되다

❖ けっこう役に立つ 상당히 쓸모 있다

문법 · New JLPT Level 3 일본어능력시험

1
■ いくら~ても
- 동사·い형용사 て형 / な형용사, 명사의 て형 +

아무리 ~해도 (정도)

❖ いくら頼んでも無駄だろう
아무리 부탁해도 허사일 것이다

2
■ だって
- 명사 +

하지만, 그렇지만, 왜냐하면 (이유, 변명)

❖ だってお金がないんだもの
그렇지만 돈이 없는걸요

3
■ たとえ~ても
- 동사·い형용사 て형 / な형용사, 명사의 て형 +

설령, 비록 ~할지라도 (가정)

❖ たとえそうだとしても君がにも責任はあるんだ
비록 그렇다 해도 자네에게도 책임은 있네

4
■ ~(よ)う
- 5단동사는 ~う단(어미)을 ~お단으로 바꾸고 +う
- 1단동사는 ~る(어미) 빼고 +
- 불규칙동사는 くる→こよう, する→しよう

~하자, ~하겠다 (의지)

❖ 最後までやり遂げよう 끝까지 해내자

5
■ ~(よ)う
- 5단동사는 ~う단(어미)을 ~お단으로 바꾸고 +う
- 1단동사는 ~る(어미) 빼고 +
- 불규칙동사는 くる→こよう, する→しよう

~하자 (권유)

❖ さあ早く食べよう 자 빨리 먹자

6
■ ~(よ)う+か
- 5단동사는 ~う단(어미)을 ~お단으로 바꾸고 +う
- 1단동사는 ~る(어미) 빼고 +
- 불규칙동사는 くる→こよう, する→しよう

~할까? (권유, 자청)

❖ 無事に着いただろうか
무사히 도착했을까?

7
~(よ)う+とする
~하려고 하다 (의지 실현)

- 5단동사는 〜う단(어미)을 〜お단으로 바꾸고 +う
- 1단동사는 〜る(어미) 빼고 +
- 불규칙동사는 くる→こよう, する → しよう

❖ 教室から出ようとした途端に呼ばれた
교실에서 막 나오려는 참에 불리었다

8
~(よ)う+と思う
~하려고 생각하다 (의지의 객관적 표현)

- 5단동사는 〜う단(어미)을 〜お단으로 바꾸고 +う
- 1단동사는 〜る(어미) 빼고 +
- 불규칙동사는 くる→こよう, する → しよう

❖ 行こうと思う 가려고 생각하다

9
~あいだ
~ 동안 계속, ~ 동안에는 (기간동안)

- 동사 기본형, ている형 / い형용사, な형용사의 명사수식형 / 명사の

❖ ぞんじょうせるあいだ 살아있는 동안

10
~あいだに
~동안에 (한정된 시간)

- 동사 기본형, ている형 / い형용사, な형용사의 명사수식형 / 명사の

❖ 三日のあいだに完成する
사흘 동안에 완성하다

11
~うえ(に)
~한데다가 (비슷한 성질)

- 동사・い형용사・な형용사・명사의 명사수식형 / その +

❖ 叱られたうえに罰金までとられる
야단을 맞은데다가 벌금까지 물다

12
~うちに
~ 동안에, ~ 사이에, ~ 때에 (범위)

- 동사 기본형・ている형・ない형 / い형용사 기본형・な형용사 명사수식형 /명사の(である) +

❖ あつあつのうちにどうぞ
따끈따끈할 때에 어서 드십시오

13
~おかげだ・~おかげで・~おかげか
~ 덕분이다, ~덕분으로 (결과)

- 동사・い형용사・な형용사의 명사수식형 / 명사の +

❖ この度の成功はひとえに君のおかげだよ 이번의 성공은 오로지 자네 덕분이네

14
■ ~がする
- 명사 +

~이 나다 (현상, 느낌)

❖ すっぱい味がする 시큼한 맛이 나다

15
■ ~かどうか
- 동사·い형용사의 보통형 / な형용사 어간 / 명사 +

~인지 어떤지 (불확실한 짐작)

❖ 子供は健やかによく育つかどうか気になる 아이는 건강하게 잘 자라는지 어떤지 궁금하다

16
□ ~かもしれない
- 동사·い형용사의 보통형 / な형용사 어간/ 명사 +

~일지도 모른다 (가능성)

❖ 5人をでるかもしれない
다섯사람이 넘을지도 모른다

17
■ ~から~にかけて
- 명사 +

~부터 ~에 걸쳐서 (시간, 장소, 범위)

❖ 春から夏にかけて 봄부터 여름에 걸쳐서

18
■ ~かわりに
- 명사の +

~대신에 (유사한 표현)

❖ お金のかわりに労働で償う
돈 대신에 몸으로 때우다

19
■ ~かわりに
- 동사·い형용사·な형용사의 명사수식형 +

~하는 대신에, ~하는 대가로 (대가)

❖ 宿題を見てもらうかわりに肩たたきをする
숙제를 봐 주는 대신에 어깨를 두드려 주다

20
■ ~くせに
- 동사·い형용사·な형용사의 명사수식형 / 명사の +

~주제에, ~한데, ~인데 (비난, 경멸)

❖ 男のくせにいくじがない
남자인 주제에 패기가 없다

21
■ ~くらい
- 명사, 동사 기본형 +

~정도, ~쯤 (한도)

❖ 猫くらいの大きさ 고양이 정도의 크기

JLPT N3 필수문법 | **171**

22
~くらい(だ)
- 동사・い형용사・な형용사의 명사수식형 +

~만큼・정도(이다) (상태 정도)

❖ そのはやさといったら目にもとまらないくらいだ
그 빠르기란 눈에도 보이지 않을 정도이다

23
~くらい~はない
- 명사, 동사 기본형 +

~만큼 ~한 것은 없다 (비교기준)

❖ 異国で病気をするくらい心細いことはない
타국에서 병을 앓는 일만큼 외로운 것은 없다

24
~くらいなら
- 동사 기본형 +

~할 정도라면, ~할 거라면 (예시)

❖ らっぱ飲みするくらいなら大した酒飲みだ
병나발을 불 정도라면 대단한 술꾼이다

25
~ことがある
- 동사 기본형・ない형 +

~하는 경우가 있다 (경우, 가능성)

❖ ここで下車することがある
여기서 하차할 때(하차하는 경우)가 있다

26
~ことができる
- 동사 기본형 +

~할 수 있다 (기능)

❖ 想像することができる 상상할 수 있다

27
~ことにする
- 동사 기본형, ない형 +

~하기로 하다 (결정, 결의)

❖ やめることにする 그만두기로 하다

28
~ことになる
- 동사 기본형 +

~하게 된다, ~한 결과가 된다 (주위 상황)

❖ それは本当にまずいことになったね
그것 참 난처하게 되었군

29
~ことは~が
- 동사・い형용사・な형용사의 명사수식형 +

~하기는 ~하지만 (반복)

❖ 行くことは行くが 가기는 가지만

30
~さいちゅうに 最中(に) ~하는 중에 (한창)

- 동사 ている형 / 명사の

❖ 雨が降っている最中に
비가 한참 오고 있는 도중에

31
~し ~하고 (조건 열거)

- 동사・い형용사・な형용사・명사의 보통형 +

❖ 頭も良いし気立ても良い
머리도 좋고 성질도 좋다

32
~ず ~않다 (부정)

- 동사 ない형 +

❖ 習わずして知る 배우지않고도 알다

33
~すぎる 너무 ~하다, 지나치게 ~하다 (정도)

- 동사 ます형 / い형용사・な형용사의 어간 +

❖ ねすぎて疲れる
너무 오래 자서 나른해지다

34
~せいだ ~때문이다 (원인)

- 동사・い형용사・な형용사의 명사수식형 / 명사の +

❖ みなわたしのせいだ 모두 나 때문이다

35
~そうだ ~할 것 같다, ~으로 보인다 (양태)

- 동사 ます형 / い형용사・な형용사의 어간 +

❖ 二人はさも楽しそうだ
두 사람은 자못 즐거워 보인다

36
~そうだ ~라고 한다 (전문)

- 동사・い형용사・な형용사・명사의 보통형 +

❖ 休まず歩くそうだ
쉬지않고 걷는다고 한다

37
~だけ ~ 만~ 뿐 (수량)

- 명사 +

❖ 私だけが知っている 나만이 알고 있다

38
~だけ
- 가능동사 / 동사 たい / な형용사의 명사수식형 +

~만큼 (관용적 표현)

❖ それだけ読めればいい
그만큼 읽을 줄 알면 되었다

39
~だけだ
- 동사・い형용사・な형용사의 명사수식형 +

~ 뿐이다 (한정)

❖ 話はそれだけだ 이야기는 그것 뿐이다

40
~だけで(は)ない
~だけで(は)なく
- 동사・い형용사・な형용사의 명사수식형 / 명사 +

~뿐 아니라 (범위)

❖ 人は外見だけではない
사람은 겉모양뿐(만은) 아니다

41
~でも
- 명사, 동사 기본형 +

(적어도) ~만이라도 (최소 희망)

❖ 土地だけでも買っておきたい
땅만이라도 사 놓고 싶다

42
~だって
- 명사 +

~역시, ~일지라도 (예시, 의문)

❖ どこへだって行ける 어디라도 갈 수 있다

43
~だって~だって
- 명사 + ~だって 명사 +

~이든 ~이든 (나열 예시)

❖ 洋服だって靴だってみんな兄貴のお古だ 양복이든 구두든 모두 형의 퇴물이다

44
~たところ
- 동사 た형 +

~했더니 (결과)

❖ うちみたところ変わったようすはない
언뜻 봤는데(봤더니) 이상한 점은 없다

45
~ばかりだ
- 동사 た형 +

~한 지 얼마 안됐다 (동작완료)

❖ 建てたばかりの家 지은지 얼마 안된 집

46
~たびに
~할 적마다, ~할 때면 언제나 (결과)

- 동사 기본형 / 명사の / その +

❖ 会うたびに小遣をくれる
만날때마다 용돈을 주다

47
~ためだ
~ 때문이다 (이유)

- 동사·い형용사·な형용사의 명사수식형/명사の(である) +

❖ 今度の失敗は全部わたしのためだ
이번 실패는 모두 나 때문이다

48
~ためだ
~ 위해서다 (목적)

- 동사 기본형, ない형 / 명사の +

❖ 他ならぬ君のためだ
다른 사람도 아닌 자네를 위해서다

49
~たら
~하면, ~하자 (가정(~하면))

- 동사·い형용사·な형용사·명사의 た형 +

❖ 彼女が来たら出発だ 그녀가 오면 떠난다

50
~だらけ
~투성이 (모습)

- 명사 +

❖ 血だらけ 피투성이

51
~だろう·~でしょう
~일 것이다, ~일 테지요 (추량)

- 동사·い형용사의 보통형 + な형용사 어간, 명사 +

❖ 彼は今日は来ないだろう
그는 오늘 오지 않을 것이다

❖ 明日もいい天気でしょう
내일도 날씨가 좋을 테지요

52
~た方がいい
~ない方がいい
~하는 편이 좋다 (충고, 지시, 명령)

- 동사 た형+ / 동사 ない형+

❖ 飲むより食べた方がいい
마시는것보다 먹는편이 좋다

53
~って
~라고 하다, ~하대, ~이래 (전달)

- 동사, い형용사, な형용사, 명사의 보통형 +

❖ 学校に行くって出かけましたよ
학교에 간다면서 나갔는데요

54
■ ~って
・문장 +

~라고 (인용)

❖ この犬はポチっていうんだ
이 개는 포치라고 불러

55
■ ~って
・명사 / 명사 상당어구 +

~이라는 것은, ~란, ~은 (화제)

❖ 孫って可愛いものだ
손자란 귀여운 것이다

56
■ ~って？
・동사, い형용사, な형용사, 명사 +

~라니? ~라고? (반문)

❖ なぜってそんな事は言えないよ
왜라니, 그런것은 말할수 없어

57
■ ~って + 명사
・명사 / 동사・い형용사 な형용사의 보통형

~라고 하는, ~라는 (설명)

❖ 山って字書けるかい
산(山)이라는 글자 쓸줄 아니?

58
■ ~つもりだ
・동사 た형/い형용사・な형용사의 명사수식형/명사の +

~했다고 생각하다 (가상, 착오, 과신)

❖ ぜひとも成功させる積もりだ
무슨 일이 있어도 성공시키겠다고 생각하다

59
□ ~つもりだ
・동사의 기본형・ない형 / その +

~할 작정・생각・의도이다 (객관적 표현)

❖ とことんまで争うつもりだ
끝까지 싸울 작정이다

60
■ ~つもりだった
・동사 기본형・ない형 / その +

~할 작정이었다 (과거시점 의지)

❖ 彼は我々を仲たがいさせるつもりだった
그는 우리 사이를 갈라 놓으려고 생각했었다

61
□ ~である
・명사, な형용사 어간 +

~이다 (단정)

❖ あの青年は末頼もしい人材[人物]である
저 청년은 앞으로 큰일을 할 재목이다

62
■ ~て以来 ~한
- 동사 て형 +

이후 쭉, ~하고 나서는 (동작, 상태)

❖ 卒業(そつぎょう)して以来(いらい)会(あ)っていない
졸업한 이후 (쭉) 만나지 못했다

63
□ ~ている・~てある
- 동사 て형 +

~하고 있다 (진행, 상태)

❖ 虫(むし)が鳴(な)いている 벌레가 울고 있다

64
□ ~ておく
- 동사 て형 +

~해 두다, ~해 놓다 (상태)

❖ 唾(つば)を付(つ)けて置(お)く
타인에게 빼앗기지 않도록 미리 손을 써 두다

65
□ ~てから
- 동사 て형 +

~하고 나서 (전후관계)

❖ ご飯(はん)を食(た)べてから学校(がっこう)へ行(い)く
밥을 먹고 나서 학교에 가다

66
■ ~てください・~ないでください
- 동사 て형 +

~해 주세요 (명령, 지시, 의뢰, 부탁)

❖ 車(くるま)をどけてください 차를 치워 주세요

67
□ ~てくる
- 동사 て형 +

~해 오다 (진행정도)

❖ 預金(よきん)をおろして来(く)る 예금을 찾아오다

68
■ ~てしかたがない / ~てしようがない
- 동사·い형용사·な형용사의 て형 +

~해서 어쩔 수가 없다 (마음 상태)

❖ 退屈(たいくつ)で仕方(しかた)がない
따분해서 견딜 수가 없다(어쩔 수가 없다)

69
□ ~てしまう
- 동사 て형 +

~해 버리다 (동작 완료)

❖ 用事(ようじ)を忘(わす)れてしまった
용건을 (완전히) 잊어버렸다

70
~てはいけない
~てはだめだ
~てはならない
- 동사, い형용사 + /な형용사, 명사 +

~해서는 안 된다 (금지)

❖ たばこを吸ってはだめだ
담배를 피워서는 안된다

71
~てばかりだ
~てばかりいる
- 동사 て형 +

~하기만 하다 (동작 한정)

❖ だらけてばかりいるな
게으름만 피우지 말아라

72
~てほしい・
~ないでほしい
- 동사 て형 + / 동사 ない형 +

~해 주었으면 좋겠다 (희망, 의뢰)

❖ はやく行って欲しい 빨리 갔으면 좋겠다

73
~てみる
- 동사 て형 +

~해 보다 (의미)

❖ 一口飲んでみる 한모금 마셔보다

74
~でも
- 명사 +

(설령) ~일지라도 (가정)

❖ 子供でもできる 어린아이도 할 수 있다

75
~でも
- 명사 +

~이라도, ~조차도 (물론)

❖ 初めての人でもすぐできる
처음 하는 사람이라도 금방 할 수 있다

76
~でも
- 명사 +

~라도, ~이나 (예시, 제안)

❖ そばでも食べよう 메밀국수라도 먹자

77
~でも
- 명사 +

~든지, ~이라도 (부정긍정)

❖ どこでもかまわない 어디든지 상관없다

78
□ **~てもいい**
~てもかまわない
~なくてもいい
~なくてもかまわない

- 동사, い형용사 + / な형용사, 명사 + / 동사, い형용사, な형용사, 명사의 ない형+

~해도 되다, ~해도 상관 없다, ~하지 않아도 되다, ~하지 않아도 상관 없다 (허가, 허용)

❖ てまえなんか知らんでもいい
　너따위는 몰라도 돼

❖ タバコを吸ってもかまわない
　담배를 피워도 상관없다

❖ それほどまでにしなくてもいいと思う
　그렇게까지는 하지않아도 된다고 생각한다

❖ 来てもらわなくても構わない
　와 주지 않아도 상관없다

79
□ **~と**
- 동사・い형용사・な형용사의 기본형 / 명사だ +

~하면 (결과, 자연현상, 논리, 객관적 사실)

❖ 君が友達だと良いのだが
　네가 친구라면 좋으련만

80
■ **~といい・~ばいい**
~たらいい
- 동사・い형용사의 ば형+/동사・い형용사・な형용사・명사의 た형+/동사・い형용사의 기본형 /な형용사 어간・명사 +

~하면 좋다, ~하면 된다 (조언, 권유)

❖ 晴れるといいな 날이 개면 좋겠는데
❖ 善い事をすればいい報いがある
　좋은 일을 하면 좋은 보답이 있다

81
■ **~という**
- 명사 / 동사・い형용사・な형용사의 보통형 +

~라는, ~라고 하는 (인용)

❖ 銀座という繁華街 銀座라는 번화가

82
■ **~ということだ**
- 동사・い형용사・な형용사의 보통형 / 명사だ +

~라고 한다 (인용)

❖ きのうの火事はつけびだという事だ
　어제의 화재는 방화라고 한다

83
■ **~というより**
- 명사 / 동사・い형용사・な형용사(어간)의 보통형 +

~라고 하기보다 (평가)

❖ おんなというよりまだ少女だ
　여자라기보다는 아직 소녀다

84
~といった
- 명사 / 동사・い형용사・な형용사의 보통형 +

~같은, ~등의 (나열)

❖ 旦那といったていの身なり
   나리기나 한 듯한 차림새

85
~といっても
- 명사 / 동사・い형용사・な형용사의 보통형 +

~라고 해도 (사실)

❖ 君の話は大豆で味そこうじを作るといっても信用しない
   네 말은 콩으로 메주를 쑨대도 안믿겠다

86
~とおり(に)
- 동사 기본형・た형 / 명사の / この, その, あの +

~대로 (상태표현)

❖ 過日申し合わせた通りに事を運ぶ
   일전에 약정한 대로 일을 진행시키다

87
~とか
- 동사・い형용사의 기본형 / な형용사 어간, 명사 + (だ) +

~라든지, ~든지 (예를 제시)

❖ 雨とか雪とか
   비라든가(든지) 눈이든가(든지)

88
~ところだ
- 동사의 기본형・ている형・た형 +

~하려는 참이다, ~하고 있는 중이다, 막 ~했다 (순서)

❖ いま出掛けるところだ
   지금 나가려는 참이다

89
~ところに・~ところへ
- 동사의 기본형・ている형・た형 +

~시점에, ~참에 (장면, 상황)

❖ ちょうど良いところに彼が現れた
   마침 좋은 때(시점)에 그가 나타났다

❖ 寝かけたところへ客が来た
   막 자려는 시점에 손님이 왔다

90
~として
- 명사 +

~로서, ~의 입장에서 (자격, 명목)

❖ 脇役としていい味をだしている
   조연(助演)으로서 좋은 연기를 보여 주고 있다

91
~とする
- 동사·い형용사·な형용사, 명사(だ)의 보통형 +

~라고 하다 (가정)

❖ 実験が成功したとする
  실험이 성공했다고 가정하다

92
~とは
~というのは
- 명사 +

~은(는), ~라고 하는 것은 (명제)

❖ 彼とはよく会う 그와는 종종 만난다

❖ 時は金なりと言うのは定論だ
  시간이 금이라고 하는 것은 정론이다

93
~な
- 동사·い형용사·な형용사·명사의 보통형, 정중형 +

~구나 (놀람, 감탄)

❖ とてもうまいな
  아주 잘하는구나[맛있구나]

94
~な
- 동사 기본형+

~하지 마 (강한 금지)

❖ 騒ぐな 떠들지 마라

95
~ながら
- 동사 ます형 +

~하면서 (동시진행)

❖ 音楽を聞きながら本を読む
  음악을 들으면서 책을 보다

96
~なければならない
~なければいけない
~なければだめだ
~なくてはならない
~なくてはいけない
~なくてはだめだ
~ないといけない
~ないとだめだ
~ないとならない
- 동사, い형용사, な형용사, 명사의 ない형+

~하지 않으면 안 된다, ~하지 않고서는 안 된다, ~하지 않으면 안 된다 (의무, 당연, 필요, 필연)

❖ もう行かなければならない
  이제 가지않으면 안된다

❖ 何をおいてもすぐ駆けつけなくてはならない
  만사를 제쳐놓고서라도 곧 달려가야 한다

❖ さらに申しこまないといけない
  다시 신청하지 않으면 안 된다

문법

JLPT N3 필수문법 | **181**

97
~など・~なんか
~ 등, ~ 같은 것 (예시, 경시, 놀람)

- 명사, 명사상당어, 문장, 문절 +/명사, 명사상당어 +/명사, 동사, 형용사, 형용사의 보통형 +

❖ 住所・姓名・年齢などを尋ねる
주소 성명 연령 등을 묻다

❖ 雨なんかふるものかい
비 같은 것 올 게 뭐냐

98
~なら
~라면 (조건)

- 동사・い형용사의 기본형 /な형용사 어간・명사 +

❖ 山なら富士だ 산이라면 富士산이다

99
~において
~에서, ~에 있어서 (상황, 장소, 방면)

- 명사 +

❖ 敵はすうにおいてまさる
적은 수에서 우월하다

100
~に関して
~에 관해서 (취급대상)

- 명사 +

❖ 政治に関しては全くむちだ
정치에 관해서는 전혀 무지하다

101
~にすぎない
~에 지나지 않는다 (강조)

- 명사 / 동사의 보통형 +

❖ これはほんのいちれいにすぎない
이것은 사소한 일례에 지나지 않는다

102
~にする
~으로 하다 (선택, 평가)

- 명사 +

❖ 人をこけにする 사람을 바보로 취급하다

103
~に対して
~한데 비해서, ~와는 반대로 (상황대비)

- 명사である(な) /동사・い형용사・な형용사의 명사수식형 +

❖ 投じた資金に対するかえりが少ない
투입한 자금에 비해서 돌아오는 것이 적다

104
~に違いない
~임에 틀림없다 (확신)

- 동사・い형용사의 보통형 / 명사, な형용사 어간 + である(생략가능) +

❖ 彼の仕業に違いない
그의 소행임에 틀림없다

105
~について
~에 관해서 (취급대상)

- 명사 +

❖ 上記の件については
상기의 건에 관해서는

106
~にとって
~에게 있어서 (입장상황)

- 명사 +

❖ 日本にとって大問題だ
일본으로서는(일본의 입장에서 생각하면) 큰 문제다

107
~には
~하기에는 (평가)

- 동사 기본형 +

❖ 帰るにはまだ早い
돌아가기에는 아직 이르다

108
~によって
~에 따라서 (의존, 수단, 원인)

- 명사 +

❖ ばあいによっては 형편에 따라서(는)

109
~によっては
~에 따라서는 (수단)

- 명사 +

❖ はなしによっては力になろう
사정에 따라서는 도움이 되어 주겠다

110
~によると・~によれば
~에 의하면, ~로는 (전문)

- 명사 +

❖ もののほんによると 어떤 책에 의하면

❖ ききつたえるところによれば
들리는 바에 의하면, 듣기로는

111
~にわたって
~동안, ~전체에, ~에 걸쳐서 (범위)

- 명사 +

❖ ながきにわたって
오랜세월에 걸쳐(오랜 세월 동안)

112
~に比べて
~에 비해서, ~와 비교해서 (상황비교)

- 명사 +

❖ 例年に比べてずっと暑い
예년에 비해서 훨씬 덥다

113
■ ~の (~のは・~のが)　　~것 (~것은, ~것이) –명사화 (강조)

- 동사・い형용사・な형용사의 명사수식형 +

❖ 争うのはよろしくない
　싸우는 것은 좋지 않다

114
□ ~のだ・~んだ　　~것이다 (이유나 상황을 설명)

- 동사・い형용사・な형용사의 명사수식형 / 명사な +

❖ 問題はこれなのだ　문제는 이것인 것이다

115
□ ~のに　　~한데, 인데 (역접)

- 동사・い형용사・な형용사의 명사수식형 / 명사な +

❖ 春なのにまだ寒い　봄인데도 아직 춥다

116
■ ~のに　　~하는데 (목적)

- 동사 기본형 +

❖ 旅行するのに必要なもの
　여행하는데 필요한 물건

117
■ ~のは ~だ・~のが~だ　　~것은 ~이다, ~것이 ~이다 (강조)

- 동사・い형용사・な형용사의 명사수식형 +

❖ 見えるのは山ばかりだ
　보이는 것은 산뿐이다
❖ 損をするのがおちだ
　손해보는 것이 당연하다

118
■ ~ば　　~하면 (가정/ 자연현상, 논리, 속담)

- 동사・い형용사의 ば형 +

❖ 読めば分かる　읽으면 안다

119
□ ~ば~ほど　　~하면 ~할수록 (반복)

- 동사・い형용사의 ば형 + ~ば + 동사・い형용사의 명사 수식형 + ~ほど

❖ あせればあせるほどうまくできない
　초조해하면 할수록 잘 되지 않는다

120
■ ~ばかり　　~뿐, ~만 / ~ 정도, ~쯤 (한정)

- 명사 +

❖ 見えるのは山ばかりだ
　보이는 것은 산 뿐이다

121
~ばかりだ
~할 뿐이다 (범위 한정)

- 동사·い형용사의 기본형 / な형용사의 명사수식형 +

❖ 最愛いの妻をなくして彼はただなみだに暮れるばかりだ
이를데없이 사랑하는 아내를 잃고 그는 오직 눈물로 지새울 뿐이다

122
~ばかりで(は)ない / ~ばかりで(は)なく
~뿐 아니다 / ~뿐 아니라 (범위설정)

- 명사 / 동사·い형용사·な형용사의 명사수식형 +

❖ 彼はあれこれくいちらすばかりで定職につこうとしない 그는 이것저것 손댈 뿐 일정한 직업을 가지려 하지 않는다

123
~はずがない
~할 리가 없다 (미확신)

- 동사·い형용사·な형용사의 명사수식형 / 명사の +

❖ 無理がきくはずがない
무리가 통할 리 없다

124
~はずだ
~할 터이다 (확신)

- 동사·い형용사·な형용사의 명사수식형 / 명사の +

❖ それでよいはずだ 그것이면 좋을 터이다

125
~はもちろん
~은 물론, ~은 당연하거니와 (당연)

- 명사 +

❖ 英語はもちろんのことドイツ語も出来る
영어는 물론이고(당연하거니와) 독일어도 할 수 있다

126
~ほど(だ)
~ 만큼·정도(이다) (강조)

- 동사·い형용사, な형용사의 명사수식형 +

❖ おきふしもできないほどだ
거동도 못할 정도다

127
~ほど~ない
~만큼 ~하지 않다 (강조)

- 명사 / 동사 기본형 +

❖ そんな言葉を信じるほど愚かではない
그런 말을 믿을만큼 어리석지 않다

문법

JLPT N3 필수문법 | **185**

128
□ ~まで・~までして・~てまで
- 명사 / 동사 て형 +

~까지, ~까지 해서, ~해서 까지 (목적)

❖ 仲間をけおとしてまで出世しようとする 동료를 밀어내면서(해서)까지 출세하려고 하다

129
□ ~まで・~までに
- 명사 / 동사기본형 +

~까지 (도달)

❖ 明日まで提出せよ 내일까지 제출하라

130
■ ~まま(で)
- 동사 た형, ない형 +

~한 채 (상황)

❖ かけたままでよろしい 앉은채로 괜찮다

131
■ ~むき　　　向き
- 명사 +

~향, ~방향 (방향)

❖ 南向きの明るいへや 남향의 밝은 방

132
■ ~むきだ・~むきに・~むきの　向き
- 명사 +

~에 적합하다 (어울림)

❖ その洋服は夏向きだ
그 양복은 여름에 적합하다

133
■ ~むけ　　　向け
- 명사 +

~용 (적합)

❖ ジュニア向けの雑誌
주니어 대상(용)의 잡지

134
■ ~ものだ
- 동사・い형용사・な형용사의 た형 +

~하곤 했다 (회상)

❖ よく見に行ったものだ
종종 보러 가곤 했다

135
■ ~ものだから
- 동사・い형용사・な형용사의 명사수식형 / 명사 + な +

~때문에 (변명, 이유)

❖ 高価できれいな物だから盗まれやすい
값지고 예쁜 물건이라서(때문에) 손타기 쉽다

136
□ ~やすい・~にくい
- 동사 ます형 +

~하기 쉽다, ~하기 어렵다 (경향)

❖ 読みやすい 읽기 쉽다
❖ 発音しにくい 발음하기 어렵다

137
~ようだ・みたいだ
- 동사·い형용사·な형용사의 명사수식형 / 명사の / 연체사 +
- 동사·い형용사의 보통형 / な형용사 어간 / 명사 +

~같다 (불확실 판단)

❖ まるで雪のようだ 흡사 눈과 같다
❖ まるで子供みたいね 마치 어린애 같군요

138
~ような・~ように
- 동사·い형용사·な형용사의 명사수식형 / 명사の / 연체사 +
- 동사·い형용사의 보통형 / な형용사 어간 / 명사 +

~ 같은, ~ 같이 (구체적인 예)

❖ じぼのような愛 자모와 같은 사랑
❖ きじゅつのように 기술한 바와 같이

139
~ように
- 동사 기본형·ない형 / 정중형 +

~하도록 (충고, 권고, 희망)

❖ ぜひごしゅっせきくださいますように
부디 참석해 주시기를

140
~ようにする
- 동사 기본형·ない형 +

~하도록 하다 (목표)

❖ 逆わぬようにする 거역하지 않도록 하다

141
~ようになる
- 동사 기본형·ない형 +

~하게 되다 (결과)

❖ 赤ん坊がうようになった
아기가 기게 되었다

142
~ように言う
- 동사의 기본형·ない +

~하도록 말하다 (의뢰, 명령, 금지)

❖ すぐ立ち退くようにといった
곧 퇴거하라고(하도록) 말했다

143
~らしい
- 명사 +

~답다 (접미어적 용법) (성질)

❖ いかにも彼らしいね 정말 그답군요

144
~らしい
- 동사·い형용사의 보통형 / な형용사 어간 / 명사 +

~인 것 같다, ~인 모양이다 (전문 추량)

❖ あの二人はうまくいっていないらしい
저 두 사람은 사이가 썩 좋지 않은 듯하다

145
~れる・られる　　~하시다 (존경)

- 5단동사 : 어미 ~う단을 ~あ단으로 바꾸고 +
- 1단동사 : 어미 ~る를 빼고 + /불규칙동사 : 来る → 来られる / する → られる

❖ 本を読まれる　책을 보시다
❖ 母は泣いておられる　어머니는 울고 계신다

146
~わけがない　　~할 리가 없다 (주관적 판단)

- 동사・い형용사・な형용사, 명사의 명사수식형 +

❖ その人が干渉するわけがない
그 사람이 간섭할 리가 없다

147
~わけだ　　~하는 것이다, ~할 만하다 (당연)

- 동사・い형용사・な형용사의 명사수식형 +

❖ はやい話がだまされたというわけだ
요컨대 속았다고 하는 것이다

148
~わけではない　　~하는 것은 아니다 (부정)

- 동사・い형용사・な형용사의 명사수식형 +

❖ 君をうたがうわけではない
자네를 의심하는 것은 아니다

149
~をとおして　通して　　~을 통해서 (수단)

- 명사 +

❖ 作品を通して作者のないてき生命に話れる
작품을 통해서 작자의 내적 생명에 접하다

150
~をちゅうしんに(して)　中心に(して)　　~을 중점적으로, 중심으로 (사항, 장소, 사물, 인물)

- 명사 +

❖ 点を中心にして回転する
점을 중심으로 해서 회전하다

한자

New JLPT Level 3 일본어능력시험

#	漢字	훈독	부수/총획	음독	예시
1	加 더할 가	훈 くわえる・くわわる	부수 力(2획) 총획 5획	음 カ	加わる [くわわるや] (수량이) 늘다 加え算 [くわえざん] 덧셈 加害 [かがい] 가해 加入 [かにゅう] 가입
2	可 옳을 가	훈 -	부수 口(3획) 총획 5획	음 カ	可決 [かけつ] 가결 許可 [きょか] 허가
3	各 각각 각	훈 おのおの	부수 口(3획) 총획 6획	음 カク	各各 [おのおの] 각자, 각각제각기 各国 [かっこく] 각국 各種 [かくしゅ] 각종
4	刊 책 펴낼 간	훈 -	부수 刀(2획) 총획 5획	음 カン	新刊 [しんかん] 신간 週刊誌 [しゅうかんし] 주간지
5	干 방패 간	훈 ほす・ひる	부수 干(3획) 총획 3획	음 カン	干す [ほす] 말리다 干る [ひる] 마르다 干渉 [かんしょう] 간섭 干戈 [かんか] 간과
6	簡 대쪽 간	훈 -	부수 竹(6획) 총획 18획	음 カン	木簡 [もっかん] 목간 簡冊 [かんさく] 간책
7	減 덜 감	훈 へる・へらす	부수 氵(3획) 총획 12획	음 ゲン	減る [へる] 무게가 줄다 減らす [へらす] 줄이다 減少 [げんしょう] 감소 輕減 [けいげん] 경감
8	甘 달 감	훈 あまい・あまえる	부수 甘(5획) 총획 5획	음 カン	甘える [あまえる] 응석부리다 甘み [あまみ] 단맛 甘味 [かんみ] 감미 甘露 [かんろ] 감로
9	個 낱 개	훈 -	부수 亻(2획) 총획 10획	음 コ	個人 [こじん] 개인 各個 [かっこ] 각개

JLPT N3 필수한자 | **189**

	漢字	훈/음	예시
10	客 손 객	훈 - 음 キャク・カク	客室 [きゃくしつ] 객실 客 [かく] 손님
	부수 宀(3획) 총획 9획		
11	巨 클 거	훈 - 음 キョ	巨漢 [きょかん] 거한 巨人 [きょじん] 거인
	부수 匚(2획) 총획 5획		
12	居 있을 거	훈 いる 음 キョ	居る [いる] (사람이나 동물이) 있다. 존재하다 居住 [きょじゅう] 거주 旧居 [きゅうきょ] 옛 집
	부수 尸(3획) 총획 8획		
13	件 사건 건	훈 - 음 ケン	建設 [けんせつ] 건설 創建 [そうけん] 창건 物件 [ぶっけん] 물건 人件費 [じんけんひ] 인건비
	부수 亻(2획) 총획 6획		
14	格 바로잡을 격	훈 - 음 カク・コウ	格式 [かくしき] 격식 規格 [きかく] 규격
	부수 木(4획) 총획 10획		
15	肩 어깨 견	훈 かた 음 ケン	肩布団 [かたぶとん] 작은 이불 肩抜け [かたぬけ] 부담 肩章 [けんしょう] 견장 双肩 [そうけん] 쌍견
	부수 月(4획) 총획 8획		
16	決 터질 결	훈 きめる・きまる 음 ケツ	決める [きめる] 정하다 決まる [きまる] 결정되다 決裂 [けつれつ] 결렬 決心 [けっしん] 결심
	부수 氵(3획) 총획 7획		
17	経 날 경	훈 へる 음 ケイ・キョウ	経る [へる] 경과하다 経緯 [けいい] 경위
	부수 糸(6획) 총획 11획		
18	景 볕 경	훈 - 음 ケイ	光景 [こうけい] 광경 景気 [けいき] 경기
	부수 日(4획) 총획 12획		

#	漢字	訓/音	예시
19	係 걸릴 계	훈 かかる・かかり	係る [かかる] 관계되다 係り [かかり] 계 담당, 담당 직원
	부수 亻(2획) 총획 9획	음 ケイ	係数 [けいすう] 계수 関係 [かんけい] 관계
20	季 끝 계	훈 -	
	부수 子(3획) 총획 8획	음 キ	季節 [きせつ] 계절 春季 [しゅんき] 춘계
21	械 형틀 계	훈 -	
	부수 木(4획) 총획 11획	음 カイ	機械 [きかい] 기계 器械 [きかい] 기계
22	告 알릴 고	훈 つげる	告げる [つげる] 고하다
	부수 口(3획) 총획 7획	음 コク	予告 [よこく] 예고 広告 [こうこく] 광고
23	固 굳을 고	훈 かたまる・かためる	固まる [かたまる] 굳다 固める [かためる] 다지다
	부수 口(3획) 총획 8획	음 コ	固形 [こけい] 고형 堅固 [けんご] 견고
24	苦 쓸 고	훈 くるしい・くるしめる	苦しい [くるしい] 답답하다 苦しめる [くるしめる] 걱정시키다
	부수 艹(3획) 총획 8획	음 ク	苦味 [くみ] 쓴맛 苦笑 [くしょう] 고소, 쓴웃음
25	曲 굽을 곡	훈 まがる・まげる	曲がる [まがる] 구부러지다 曲げる [まげる] 구부리다
	부수 曰(4획) 총획 6획	음 キョク	曲線 [きょくせん] 곡선 湾曲 [わんきょく] 만곡
26	谷 골 곡	훈 たに	谷 [たに] 골짜기 谷間 [たにま] 산골짜기
	부수 谷(7획) 총획 7획	음 コク	峡谷 [きょうこく] 협곡 渓谷 [けいこく] 계곡
27	困 괴로울 곤	훈 こまる	困る [こまる] 어려움을 겪다 縮こまる [ちぢこまる] 오그라들다
	부수 口(3획) 총획 7획	음 コン	困苦 [こんく] 곤고 困惑 [こんわく] 곤혹

28	骨	뼈 골	훈 ほね	骨 [ほね] 뼈, 가시 気骨 [きぼね] 심려
		부수 骨(10획) 총획 10획	음 コツ	骨格 [こっかく] 골격 筋骨 [きんこつ] 근골
29	共	함께 공	훈 とも	共 [とも] 같음 共共 [ともども] 다같이
		부수 八(2획) 총획 6획	음 キョウ	共栄 [きょうえい] 공영 共学 [きょうがく] 공학
30	過 (過)	지날 과	훈 すぎる・ あやまち	過ぎる [すぎる] 지나가다 過ち [あやまち] 실수
		부수 辶(4획) 총획 13획	음 カ	通過 [つうか] 통과 過去 [かこ] 과거
31	果	실과 과	훈 はたす・ はてる・はて	果(た)す [はたす] (의무 등을) 완수하다 果て [はて] 끝
		부수 木(4획) 총획 8획	음 カ	果汁 [かじゅう] 과즙 青果 [せいか] 청과
32	課	매길 과	훈 -	
		부수 言(7획) 총획 15획	음 カ	課税 [かぜい] 과세 賦課 [ふか] 부과
33	観 (觀)	볼 관	훈 みる	観る [みる] 보다
		부수 見(7획) 총획 18획	음 カン	観念 [かんねん] 관념 客観 [きゃっかん] 객관
34	関 (關)	빗장 관	훈 せき	関守 [せきもり] 관문지기
		부수 門(8획) 총획 14획	음 カン	関門 [かんもん] 관문 税関 [ぜいかん] 세관
35	官	벼슬 관	훈 -	
		부수 宀(3획) 총획 8획	음 カン	官庁 [かんちょう] 관청 官報 [かんぽう] 관보
36	慣	버릇 관	훈 なれる・ ならす	慣れる [なれる] 익숙해지다 慣らす [ならす] (동물 등을) 길들이다
		부수 忄(3획) 총획 14획	음 カン	慣性 [かんせい] 관성 習慣 [しゅうかん] 습관

#	한자	뜻·음	훈/부수·총획	음	예시
37	交	사귈 교	훈 まざる・まぜる		交ざる [まざる] 섞이다 交ぜる [まぜる] 섞다
			부수 亠(2획) 총획 6획	음 コウ	交戦 [こうせん] 교전 交錯 [こうさく] 교착
38	具	갖출 구	훈 -		
			부수 八(2획) 총획 8획	음 グ	具現 [ぐげん] 구현 家具 [かぐ] 가구
39	旧(舊)	예 구	훈 -		
			부수 日(4획) 총획 5획	음 キュウ	旧家 [きゅうか] 구가 旧観 [きゅうかん] 옛모습
40	久	오랠 구	훈 ひさしい		久しい [ひさしい] 오래다 久し振り [ひさしぶり] 오래간만
			부수 ノ(1획) 총획 3획	음 キュウ・ク	永久 [えいきゅう] 영구 久遠 [くおん] 구원) 영원
41	局	판 국	훈 -		
			부수 尸(3획) 총획 7획	음 キョク	局譜 [きょくふ] 국보 局面 [きょくめん] 국면
42	君	임금 군	훈 きみ		君が代 [きみがよ] 일본 국가(國歌) 君 [きみ] 임금, 군주, 그대
			부수 口(3획) 총획 7획	음 クン	君臣 [くんしん] 군신 君王 [くんのう] 군왕
43	軍	군사 군	훈 -		
			부수 車(7획) 총획 9획	음 グン	軍隊 [ぐんたい] 군대 軍艦 [ぐんかん] 군함
44	券(券)	문서 권	훈 -		
			부수 刀(2획) 총획 8획	음 ケン	券面額 [けんめんがく] 액면, 가격 券面 [けんめん] 액면
45	机	책상 궤	훈 つくえ		机 [つくえ] 책상
			부수 木(4획) 총획 6획	음 キ	机上 [きじょう] 궤상 机辺 [きへん] 책상, 옆

46	뿌리 근 根	훈 ね	根元 [ねもと] 뿌리, 밑동 根扱ぎ [ねこぎ] 뿌리째 뽑음
	부수 木(4획) 총획 10획	음 コン	草根 [そうこん] 초근 根幹 [こんかん] 근간
47	기약할 기 期	훈 –	
	부수 月(4획) 총획 12획	음 キ・ゴ	期待 [きたい] 기대 最期 [さいご] 최후
48	틀 기 機	훈 はた	機 [はた] 베틀 機織り [はたおり] 베틀로 베를 짬
	부수 木(4획) 총획 16획	음 キ	機械 [きかい] 기계 機器 [きき] 기기
49	살 기 肌	훈 はだ	肌 [はだ] 피부, 살결 肌色 [はだいろ] 살색
	부수 月(4획) 총획 6획	음 –	
50	아가씨 낭 娘	훈 むすめ	娘 [むすめ] 딸 娘婿 [むすめむこ] 사위
	부수 女(3획) 총획 10획	음 –	
51	안 내 内 (內)	훈 うち	内 [うち] 안, 내부, 내 집 内側 [うちがわ] 안쪽
	부수 冂(2획) 총획 4획	음 ナイ・ダイ	家内 [かない] 자기 아내 参内 [さんだい] 참내, 입궐
52	생각할 념 念	훈 –	
	부수 心(4획) 총획 8획	음 ネン	念願 [ねんがん] 염원 執念 [しゅうねん] 집념
53	능할 능 能	훈 –	
	부수 月(4획) 총획 10획	음 ノウ	能弁 [のうべん] 능변 可能 [かのう] 가능
54	둥글 단 団 (團)	훈 –	
	부수 口(3획) 총획 6획	음 ダン・トン	団扇 [だんせん] 부채 布団 [ふとん] 이불

55 段	구분 단	훈 – 음 ダン	부수 殳(4획) 총획 9획 階段 [かいだん] 계단 段階 [だんかい] 단계
56 達 (达)	통할 달	훈 – 음 タツ	부수 ⻌(4획) 총획 13획 達弁 [たつべん] 달변 達観 [たっかん] 달관
57 曇	흐릴 담	훈 くもる 음 ドン	부수 日(4획) 총획 16획 曇る [くもる] 흐리다 曇り声 [くもりごえ] 흐린 목소리 曇天 [どんてん] 담천 晴曇 [せいどん] 청담
58 談	말씀 담	훈 – 음 ダン	부수 言(7획) 총획 15획 談合 [だんごう] 담합 雑談 [ざつだん] 잡담
59 当 (當)	당할 당	훈 あたる・あてる 음 トウ	부수 小(3획) 총획 6획 当たる [あたる] 맞다 当てる [あてる] 부딪다 当籤 [とうせん] 당첨 妥当 [だとう] 타당
60 対 (對)	대답할 대	훈 – 음 タイ・ツイ	부수 寸(3획) 총획 7획 対面 [たいめん] 대면 対語 [ついご・たいご] 반대어
61 到	이를 도	훈 – 음 トウ	부수 刀(2획) 총획 8획 到達 [とうたつ] 도달 殺到 [さっとう] 쇄도
62 島	섬 도	훈 しま 음 トウ	부수 山(3획) 총획 10획 島 [しま] 섬, 외딴 곳 島影 [しまかげ] 섬의 모습 群島 [ぐんとう] 군도 島嶼 [とうしょ] 도서
63 徒	무리 도	훈 いたずら・ただ 음 ト	부수 彳(3획) 총획 10획 徒 [いたずら] 헛됨 徒 [ただ] 보통, 예사 教徒 [きょうと] 교도 徒党 [ととう] 도당

64	渡	건널 도	훈 わたる・わたす	渡る [わたる] 건너다 渡す [わたす] 넘기다
		부수 氵(3획) 총획 12획	음 ト	渡米 [とべい] 도미 過渡期 [かとき] 과도기
65	登	오를 등	훈 のぼる	登る [のぼる] 등산하다 登り [のぼり] 오름, 상경
		부수 癶(5획) 총획 12획	음 トウ・ト	登頂 [とうちょう] 등정 登山 [とざん] 등산
66	落	떨어질 락	훈 おちる・おとす	落ちる [おちる] (아래로) 떨어지다 落とす [おとす] 떨어뜨리다
		부수 艹(4획) 총획 13획	음 ラク	落馬 [らくば] 낙마 下落 [げらく] 하락
67	卵	알 란	훈 たまご	卵 [たまご] 알 卵焼き [たまごやき] 달걀 부침
		부수 卩(2획) 총획 7획	음 ラン	鶏卵 [けいらん] 계란 卵白 [らんぱく] 난백
68	冷	찰 랭	훈 つめたい・ひやす	冷たい [つめたい] 차다 冷やす [ひやす] 식히다
		부수 冫(2획) 총획 7획	음 レイ	冷却 [れいきゃく] 냉각 寒冷 [かんれい] 한랭
69	両 (兩)	두 량	훈 –	
		부수 一(1획) 총획 6획	음 リョウ	両面 [りょうめん] 양면 両親 [りょうしん] 양친
70	良	좋을 량	훈 よい	良い [よい] 뛰어나다 良く [よく] 잘, 충분히
		부수 艮(6획) 총획 7획	음 リョウ	良好 [りょうこう] 양호 善良 [ぜんりょう] 선량
71	量	헤아릴 량	훈 はかる	量る [はかる] (무게를) 달다
		부수 里(7획) 총획 12획	음 リョウ	量水 [りょうすい] 양수 計量 [けいりょう] 계량
72	歴 (歷)	지낼 력	훈 –	
		부수 止(4획) 총획 14획	음 レキ	歴史 [れきし] 역사 経歴 [けいれき] 경력

73 連 (連)	잇당을 련	훈 つらなる・つれる	連なる [つらなる] 한 줄로 줄지어 있다 連れる [つれる] 데리고 가다(오다)
		부수 辶(4획) 총획 11획	음 レン	連結 [れんけつ] 연결 連名 [れんめい] 연명
74 恋 (戀)	사모할 련	훈 こい・こいしい	恋 [こい] (남녀 간의) 사랑, 연애 恋しい [こいしい] 그립다
		부수 心(4획) 총획 10획	음 レン	悲恋 [ひれん] 비련 恋愛 [れんあい] 연애
75 列	벌일 렬	훈 -	
		부수 刀(2획) 총획 6획	음 レツ	列挙 [れっきょ] 열거 並列 [へいれつ] 병렬
76 令	영 령	훈 -	
		부수 人(2획) 총획 5획	음 レイ	令状 [れいじょう] 영장 指令 [しれい] 지령
77 領	옷깃 령	훈 -	
		부수 頁(9획) 총획 14획	음 リョウ	領袖 [りょうしゅう] 영수 綱領 [こうりょう] 강령
78 礼 (禮)	예도 례	훈 -	
		부수 ネ(4획) 총획 5획	음 レイ・ライ	礼装 [れいそう] 예장 祭礼 [さいれい] 제례
79 例	법식 례	훈 たとえる	例える [たとえる] 예를 들다 例え [たとえ] 예, 비유
		부수 亻(2획) 총획 8획	음 レイ	例規 [れいき] 예규 条例 [じょうれい] 조례
80 労 (勞)	일할 로	훈 -	
		부수 力(2획) 총획 7획	음 ロウ	労力 [ろうりょく] 노력 徒労 [とろう] 도로
81 老	늙은이 로	훈 おいる・ふける	老いる [おいる] 늙다 老ける [ふける] 나이를 먹다
		부수 老(6획) 총획 6획	음 ロウ	老境 [ろうきょう] 노경 老翁 [ろうおう] 노옹

번호	한자	훈독	부수/총획	음독	예시
82	路	길 로	부수 足(7획) 총획 13획	훈 じ 음 ロ	大路 [おおじ] 대로, 큰길 路面 [ろめん] 노면 陸路 [りくろ] 육로
83	録	기록할 록	부수 金(8획) 총획 16획	훈 - 음 ロク	速記録 [そっきろく] 속기록 録音 [ろくおん] 녹음
84	緑	초록빛 록	부수 糸(6획) 총획 14획	훈 みどり 음 リョク・ロク	緑 [みどり] 녹색, 초록 緑虫 [みどりむし] 연두벌레 緑竹 [りょくちく] 녹죽 緑青 [ろくしょう] 녹청
85	涙	눈물 루	부수 氵(3획) 총획 10획	훈 なみだ 음 ルイ	涙 [なみだ] 눈물 涙脆い [なみだもろい] 잘 울다 落涙 [らくるい] 낙루 涙腺 [るいせん] 누선
86	流	흐를 류	부수 氵(3획) 총획 10획	훈 ながれる・ながす 음 リュウ・ル	流れる [ながれる] 흐르다 ながす [流す] 흐르게 하다 気流 [きりゅう] 기류 流刑 [るけい] 유형
87	陸	뭍 륙	부수 阝(3획) 총획 11획	훈 - 음 リク	陸運 [りくうん] 육운 内陸 [ないりく] 내륙
88	利	날카로울 리	부수 刀(2획) 총획 7획	훈 きく 음 リ	利く [きく] 효력이 있다 利き目 [ききめ] 효과, 효능 利剣 [りけん] 이검 鋭利 [えいり] 예리
89	馬	말 마	부수 馬(10획) 총획 10획	훈 うま・ま 음 バ	馬市 [うまいち] 말 시장 馬子 [まご] 마부 馬車 [ばしゃ] 마차 競馬 [けいば] 경마
90	晩	저물 만	부수 日(4획) 총획 12획	훈 - 음 バン	晩餐 [ばんさん] 만찬 今晩 [こんばん] 오늘 밤

#	漢字	의미	훈	부수/총획	음	예시
91	末	끝 말	すえ	부수 木(4획) / 총획 5획	マツ・バツ	末 [すえ] (물체의) 끝, 말단 本末 [ほんまつ] 본말 末子 [まっし・ばっし] 막내
92	亡	망할 망	ない	부수 ㅗ(2획) / 총획 3획	ボウ・モウ	亡い [ない] 죽어서 이 세상에 없다 亡き顔 [なきがお] 울상 滅亡 [めつぼう] 멸망 亡者 [もうじゃ] 망자
93	忘	잊을 망	わすれる	부수 心(4획) / 총획 7획	ボウ	忘れる [わすれる] 잊다 忘れっぽい [わすれっぽい] 곧잘 잊다 健忘 [けんぼう] 건망 忘却 [ぼうきゃく] 망각
94	忙	바쁠 망	いそがしい	부수 忄(3획) / 총획 6획	ボウ	忙しい [いそがしい] 바쁘다 多忙 [たぼう] 다망 忙中 [ぼうちゅう] 망중
95	枚	줄기 매	-	부수 木(4획) / 총획 8획	マイ	枚挙 [まいきょ] 매거 一枚 [いちまい] 한 장
96	麦	보리 맥	むぎ	부수 麦(7획) / 총획 7획	バク	麦 [むぎ] 보리 麦焦がし [むぎこがし] 보리 미숫가루 麦芽 [ばくが] 맥아 燕麦 [えんばく] 연맥
97	眠	잠잘 면	ねむる・ねむい	부수 目(5획) / 총획 10획	ミン	眠る [ねむる] 자다, 잠들다 眠い [ねむい] 졸리다 冬眠 [とうみん] 동면 安眠 [あんみん] 안면
98	面	낯 면	おも・おもて	부수 面(9획) / 총획 9획	メン	面 [おも] 얼굴, 표면 面 [おもて] 안면, 겉면, 표면 鬼面 [きめん] 귀면 仮面 [かめん] 가면
99	命	목숨 명	いのち	부수 口(3획) / 총획 8획	メイ・ミョウ	命 [いのち] 목숨, 생명 命の親 [いのちのおや] 생명의 은인 命運 [めいうん] 명운 宿命 [しゅくめい] 숙명

100	皿	그릇 명	부수 皿(5획) 총획 5획	훈 さら 음 -	皿 [さら] 접시 皿秤 [さらばかり] 접시저울
101	募	모을 모	부수 力(2획) 총획 12획	훈 つのる 음 ボ	募る [つのる] 더해지다 募金 [ぼきん] 모금 応募 [おうぼ] 응모
102	毛	털 모	부수 毛(4획) 총획 4획	훈 け 음 モウ	毛 [け] 털, 모발 毛糸 [けいと] 털실 毛髪 [もうはつ] 모발 羊毛 [ようもう] 양모
103	夢	꿈 몽	부수 夕(3획) 총획 13획	훈 ゆめ 음 ム	夢 [ゆめ] 꿈 夢見 [ゆめみ] 꿈을 꿈 夢想 [むそう] 몽상 白昼夢 [はくちゅうむ] 백일몽
104	務	일 무	부수 力(2획) 총획 11획	훈 つとめる 음 ム	務める [つとめる] 소임을 맡다 務め [つとめ] 의무, 임무 勤務 [きんむ] 근무 業務 [ぎょうむ] 업무
105	無	없을 무	부수 灬(4획) 총획 12획	훈 ない 음 ム・ブ	無い [ない] 없다 無くす [なくす] 없애다, 잃다 有無 [うむ] 유무 無音 [ぶいん] 무소식
106	貿	바꿀 무	부수 貝(7획) 총획 12획	훈 - 음 ボウ	貿易 [ぼうえき] 무역 貿易船 [ぼうえきせん] 무역선
107	未	아닐 미	부수 木(4획) 총획 5획	훈 - 음 ミ	未完 [みかん] 미완 未明 [みめい] 미명
108	米	쌀 미	부수 米(6획) 총획 6획	훈 こめ 음 ベイ・マイ	米 [こめ] 쌀 米屋 [こめや] 쌀가게 米価 [べいか] 미가, 쌀값 白米 [はくまい] 백미

109 美	아름다울 미	훈 うつくしい	美しい [うつくしい] 아름답다 美食 [びしょく] 미식
		부수 羊(6획) 총획 9획	음 ビ	甘美 [かんび] 감미
110 薄	엷을 박	훈 うすい・うすめる・ うすまる・うすらぐ・うすれる	薄い [うすい] 얇다 薄める [うすめる] 묽게 하다
		부수 艹(3획) 총획 16획	음 ハク	薄い利 [はくり] 적은 이익 薄い俸 [はくほう] 박봉
111 反	되돌릴 반	훈 そる・そらす	反る [そる] (활 모양으로) 휘다 反らす [そらす] 뒤로 젖히다
		부수 又(2획) 총획 4획	음 ハン・ホン・タン	反切 [はんせつ] 반절 謀反 [むほん] 모반
112 般	돌 반	훈 -	
		부수 舟(6획) 총획 10획	음 ハン	諸般 [しょはん] 제반 今般 [こんぱん] 금번
113 返	돌아올 반	훈 かえす・かえる	返す [かえす] 돌려주다 返る [かえる] (원상태로) 돌아가다
		부수 辶(4획) 총획 8획	음 ヘン・ハン・ホン	返事 [へんじ] 대답 返還 [へんかん] 반환
114 坊	동네 방	훈 -	
		부수 土(3획) 총획 7획	음 ボウ・ボッ	坊間 [ぼうかん] 방간 坊ちゃん [ぼっちゃん] 아드님, 도련님
115 倍	곱 배	훈 -	
		부수 亻(2획) 총획 10획	음 バイ	倍 [ばい] 배, 곱절 倍額 [ばいがく] 배액
116 杯	잔 배	훈 さかずき	杯 [さかずき] 술잔
		부수 木(4획) 총획 8획	음 ハイ	杯盤 [はいばん] 배반 酒杯 [しゅはい] 술잔
117 背	등 배	훈 せ・せい	背 [せ] (사람・동물의)등, 배경 背 [せい] 신장, 키
		부수 月(4획) 총획 9획	음 ハイ	背後 [はいご] 배후 背面 [はいめん] 배면

118 配	아내 배	훈 くばる	配る [くばる] 나누어주다
	부수 酉(7획) 총획 10획	음 ハイ	配偶 [はいぐう] 배우 配合 [はいごう] 배합
119 番	갈마들 번	훈 -	
	부수 田(5획) 총획 12획	음 バン	週番 [しゅうばん] 주번 当番 [とうばん] 당번
120 法	법 법	훈 -	
	부수 氵(3획) 총획 8획	음 ホウ・ハッ	法官 [ほうかん] 법관 法度 [はっと] 무가(武家) 시대의 법률
121 変	변할 변	훈 かわる・ かえる	変わる [かわる] 변하다 変える [かえる] (위치 등을)옮기다
	부수 夊(3획) 총획 9획	음 ヘン	変化 [へんか] 변화 急変 [きゅうへん] 급변
122 並	아우를 병	훈 ならぶ	並ぶ [ならぶ] 줄을 서다
	부수 一(1획) 총획 8획	음 ヘイ	並立 [へいりつ] 병립 並行 [へいこう] 병행
123 宝	보배 보	훈 たから	宝 [たから] 보배, 보물
	부수 宀(3획) 총획 8획	음 ホウ	宝物 [ほうもつ] 보물 家宝 [かほう] 가보
124 普	널리 보	훈 -	
	부수 日(4획) 총획 12획	음 フ	普及 [ふきゅう] 보급 普遍 [ふへん] 보편
125 福	복 복	훈 -	
	부수 礻(4획) 총획 13획	음 フク	福祉 [ふくし] 복지 幸福 [こうふく] 행복
126 付	줄 부	훈 つける・つく	付ける [つける] 붙이다 付く [つく] 붙다, 묻다
	부수 亻(2획) 총획 5획	음 フ	付与 [ふよ] 부여 寄付 [きふ] 기부

127	夫	지아비 부 부수 大(3획) 총획 4획	훈 おっと 음 フ・フウ	夫 [おっと] 남편 夫人 [ふじん] 부인 夫婦 [ふうふ] 부부
128	府	곳집 부 부수 广(3획) 총획 8획	훈 - 음 フ	府庫 [ふこ] 부고 秘府 [ひふ] 비부
129	部	거느릴 부 부수 阝(3획) 총획 11획	훈 - 음 ブ	支部 [しぶ] 지부 部員 [ぶいん] 부원
130	仏 (佛)	부처 불 부수 亻(2획) 총획 4획	훈 ほとけ 음 ブツ	仏 [ほとけ] 부처, 불상 仏心 [ほとけごころ] 불심, 자비심 仏道 [ぶつどう] 불도 念仏 [ねんぶつ] 염불
131	払 (拂)	떨칠 불 부수 扌(3획) 총획 5획	훈 はらう 음 フツ・ホツ	払う [はらう] 없애다 払い物 [はらいもの] 팔아치울 물건 払拭 [ふっしょく] 불식 払底 [ふってい] 바닥이 남
132	鼻 (鼻)	코 비 부수 鼻(14획) 총획 14획	훈 はな 음 ビ	鼻 [はな] 코 鼻汁 [はなしる] 콧물 鼻音 [びおん] 비음 耳鼻 [じび] 이비
133	比	견줄 비 부수 比(4획) 총획 4획	훈 くらべる 음 ヒ	比べる [くらべる] 비교하다 比べ物 [くらべもの] 비교할 만한 것 比較 [ひかく] 비교 対比 [たいひ] 대비
134	費	쓸 비 부수 貝(7획) 총획 12획	훈 ついやす 음 ヒ	費やす [ついやす] 소비하다 経費 [けいひ] 경비
135	非	아닐 비 부수 非(8획) 총획 8획	훈 - 음 ヒ	非行 [ひこう] 비행

136 飛	날 비	훈 とぶ・とばす	飛ぶ [とぶ] 날다 飛ばす [とばす] 날리다
	부수 飛(9획) 총획 9획	음 ヒ	飛行 [ひこう] 비행 雄飛 [ゆうひ] 웅비
137 氷	얼음 빙	훈 こおり・ひ	氷 [こおり] 얼음 氷雨 [ひさめ] 우박, 싸락눈
	부수 水(4획) 총획 5획	음 ヒョウ	氷点 [ひょうてん] 빙점 流氷 [りゅうひょう] 유빙
138 捨 (捨)	버릴 사	훈 すてる	捨てる [すてる] 버리다 捨て鉢 [すてばち] 자포자기
	부수 扌(3획) 총획 11획	음 シャ	取捨 [しゅしゃ] 취사 四捨五入 [ししゃごにゅう] 사사오입
139 史	역사 사	훈 -	
	부수 口(3획) 총획 5획	음 シ	歴史 [れきし] 역사 史学 [しがく] 사학
140 司	맡을 사	훈 -	
	부수 口(3획) 총획 5획	음 シ	司法 [しほう] 사법 上司 [じょうし] 상사
141 寺	절 사	훈 てら	寺 [てら] 절 寺参り [てらまいり] 절에 참배함
	부수 寸(3획) 총획 6획	음 ジ	寺院 [じいん] 사원 社寺 [しゃじ] 신사(神社)와 절
142 詞	말씀 사	훈 -	
	부수 言(7획) 총획 12획	음 シ	作詞 [さくし] 작사 祝詞 [しゅくし] 축사
143 辞 (辭)	말 사	훈 やめる	辞める [やめる] 그만두다 辞典 [じてん] 사전
	부수 辛(7획) 총획 13획	음 ジ	言辞 [げんじ] 언사
144 算	셀 산	훈 -	
	부수 竹(6획) 총획 14획	음 サン	算数 [さんすう] 산수 計算 [けいさん] 계산

145	형상 상 (状/狀)	훈 - 음 ジョウ	부수 犬(4획) 총획 7획	波状 [はじょう] 파상 球状 [きゅうじょう] 구상
146	서로 상 (相)	훈 あい 음 ソウ・ショウ	부수 目(5획) 총획 9획	相 [あい] 서로, 함께 相方 [あいかた] 상대 相互 [そうご] 상호 宰相 [さいしょう] 재상
147	상자 상 (箱)	훈 はこ 음 -	부수 竹(6획) 총획 15획	箱 [はこ] 상자, 궤짝. 箱詰め [はこづめ] 상자에 담음
148	자리 석 (席)	훈 - 음 セキ	부수 巾(3획) 총획 10획	席上 [せきじょう] 석상 宴席 [えんせき] 연석
149	예 석 (昔)	훈 むかし 음 セキ・シャク	부수 日(4획) 총획 8획	昔 [むかし] 옛날, 예전 昔語り [むかしがたり] 옛날 이야기 昔時 [せきじ] 석시, 옛날 今昔 [こんじゃく] 금석
150	돌 석 (石)	훈 いし 음 セキ・シャク・コク	부수 石(5획) 총획 5획	石 [いし] 돌, 보석 石切り [いしきり] 채석 石材 [せきざい] 석재 岩石 [がんせき] 암석
151	가릴 선 (選/選)	훈 えらぶ 음 セン	부수 辶(4획) 총획 16획	選ぶ [えらぶ] 고르다 選り抜き [えりぬき] 선발 選択 [せんたく] 선택 当選 [とうせん] 당선
152	줄 선 (線)	훈 - 음 セン	부수 糸(6획) 총획 15획	線路 [せんろ] 선로 電線 [でんせん] 전선
153	눈 설 (雪)	훈 ゆき 음 セツ	부수 雨(8획) 총획 11획	雪 [ゆき] 눈 雪焼け [ゆきやけ] 눈에 피부가 탐 残雪 [ざんせつ] 잔설 雪害 [せつがい] 설해

#	漢字	훈음	훈/음	예시
154	城	성 성	훈 しろ	城 [しろ] 성 城跡 [しろあと] 성터
		부수 土(3획) 총획 9획	음 ジョウ	都城 [とじょう] 도성 城邑 [じょうゆう] 성읍
155	成	이룰 성	훈 なる・なす	成る [なる] 이루어지다 成す [なす] 달성하다
		부수 戈(4획) 총획 6획	음 セイ・ジョウ	完成 [かんせい] 완성 成就 [じょうじゅ] 성취
156	姓	성 성	훈 –	百姓 [ひゃくしょう] 여러 성씨, 백성
		부수 女(3획) 총획 8획	음 セイ・ジョウ	姓名 [せいめい] 성명
157	性	성품 성	훈 –	
		부수 忄(3획) 총획 8획	음 セイ・ショウ	性向 [せいこう] 성향 根性 [こんじょう] 근성
158	星	별 성	훈 ほし	星 [ほし] 별 星空 [ほしぞら] 별밤하늘
		부수 日(4획) 총획 9획	음 セイ・ショウ	恒星 [こうせい] 항성 明星 [みょうじょう] 명성
159	省	살필 성	훈 かえりみる・はぶく	省みる [かえりみる] 돌이켜보다 省く [はぶく] 줄이다
		부수 目(5획) 총획 9획	음 セイ・ショウ	省察 [せいさつ] 성찰 省略 [しょうりゃく] 생략
160	歳	해 세	훈 –	
		부수 止(4획) 총획 13획	음 サイ・セイ	歳暮 [さいぼ・せいぼ] 세모 歳末 [さいまつ] 세말
161	細	가늘 세	훈 ほそい・こまかい	細い [ほそい] 가늘다 細かい [こまかい] 작다
		부수 糸(6획) 총획 11획	음 サイ	繊細 [せんさい] 섬세 細流 [さいりゅう] 세류
162	笑	웃을 소	훈 わらう・えむ	笑う [わらう] 웃다 笑む [えむ] 미소 짓다
		부수 竹(6획) 총획 10획	음 ショウ	笑声 [しょうせい] 소성 微笑 [びしょう] 미소

163 咲	필 소	훈 さく	咲く [さく] (꽃이) 피다 咲き誇る [さきほこる] 흐드러지게 피다
	부수 口(3획) 총획 9획	음 -	
164 続 (續)	이을 속	훈 つづく・ つづける	続く [つづく] 이어지다 続ける [つづける] 계속하다
	부수 糸(6획) 총획 13획	음 ゾク	続行 [ぞっこう] 속행 相続 [そうぞく] 상속
165 孫	손자 손	훈 まご	孫 [まご] 손자 孫子 [まごこ] 손자와 아들
	부수 子(3획) 총획 10획	음 ソン	曽孫 [そうそん] 증손 王孫 [おうそん] 왕손
166 輸 (輸)	나를 수	훈 -	
	부수 車(7획) 총획 16획	음 ユ	空輸 [くうゆ] 공수 輸送 [ゆそう] 수송
167 数 (數)	셀 수	훈 かず・ かぞえる	数 [かず] 수 数える [かぞえる] 세다
	부수 攵(4획) 총획 13획	음 スウ・ス	数 [すう] 수, 수효
168 受	받을 수	훈 うける・ うかる	受ける [うける] 받다 受かる [うかる] (시험에) 합격하다
	부수 又(2획) 총획 8획	음 ジュ	受験 [じゅけん] 수험 甘受 [かんじゅ] 감수
169 守	지킬 수	훈 まもる・もり	守る [まもる] 지키다 守り [もり] 보살핌
	부수 宀(3획) 총획 6획	음 シュ・ス	守護 [しゅご] 수호 固守 [にしゅ] 고수
170 宿	묵을 숙	훈 やど・やどす	宿 [やど] 살고 있는 집 宿す [やどす] 묵게 하다.
	부수 宀(3획) 총획 11획	음 シュク	下宿 [げしゅく] 하숙 宿泊 [しゅくはく] 숙박
171 順	순할 순	훈 -	
	부수 頁(9획) 총획 12획	음 ジュン	順 [じゅん] 순서, 순번 順応 [じゅんおう] 순응

번호	한자	훈	음	예
172	보일 시 示	훈 しめす		示す [しめす] 가리키다 示し [しめし] 계시(啓示), 교시
		부수 示(5획) 총획 5획	음 ジ・シ	表示 [ひょうじ] 표시 示範 [しはん] 시범
173	법 식 式	훈 -		
		부수 弋(3획) 총획 6획	음 シキ	様式 [ようしき] 양식 式辞 [しきじ] 식사
174	숨쉴 식 息	훈 いき		息 [いき] 숨, 호흡 息の根 [いきのね] 숨통, 목숨
		부수 心(4획) 총획 10획	음 ソク	安息 [あんそく] 안식 休息 [きゅうそく] 휴식
175	귀신 신 神 (神)	훈 かみ・こう		神 [かみ] 신, 하느님 神戸 [こうべ] 고베(지명)
		부수 ネ(4획) 총획 9획	음 シン・ジン	神霊 [しんれい] 신령 鬼神 [きじん] 귀신
176	믿을 신 信	훈 -		
		부수 亻(2획) 총획 9획	음 シン	信義 [しんぎ] 신의 背信 [はいしん] 배신
177	납 신 申	훈 もうす		申す [もうす] 말씀 드리다 申し上げる [もうしあげる] 말씀 드리다
		부수 田(5획) 총획 5획	음 シン	申告 [しんこく] 신고 上申 [じょうしん] 상신
178	신하 신 臣	훈 -		
		부수 臣(7획) 총획 7획	음 シン・ジン	臣下 [しんか] 신하 大臣 [だいじん] 대신
179	몸 신 身	훈 み		身 [み] 몸, 신체 身分 [みぶん] 신분, 신세
		부수 身(7획) 총획 7획	음 シン	身体 [しんたい] 신체 全身 [ぜんしん] 전신
180	매울 신 辛	훈 からい		辛い [からい] 맵다 辛い [つらい] 괴롭다
		부수 辛(7획) 총획 7획	음 シン	辛酸 [しんさん] 신산 辛苦 [しんく] 신고

181 実 (實)	열매 실	훈 み・みのる	実 [み] 열매, 씨앗 実る [みのる] 열매를 맺다
	부수 宀(3획) 총획 8획	음 ジツ	果実 [かじつ] 과실 結実 [けつじつ] 결실

182 失	잃을 실	훈 うしなう	失う [うしなう] 잃다 失せ物 [うせもの] 분실물
	부수 大(3획) 총획 5획	음 シツ	失業 [しつぎょう] 실업 紛失 [ふんしつ] 분실

183 岩 (巖)	바위 암	훈 いわお	巌 [いわーお] 큰 바위 岩 [いわ] 바위
	부수 山(3획) 총획 8획	음 ガン	岩頭 [がんとう] 바위 위 岩窟 [がんくつ] 암굴

184 圧 (壓)	누를 압	훈 -	
	부수 土(3획) 총획 5획	음 アツ	圧迫 [あっぱく] 압박 弾圧 [だんあつ] 탄압

185 央	가운데 앙	훈 -	
	부수 大(3획) 총획 5획	음 オウ	中央 [ちゅうおう] 중앙 震央 [しんおう] 진앙

186 愛	사랑 애	훈 -	
	부수 心(4획) 총획 13획	음 アイ	愛人 [あいじん] 애인 恋愛 [れんあい] 연애

187 約 (約)	묶을 약	훈 -	
	부수 糸(6획) 총획 9획	음 ヤク	約束 [やくそく] 약속 約する [やくする] 약속하다

188 様 (樣)	모양 양	훈 さま	様 [さま] 모양, 모습, 님, 씨 様様 [さまざま] 여러 가지
	부수 木(4획) 총획 14획	음 ヨウ	様相 [ようそう] 양상 同様 [どうよう] 동양

189 余 (餘)	나 여	훈 あまる・あます	余る [あまる] 남다 余す [あます] 남기다
	부수 人(2획) 총획 7획	음 ヨ	余力 [よりょく] 여력 余地 [よち] 여지

#	漢字	훈/음	부수/총획	예
190	役	부릴 역	부수 彳(3획) 총획 7획	훈 - 음 ヤク・エキ 役員 [やくいん] 역원 兵役 [へいえき] 병역
191	易	바꿀 역	부수 日(4획) 총획 8획	훈 やさしい 음 エキ・イ 易しい [やさしい] 쉽다 変易 [へんえき] 변역 簡易 [かんい] 간이
192	煙 (煙)	연기 연	부수 火(4획) 총획 13획	훈 けむり・けむる・けむい 음 エン 煙 [けむ/けむり] 연기 煙る [けむる] 연기나다 煙突 [えんとつ] 굴뚝 煙筒 [えんとう] 연통
193	熱	더울 열	부수 灬(4획) 총획 15획	훈 あつい 음 ネツ 熱い [あつい] 뜨겁다 熱湯 [あつゆ] 뜨거운 목욕물 熱風 [ねっぷう] 열풍 温熱 [おんねつ] 온열
194	迎 (迎)	맞이할 영	부수 辶(4획) 총획 8획	훈 むかえる 음 ゲイ 迎える [むかえる] 맞이하다 迎え [むかえ] 맞이함 送迎 [そうげい] 송영 歓迎 [かんげい] 환영
195	営 (營)	경영할 영	부수 火(3획) 총획 12획	훈 いとなむ 음 エイ 営む [いとなむ] 영위하다 営み [いとなみ] 일, 생업 営業 [えいぎょう] 영업 運営 [うんえい] 운영
196	永	길 영	부수 水(4획) 총획 5획	훈 ながい 음 エイ 永い [ながい] 오래다 永らえる [ながらえる] 오래 살다 永久 [えいきゅう] 영구 永遠 [えいえん] 영원
197	泳	헤엄칠 영	부수 氵(3획) 총획 8획	훈 およぐ 음 エイ 泳ぐ [およぐ] 헤엄치다 泳法 [えいほう] 영법 遊泳 [ゆうえい] 유영
198	汚	더러울 오	부수 氵(3획) 총획 6획	훈 けがす・よごれる 음 オ 汚す [けがす] 더럽히다 汚れる [よごれる] 더러워지다 汚濁 [おだく] 오탁 汚染 [おせん] 오염

199	玉	옥 **옥**	훈 たま	玉 [たま] 둥근 것 玉垣 [たまがき] 신사의 울타리
		부수 玉(5획) 총획 5획	음 ギョク	玉石 [ぎょくせき] 옥석 青玉 [せいぎょく] 청옥
200	温 (溫)	따뜻할 **온**	훈 あたたか・ あたたかい	温か [あたたか] 따뜻함 温かい [あたたかい] 따뜻하다
		부수 氵(3획) 총획 12획	음 オン	温室 [おんしつ] 온실 温泉 [おんせん] 온천
201	完	완전할 **완**	훈 –	
		부수 宀(3획) 총획 7획	음 カン	完全 [かんぜん] 완전 完勝 [かんしょう] 완승
202	王	임금 **왕**	훈 –	
		부수 王(4획) 총획 4획	음 オウ	王位 [おうい] 왕위 王子 [おうじ] 왕자
203	要	구할 **요**	훈 いる	要る [いる] 필요하다. 要らざる [いらざる] 쓸데없는
		부수 西(6획) 총획 9획	음 ヨウ	要所 [ようしょ] 요소 重要 [じゅうよう] 중요
204	欲	하고자 할 **욕**	훈 ほっする・ ほしい	欲する [ほっする] 바라다 欲しい [ほしい] 갖고 싶다
		부수 欠(4획) 총획 11획	음 ヨク	欲心 [よくしん] 욕심 欲望 [よくぼう] 욕망
205	浴	목욕할 **욕**	훈 あびる・ あびせる	浴びる [あびる] 끼얹다 浴びせる [あびせる] 끼얹다
		부수 氵(3획) 총획 10획	음 ヨク	浴室 [よくしつ] 욕실 入浴 [にゅうよく] 입욕
206	容	얼굴 **용**	훈 –	
		부수 宀(3획) 총획 10획	음 ヨウ	容色 [ようしょく] 용색 容顔 [ようがん] 용안
207	羽 (羽)	깃 **우**	훈 は・はね	羽 [は] 날개 羽根 [はね] 새털, 깃, 날개
		부수 羽(6획) 총획 6획	음 ウ	羽衣 [うい] 우의 羽毛 [うもう] 우모

208 宇	집 우	훈 -	
	부수 宀(3획) 총획 6획	음 ウ	堂宇 [どうう] 당우 屋宇 [おくう] 옥우
209 雲	구름 운	훈 くも	雲 [くも] 구름 雲路 [くもじ] 구름 길
	부수 雨(8획) 총획 12획	음 ウン	雲煙 [うんえん] 운연 暗雲 [あんうん] 암운
210 原	근원 원	훈 はら	原 [はら] 들, 벌판 原っぱ [はらっぱ] 들판
	부수 厂(2획) 총획 10획	음 ゲン	原則 [げんそく] 원칙 原因 [げんいん] 원인
211 園	동산 원	훈 その	園 [その] 정원, 뜰 園生 [そのう] 정원
	부수 囗(3획) 총획 13획	음 エン	庭園 [ていえん] 정원 農園 [のうえん] 농원
212 願	원할 원	훈 ねがう	願う [ねがう] 원하다 願わくは [ねがわくは] 아무쪼록
	부수 頁(9획) 총획 19획	음 ガン	祈願 [きがん] 기원 念願 [ねんがん] 염원
213 囲 (圍)	둘레 위	훈 かこむ・ かこう	囲む [かこむ] 둘러싸다 囲う [かこう] 에워싸다
	부수 囗(3획) 총획 7획	음 イ	包囲 [ほうい] 포위 囲繞 [いにょう・いじょう] 위요
214 位	자리 위	훈 くらい	位 [くらい] 지위, 계급 位する [くらいする] 위치하다
	부수 亻(2획) 총획 7획	음 イ	位置 [いち] 위치 方位 [ほうい] 방위
215 胃	밥통 위	훈 -	
	부수 月(4획) 총획 9획	음 イ	胃 [い] 위)밥통 胃腸 [いちょう] 위장
216 油	기름 유	훈 あぶら	油 [あぶら] 기름 油絵 [あぶらえ] 유화
	부수 氵(3획) 총획 8획	음 ユ	石油 [せきゆ] 석유 油脂 [ゆし] 유지

217 由	말미암을 유	훈 よし	由 [よし] 까닭, 원인 由無い [よしない] 이유가 없다
	부수 田(5획) 총획 5획	음 ユウ・ユ・ユイ	自由 [じゆう] 자유 由来 [ゆらい] 유래
218 育	기를 육	훈 そだつ・そだてる	育つ [そだつ] 자라다 育てる [そだてる] 기르다
	부수 月(4획) 총획 8획	음 イク	成育 [せいいく] 성육 育英 [いくえい] 육영
219 移	옮길 이	훈 うつる・うつす	移る [うつる] 옮기다 移す [うつす] 옮기다
	부수 禾(5획) 총획 11획	음 イ	移住 [いじゅう] 이주 推移 [すいい] 추이
220 因	인할 인	훈 よる	因る [よる] 말미암다 因って [よって] 그러므로
	부수 口(3획) 총획 6획	음 イン	因習 [いんしゅう] 인습 因果 [いんが] 인과
221 込	담을 입	훈 こむ・こめる	込む [こむ] 붐비다 込める [こめる] 재다
	부수 辶(4획) 총획 6획	음 -	
222 昨	어제 작	훈 -	
	부수 日(4획) 총획 9획	음 サク	昨日 [さくじつ] 어제 昨夜 [さくや] 어젯밤
223 残 (殘)	남을 잔	훈 のこる・のこす	残る [のこる] 남다 残す [のこす] 남기다
	부수 歹(4획) 총획 10획	음 ザン	残骸 [ざんがい] 잔해 残留 [ざんりゅう] 잔류
224 将 (將)	장차 장	훈 -	
	부수 寸(3획) 총획 10획	음 ショウ	将校 [しょうこう] 장교 主将 [しゅしょう] 주장
225 張	베풀 장	훈 チョウ	張る [はる] 덮이다 張り合い [はりあい] 대립
	부수 弓(3획) 총획 11획	음 はる	張本人 [ちょうほんにん] 장본인 張力 [ちょうりょく] 장력

226	章 글 장	훈 -	음 ショウ	印章 [いんしょう] 인장 紋章 [もんしょう] 문장
	부수 立(5획) 총획 11획			
227	再 두 재	훈 ふたたび	음 サイ・サ	再び [ふたたび] 두 번 다시 再会 [さいかい] 재회 再建 [さいけん] 재건
	부수 冂(2획) 총획 6획			
228	在 있을 재	훈 ある	음 ザイ	在る [ある] 존재하다 在り処 [ありか] 소재 在学 [ざいがく] 재학 存在 [そんざい] 존재
	부수 土(3획) 총획 6획			
229	才 재주 재	훈 -	음 サイ	才能 [さいのう] 재능 詩才 [しさい] 시재
	부수 扌(3획) 총획 3획			
230	材 재목 재	훈 -	음 ザイ	材木 [ざいもく] 재목 用材 [ようざい] 용재
	부수 木(4획) 총획 7획			
231	財 재물 재	훈 -	음 ザイ・サイ	財政 [ざいせい] 재정 財布 [さいふ] 돈지갑
	부수 貝(7획) 총획 10획			
232	的 과녁 적	훈 まと	음 テキ	的 [まと] 과녁, 표적 的外れ [まとはずれ] 요점에서 벗어남 標的 [ひょうてき] 표적 射的 [しゃてき] 사적
	부수 白(5획) 총획 8획			
233	伝 (傳) 전할 전	훈 つたわる・つたえる	음 デン	伝わる [つたわる] 전해지다 伝える [つたえる] 전하다 伝説 [でんせつ] 전설 伝達 [でんたつ] 전달
	부수 亻(2획) 총획 6획			
234	畑 화전 전	훈 はた・はたけ	음 -	畑 [はた] 밭 畑作 [はたさく] 밭농사
	부수 田(5획) 총획 9획			

#	漢字	훈독	음독	예시
235	絶 (絕) 끊을 절	훈 たえる・たつ	음 ゼツ	絶える [たえる] 끊어지다 絶つ [たつ] 끊다 絶縁 [ぜつえん] 절연 断絶 [だんぜつ] 단절
	부수 糸(6획) 총획 12획			
236	折 꺾을 절	훈 おる・おれる	음 セツ	折る [おる] 접다 折れる [おれる] 꺾이다 骨折 [こっせつ] 골절 屈折 [くっせつ] 굴절
	부수 扌(3획) 총획 7획			
237	点 (點) 점 점	훈 –	음 テン	黒点 [こくてん] 흑점 点画 [てんかく] 점획
	부수 灬(4획) 총획 9획			
238	占 차지할 점	훈 しめる・うらなう	음 セン	占める [しめる] 차지하다 占い [うらない] 점, 점쟁이 占拠 [せんきょ] 점거 独占 [どくせん] 독점
	부수 卜(2획) 총획 5획			
239	接 사귈 접	훈 つぐ	음 セツ	接ぐ [つぐ] 이어붙이다 接ぎ木 [つぎき] 접목 接合 [せつごう] 접합 溶接 [ようせつ] 용접
	부수 扌(3획) 총획 11획			
240	精 정할 정	훈 –	음 セイ・ショウ	精米 [せいまい] 정미 精進 [しょうじん] 정진
	부수 米(6획) 총획 14획			
241	定 정할 정	훈 さだまる・さだめる	음 テイ・ジョウ	定まる [さだまる] 정해지다 定める [さだめる] 정하다 確定 [かくてい] 확정 定石 [じょうせき] 정석
	부수 宀(3획) 총획 8획			
242	庭 뜰 정	훈 にわ	음 テイ	庭 [にわ] 정원, 마당, 뜰 庭師 [にわし] 정원사 庭園 [ていえん] 정원 校庭 [こうてい] 교정
	부수 广(3획) 총획 10획			
243	政 정사 정	훈 まつりごと	음 セイ・ショウ	政 [まつりごと] 정치 政治 [せいじ] 정치 政府 [せいふ] 정부
	부수 攵(4획) 총획 9획			

244 制	억제할 제	훈 -	
	부수 刀(2획) 총획 8획	음 セイ	制作 [せいさく] 제작 制度 [せいど] 제도
245 際	사이 제	훈 きわ	際 [きわ] 가장자리, 옆, 곁 際物 [きわもの] 계절 상품
	부수 阝(3획) 총획 14획	음 サイ	際限さ [いげん] 한계 水際 [すいさい] 물가
246 祖 (祖)	조상 조	훈 -	
	부수 ネ(4획) 총획 9획	음 ソ	祖父 [そふ] 조부 祖母 [そぼ] 조모
247 造 (造)	지을 조	훈 つくる	造る [つくる] 만들다 造り [つくり] 구조
	부수 辶(4획) 총획 11획	음 ゾウ	造作 [ぞうさ] 조작 造形 [ぞうけい] 조형
248 組	끈 조	훈 くむ・くみ	組む [くむ] 얽다, 엮다 組 [くみ] 쌍, 벌, 세트
	부수 糸(6획) 총획 11획	음 ソ	組閣 [そかく] 조각 組織 [そしき] 조직
249 存	있을 존	훈 -	
	부수 子(3획) 총획 6획	음 ソン・ゾン	保存 [ほぞん] 보존 存在 [そんざい] 존재
250 座	자리 좌	훈 すわる	座る [すわる] 앉다 座り [すわり] 앉음
	부수 广(3획) 총획 10획	음 ザ	座席 [ざせき] 좌석 玉座 [ぎょくざ] 옥좌
251 州	고을 주	훈 す	州 [す] 주 州浜 [すはま] 사주(砂洲)가 발달한 해변
	부수 川(3획) 총획 6획	음 シュウ	州政府 [しゅうせいふ] 주정부 州知事 [しゅうちじ] 주지사
252 柱	기둥 주	훈 はしら	柱 [はしら] 기둥 柱時計 [はしらどけい] 괘종시계
	부수 木(4획) 총획 9획	음 チュウ	支柱 [しちゅう] 지주 電柱 [でんちゅう] 전주

253	舟 배 주	훈 ふね・ふな / 음 シュウ	부수 舟(6획) / 총획 6획	舟 [ふね] 배 / 舟路 [ふなじ] 뱃길, 수로 / 扁舟 [へんしゅう] 편주 / 軽舟 [けいしゅう] 경주
254	酒 술 주	훈 さけ・さか / 음 シュ	부수 酉(7획) / 총획 10획	酒 [さけ] 술 / 酒場 [さかば] 술집, 바 / 酒宴 [しゅえん] 주연 / 洋酒 [ようしゅ] 양주
255	駐 머무를 주	훈 - / 음 チュウ	부수 馬(10획) / 총획 15획	駐車 [ちゅうしゃ] 주차 / 進駐 [しんちゅう] 진주
256	竹 대 죽	훈 たけ / 음 チク	부수 竹(6획) / 총획 6획	竹 [たけ] 대나무, 대 / 竹の子 [たけのこ] 죽순 / 竹林 [ちくりん] 죽림 / 竹葉 [ちくよう] 죽엽
257	指 손가락 지	훈 ゆび・さす / 음 シ	부수 扌(3획) / 총획 9획	指 [ゆび] 손가락 / 指す [さす] 가리키다 / 指紋 [しもん] 지문 / 指圧 [しあつ] 지압
258	支 지탱할 지	훈 ささえる / 음 シ	부수 支(4획) / 총획 4획	支える [ささえる] 받치다 / 支え [ささえ] 받침 / 支柱 [しちゅう] 지주 / 支点 [してん] 지점
259	枝 가지 지	훈 えだ / 음 シ	부수 木(4획) / 총획 8획	枝 [えだ] 가지 / 枝葉 [えだは] 지엽 / 枝葉 [しよう] 지엽 / 枝流 [しりゅう] 지류
260	直 곧을 직	훈 ただちに・なおす / 음 チョク・ジキ	부수 目(5획) / 총획 8획	直ちに [ただちに] 곧, 즉시, 당장 / 直す [なおす] 바로잡다 / 直線 [ちょくせん] 직선 / 垂直 [すいちょく] 수직
261	次 버금 차	훈 つぐ・つぎ / 음 ジ・シ	부수 欠(4획) / 총획 6획	次ぐ [つぐ] 잇따르다 / 次 [つぎ] 다음, 버금 / 次元 [じげん] 차원 / 次第 [しだい] 순서

JLPT N3 필수한자

262 差	어긋날 차	훈 さす	差す [さす] 비치다 差出人 [さしだしにん] 발송인
	부수 工(3획) 총획 10획	음 サ	差異 [さい] 차이 差別 [さべつ] 차별
263 札	패 찰	훈 ふだ	札 [ふだ] 표찰, 표 札止め [ふだどめ] 매표를 중지함
	부수 木(4획) 총획 5획	음 サツ	標札 [ひょうさつ] 표찰) 푯말 門札 [もんさつ] 문패
264 参 (參)	간여할 참	훈 まいる	参る [まいる] 行く[いく]의 겸사말 参り [まいり] 찾아 뵘, 참배
	부수 厶(2획) 총획 8획	음 サン	参拝 [さんぱい] 참배 参上 [さんじょう] 찾아뵘
265 窓	창 창	훈 まど	窓 [まど] 창, 창문 窓枠 [まどわく] 창틀
	부수 穴(5획) 총획 11획	음 ソウ	窓外 [そうがい] 창외 同窓 [どうそう] 동창
266 冊 (册)	책 책	훈 –	
	부수 冂(2획) 총획 5획	음 サツ・サク	書冊 [しょさつ] 서책 簡冊 [かんさく] 간책
267 妻	아내 처	훈 つま	妻 [つま] 아내 妻子 [つまこ/さいし] 처자
	부수 女(3획) 총획 8획	음 サイ	妻子 [さいし] 처자 夫妻 [ふさい] 부처
268 泉	샘 천	훈 いずみ	泉 [いずみ] 샘, 샘물
	부수 水(4획) 총획 9획	음 セン	泉水 [せんすい] 천수 源泉 [げんせん] 원천
269 鉄 (鐵)	쇠 철	훈 –	
	부수 金(8획) 총획 13획	음 テツ	鉄柵 [てっさく] 철책 鉄筋 [てっきん] 철근
270 庁 (廳)	관청 청	훈 –	
	부수 广(3획) 총획 5획	음 チョウ	庁舎 [ちょうしゃ] 청사 登庁 [とうちょう] 등청

번호	한자	뜻/음	부수/총획	훈/음	예시
271	初	처음 초	부수 刀(2획) 총획 7획	훈 はじめ・はじめて 음 ショ	初め [はじめ] 처음, 시작 初めて [はじめて] 최초로 初夏 [しょか] 초여름 最初 [さいしょ] 최초
272	秒	시간 단위 초	부수 禾(5획) 총획 9획	훈 - 음 ビョウ	秒速 [びょうそく] 초속 毎秒 [まいびょう] 매초
273	草	풀 초	부수 ⺾(4획) 총획 10획	훈 くさ 음 ソウ	草 [くさ] 풀, 잡초 草花 [くさばな] 화초 草原 [そうげん] 초원 雑草 [ざっそう] 잡초
274	最	가장 최	부수 日(4획) 총획 12획	훈 もっとも 음 サイ	最も [もっとも] 가장 最高 [さいこう] 최고 最初 [さいしょ] 최초
275	祝	빌 축	부수 ネ(4획) 총획 9획	훈 いわう 음 シュク・シュウ	祝う [いわう] 축하하다 祝い [いわい] 축하 祝賀 [しゅくが] 축하 祝儀金 [しゅうぎきん] 축의금
276	取	취할 취	부수 又(2획) 총획 8획	훈 とる 음 シュ	取る [とる] 집다 取材 [しゅざい] 취재 摂取 [せっしゅ] 섭취
277	側	곁 측	부수 亻(2획) 총획 11획	훈 かわ 음 ソク	側 [かわ] 곁, 옆 側目 [そばめ] 눈, 가까이에서 봄 側壁 [そくへき] 측벽 側面 [そくめん] 측면
278	治	다스릴 치	부수 氵(3획) 총획 8획	훈 おさめる・なおす 음 チ・ジ	治める [おさめる] 진정시키다 治す [なおす] 치료하다 治安 [ちあん] 치안 退治 [たいじ] 퇴치
279	寝	잠잘 침	부수 宀(3획) 총획 13획	훈 ねる・ねかす 음 シン	寝る [ねる] 잠자다 寝かす [ねかす] 재우다 寝室 [しんしつ] 침실 就寝 [しゅうしん] 취침

280 針	바늘 침	훈 はり	針 [はり] 바늘, 침, 가시 針医 [はりい] 침의, 침술사
	부수 金(8획) 총획 10획	음 シン	避雷針 [ひらいしん] 피뢰침 針灸 [しんきゅう] 침구
281 他	다를 타	훈 –	
	부수 亻(2획) 총획 5획	음 タ	他人 [たにん] 타인 自他 [じた] 자타
282 打	칠 타	훈 うつ	打つ [うつ] 치다 打ち付け [うちつけ] 거리낌없음
	부수 扌(3획) 총획 5획	음 ダ	打撃 [だげき] 타격 殴打 [おうだ] 구타
283 濯	씻을 탁	훈 –	
	부수 氵(3획) 총획 17획	음 タク	濯足 [たくそく] 탁족 洗濯 [せんたく] 세탁
284 湯	끓인 물 탕	훈 ゆ	湯 [ゆ] 뜨거운 물 湯気 [ゆげ] 김, 수증기
	부수 氵(3획) 총획 12획	음 トウ	熱湯 [ねっとう] 열탕 湯治 [とうじ] 탕치
285 痛	아플 통	훈 いたい・ いたむ	痛い [いたい] 아프다 痛む [いたむ] 괴롭다
	부수 疒(5획) 총획 12획	음 ツウ	痛風 [つうふう] 통풍 胃痛 [いつう] 위통
286 波	물결 파	훈 なみ	波 [なみ] 파도, 물결 波路 [なみじ] 뱃길, 항로
	부수 氵(3획) 총획 8획	음 ハ	波涛 [はとう] 파도 波紋 [はもん] 파문
287 販	팔 판	훈 –	
	부수 貝(7획) 총획 11획	음 ハン	販売 [はんばい] 판매 市販 [しはん] 시판
288 敗	깨뜨릴 패	훈 やぶれる	敗れる [やぶれる] 패하다 敗る [やぶる] 지다
	부수 攵(4획) 총획 11획	음 ハイ	腐敗 [ふはい] 부패 失敗 [しっぱい] 실패

289 貝	조개 **패**	훈 かい	貝 [かい] 조개 貝柱 [かいばしら] 조개관자
	부수 貝(7획) 총획 7획	음 –	
290 閉	닫을 **폐**	훈 とじる・ しめる	閉じる [とじる] 닫히다 閉める [しめる] (문 등을) 닫다
	부수 門(8획) 총획 11획	음 ヘイ	閉館 [へいかん] 폐관 開閉 [かいへい] 개폐
291 包 (包)	쌀 **포**	훈 つつむ	包み [つつみ] 쌈, 꾸러미 包み隠す [つつみかくす] 싸서 숨기다
	부수 勹(2획) 총획 5획	음 ホウ	包括 [ほうかつ] 포괄 包容 [ほうよう] 포용
292 表	겉 **표**	훈 おもて・ あらわれる	表 [おもて] 앞면, 겉, 표면 表れる [あらわれる] (감정이)드러나다
	부수 衣(6획) 총획 8획	음 ヒョウ	表面 [ひょうめん] 표면 地表 [ちひょう] 지표
293 彼	저 **피**	훈 かれ・かの	彼 [かれ] 그, 그 사람 彼の [かの] 저, 그
	부수 彳(3획) 총획 8획	음 ヒ	彼我 [ひが] 피아 彼此 [ひし] 피차
294 皮	가죽 **피**	훈 かわ	皮 [かわ] 가죽, 껍질 皮衣 [かわごろも] 털옷, 모피 옷
	부수 皮(5획) 총획 5획	음 ヒ	皮下 [ひか] 피하 牛皮 [ぎゅうひ] 우피
295 匹	필 **필**	훈 ひき	匹 [ひき] 마리
	부수 匸(2획) 총획 4획	음 ヒツ	馬匹 [ばひつ] 마필 匹偶 [ひつぐう] 필우, 배필
296 必	반드시 **필**	훈 かならず	必ず [かならず] 반드시, 꼭
	부수 心(4획) 총획 5획	음 ヒツ	必修 [ひっしゅう] 필수 必読 [ひつどく] 필독
297 荷	연 **하**	훈 に	荷 [に] 짐, 하물 荷船 [にぶね] 화물선
	부수 艹(3획) 총획 10획	음 カ	入荷 [にゅうか] 입하 負荷 [ふか] 부하

298 限	한계 한	훈 かぎる	限る [かぎる] 제한하다 限り無い [かぎりない] 무한하다	
	부수 阝(3획) 총획 9획	음 ゲン	限定 [げんてい] 한정 際限 [さいげん] 제한, 끝	
299 割 (割)	나눌 할	훈 わる・われる	割る [わる] 쪼개다 割れる [われる] 깨지다	
	부수 刀(2획) 총획 12획	음 カツ	割譲 [かつじょう] 할양 分割 [ぶんかつ] 분할	
300 港 (港)	항구 항	훈 みなと	港 [みなと] 항구, 포구 港町 [みなとまち] 항구 도시	
	부수 氵(3획) 총획 12획	음 コウ	港湾 [こうわん] 항만 帰港 [きこう] 귀항	
301 解	풀 해	훈 とく・とかす・とける	解く [とく] ① (매듭 등을)풀다 解かす [とかす] (머리 등을)빗다	
	부수 角(7획) 총획 13획	음 カイ・ゲ	理解 [りかい] 이해 解毒 [げどく] 해독	
302 幸	다행 행	훈 さいわい・しあわせ	幸い [さいわい] 행복, 다행히 幸せ [しあわせ] 행복, 행운	
	부수 干(3획) 총획 8획	음 コウ	幸運 [こううん] 행운 不幸 [ふこう] 불행	
303 向	향할 향	훈 むく・むける	向く [むく] 향하다 向ける [むける] 향하게 하다	
	부수 口(3획) 총획 6획	음 コウ	転向 [てんこう] 전향 向学 [こうがく] 향학	
304 香	향기 향	훈 かおり・かおる	香り [かおり] 향기 香る [かおる] 향기가 풍기다	
	부수 香(9획) 총획 9획	음 コウ・キョウ	香味 [こうみ] 향미 芳香 [ほうこう] 방향	
305 許	허락할 허	훈 ゆるす	許す [ゆるす] 허가하다 許し [ゆるし] 허가, 승낙	
	부수 言(7획) 총획 11획	음 キョ	許容 [きょよう] 허용 特許 [とっきょ] 특허	
306 革	가죽 혁	훈 かわ	革 [かわ] (무두질한) 가죽 革靴 [かわぐつ] 가죽 구두	
	부수 革(9획) 총획 9획	음 カク	革帯 [かくたい] 혁대, 가죽띠 皮革 [ひかく] 피혁	

번호	한자	훈독	음독	예시
307	現 나타날 현	훈 あらわれる・あらわす	음 ゲン	現れる [あらわれる] 나타나다 / 現す [あらわす] 나타내다 / 現象 [げんしょう] 현상 / 具現 [ぐげん] 구현
	부수 王(4획) 총획 11획			
308	血 피 혈	훈 ち	음 ケツ	血 [ち] 피, 혈통 / 血の気 [ちのけ] 핏기, 혈기 / 血液 [けつえき] 혈액 / 鮮血 [せんけつ] 선혈
	부수 血(6획) 총획 6획			
309	型 거푸집 형	훈 かた	음 ケイ	型 [かた] 형, 틀 / 型通り [かたどおり] 판에 박은 듯함 / 類型 [るいけい] 유형 / 模型 [もけい] 모형
	부수 土(3획) 총획 9획			
310	形 모양 형	훈 かた・かたち	음 ケイ・ギョウ	形 [かた] 형, 모양 / 形作る [かたちづくる] 만들다 / 原形 [げんけい] 원형 / 形相 [ぎょうそう] 모습
	부수 彡(3획) 총획 7획			
311	号 (號) 부르짖을 호	훈 -	음 ゴウ	号哭 [ごうこく] 호곡 / 怒号 [どごう] 노호
	부수 口(3획) 총획 5획			
312	戸 (戶) 지게 호	훈 と	음 コ	戸 [と] 문, 집의 출입구 / 戸惑う [とまどう] 당황하다 / 戸外 [こがい] 호외 / 門戸 [もんこ] 문호
	부수 戸(4획) 총획 4획			
313	互 서로 호	훈 たがい	음 ゴ	互い [たがい] 서로, 쌍방 / 相互 [そうご] 상호 / 互恵 [ごけい] 호혜
	부수 二(2획) 총획 4획			
314	呼 부를 호	훈 よぶ	음 コ	呼ぶ [よぶ] 부르다 / 呼び声 [よびごえ] 부르는 소리 / 呼応 [こおう] 호응 / 歓呼 [かんこ] 환호
	부수 口(3획) 총획 8획			
315	化 될 화	훈 ばける・ばかす	음 カ・ケ	化ける [ばける] 둔갑하다 / 化かす [ばかす] 흐리다 / 化石 [かせき] 화석 / 化身 [けしん] 화신
	부수 亻(2획) 총획 4획			

JLPT N3 필수한자

316 和	화할 **화**	훈 やわらぐ・やわらげる	和らぐ [やわらぐ] 누그러지다 和らげる [やわらげる] 완화하다
	부수 口(3획) 총획 8획	음 ワ・オ	不和 [ふわ] 불화 和合 [わごう] 화합
317 丸	알 **환**	훈 まる・まるい	丸 [まる] 동그라미 丸い [まるい] 둥글다, 원만하다
	부수 ヽ(1획) 총획 3획	음 ガン	丸薬 [がんやく] 환약 弾丸 [だんがん] 탄환
318 活	살 **활**	훈 -	
	부수 氵(3획) 총획 9획	음 カツ	快活 [かいかつ] 쾌활 活力 [かつりょく] 활력
319 絵 (繪)	그림 **회**	훈 -	
	부수 糸(6획) 총획 12획	음 カイ・エ	絵画 [かいが] 회화 絵像 [えぞう] 초상화
320 吸 (吸)	숨 들이쉴 **흡**	훈 すう	吸う [すう] (기체나 액체를) 들이마시다 吸い付く [すいつく] 달라 붙다
	부수 口(3획) 총획 6획	음 キュウ	吸入 [きゅうにゅう] 흡입 呼吸 [こきゅう] 호흡

Part II
N4

1. 명사
2. 동사
3. な형용사
4. い형용사
5. 부사
6. 외래어
7. 기타
8. 문법
9. 한자

✳ 982단어 ✳

명사 · New JLPT Level 4 일본어능력시험

1
■ **あいだ**　間　　사이, 간격, 틈, 동안

- 木立ちの間から 숲 사이로부터
- 日本に行っている間 일본에 가 있는 동안

2
■ **あかちゃん**　赤ちゃん　　갓난아이 (=赤ん坊)

- 赤ちゃん、おいで 아가야, 이리 온
- 赤ん坊を産む 아기를 낳다

3
■ **あき**　秋　　가을

- 秋が深まる 가을이 깊어지다
- 秋の暮れ方 가을이 끝날 무렵

4
■ **あさねぼう**　朝寝坊　　늦잠, 늦잠꾸러기

- 朝寝坊して遅刻した
  늦잠을 자서 지각했다
- 朝寝坊しないようにアラームをかけた
  늦잠을 자지 않도록 알람을 맞췄다

5
■ **あじ**　味　　음식의 맛, 재미

- スープの味を見る 수프의 맛을 보다
- 甘い味がする 단맛이 나다

6
■ **あし**　足　　발, 다리

- 長い足 긴 다리
- 足がふるえる 다리가 떨리다

7
□ **あす** 明日 내일(=あした)
- 明日行きます 내일 갑니다
- 明日をも知らぬ命 내일 어찌 될지 모르는 목숨

8
■ **あそび** 遊び 놀이, 유흥
- 遊び場所 노는 곳, 놀이터
- 遊びで絵を習う 취미로 그림을 배우다

9
■ **あと** 後 뒤, 후, 나머지
- 行列の後につく 행렬의 뒤에 붙다
- 祖国を後にする 조국을 뒤로 하다

10
■ **あんない** 案内 안내
- 案内役をかって出る 안내역을 맡고 나서다
- お客様を部屋に案内する 손님을 방으로 안내하다

11
■ **いか** 以下 이하(↔以上)
- 小数点以下は切り捨てる 소수점 이하는 버림
- 実力は君以下だ 실력은 자네보다 낮다

12
□ **いがい** 以外 이외
- 関係者以外立ち入り禁止 관계자이외 출입금지
- これ以外の方法はない 이것 이외의 방법은 없다

13
■ **いがく** 医学 의학
- 臨床医学 임상 의학
- 医学界 의학계

14
■ **いくら** 얼마

- 残りはいくらありますか
  나머지는 얼마나 있습니까?
- いくらでも飲める 얼마든지 마실 수 있다

15
■ **いけん** 意見 의견

- 意見を述べる 의견을 말하다
- 何の意見も方針もない
  아무런 의견도 방침도 없다

16
■ **いし** 石 돌, 바둑돌

- 石のように固い 돌처럼 단단하다
- 石をみがく 돌을 갈다

17
■ **いじょう** 以上 이상, 기준 이상

- 平均以上 평균 이상
- 課長以上 과장 이상

18
□ **いち** 一 숫자의 하나, 일

- 一回 일 회
- 唯一 유일

19
□ **いちど** 一度 1번

- 一度やってみたい 한 번 해 보고 싶다
- 一度ある事は二度ある
  한 번 있는 일은 두 번 있게 마련이다

20
■ **いと** 糸 실, 줄

- 糸をつむぐ 실을 잣다[뽑다]
- 針に糸を通す 바늘에 실을 꿰다

명사

21 いない 以内 이내
- 10キロ以内 10km 이내
- 1時間以内で行ける 한 시간 이내에 갈 수 있다

22 いなか 田舎 시골, 고향
- 田舎の田園風景 시골의 전원 풍경
- 田舎の生活 시골의 생활

23 うがい 양치질
- のどを塩水でうがいする 목 안을 소금물로 양치질하다

24 うけつけ 受付 접수, 접수처, 안내계
- 受付の女の子 접수처의 아가씨
- 受付を締め切る 접수를 끝마감하다

25 うそ 거짓말
- 雨がうそのように晴れ上がる 비가 거짓말처럼 싹 개다
- それは真っ赤なうそだ 그것은 새빨간 거짓말이다

26 うち 家 집, 집안
- 家の近辺を歩く 집 근처를 거닐다
- 家に遊びに来てください 집에 놀러 오세요

27 うで 腕 팔, 솜씨
- 腕を組む 팔짱을 끼다
- いい[大した]腕だ 좋은[대단한] 솜씨다

28
■ **うら**　　裏　　뒷, 뒤쪽

- 紙の裏 종이의 뒷면
- 月の裏側の写真 달의 뒷면 사진

29
■ **うりば**　　売り場　　파는 곳, 매장

- 切符売り場 매표소
- 紳士服売り場 신사복 매장

30
□ **うん**　　運　　운

- 運よく[悪く]も 재수 좋게[나쁘게]도
- 運を天に任せる 운을 하늘에 맡기다

31
■ **うんてん**　　運転　　운전

- 安全運転 안전 운전
- 自動車の運転がうまい
  자동차 운전에 능숙하다

32
□ **うんてんしゅ**　　運転手　　운전기사

- 運転手にチップを渡す
  운전수에게 팁을 주다
- 運転手を雇う 운전수를 고용하다

33
■ **うんどう**　　運動　　운동

- 分子の運動 분자의 운동
- 運動不足 운동 부족

34
■ **え**　　絵　　그림

- ピカソの絵 피카소의 그림
- 絵を描く 그림을 그리다

35
■ **えき** 　駅　　역

- 東京駅 東京역
- 最寄りの駅 가장 가까운 역

36
■ **えだ** 　枝　　나뭇가지, 갈래

- 枝が伸びる 가지가 뻗다
- 枝の多い山道 많이 갈래진 산길

37
■ **えん** 　~円　　~원, 동그라미, 엔(일본화폐)

- わずか1,000円では話にならない
  불과 천 엔으론 이야기가 안 되지
- 円を描く 원을 그리다

38
■ **えんりょ** 　遠慮　　사양, 조심함

- 車内で喫煙はご遠慮ください
  차 안에서 담배는 삼가 주십시오
- 遠慮がちにものを言う
  조심스럽게 말하다

39
□ **お** 　尾　　동물의 꼬리

- 犬が尾を振る 개가 꼬리를 흔들다
- 行列の尾 행렬의 맨 뒤

40
■ **おいわい** 　お祝い　　축하

- お祝いのお返し 축하의 답례
- お祝いに花束をおくる
  축하의 뜻으로 꽃바구니를 보내다

41
□ **おうせつま** 　応接間　　응접실

- 客を応接間に通す
  손을 응접실로 안내하다
- 応接間に入る 응접실에 들어가다

42
■ **おかげ** お蔭 　덕분, 탓, 때문

- 神仏のお蔭で助かる
  신불의 도움으로 살아나다
- 皆様のお蔭で完成致しました
  여러분의 덕택으로 완성하였습니다

43
□ **おかねもち** お金持ち 　부자

- 金持ちのくせにけちだ
  부자임에도 인색하다
- あの人は金持ちだ 저 사람은 부자이다

44
□ **おかわり** お代わり 　한잔 더 마심, 한그릇 더 먹음, 대신

- お代わりをどうぞ 한 공기 더 드세요
- コーヒーのお代わりは無料です
  커피를 추가로 드시는 것은 무료입니다

45
□ **おき** 沖 　앞바다

- 沖に流される 앞바다로 떠내려가다
- 沖に漁火が見える
  앞바다에 고기잡이 배의 불이 보인다

46
■ **おくじょう** 屋上 　옥상

- 屋上ビヤガーデン 옥상 비어 가든
- デパートの屋上の遊園地
  백화점의 옥상 유원지

47
■ **おくりもの** 贈り物 　선물

- 贈り物を配る 선물을 나누어 주다
- 贈り物をきれいに包装する
  선물을 예쁘게 포장하다

48
■ **おじょうさん** お嬢さん 　아가씨, 고생을 모르고 자란 여자

- お宅のお嬢さんはおとなしいですね
  댁의 따님은 얌전하군요
- お嬢さん育ち 호강하고 자란 아가씨

명사

49
■ **おたく** お宅 — 상대방의 집·소속의 존경어, 당신
- お宅はどちらですか 댁은 어디십니까?
- 先生のお宅 선생님 댁

50
☐ **おっと** 夫 — 남편(↔妻)
- 年下の夫 연하의 남편
- 夫を失う 남편을 잃다

51
☐ **おつり** お釣り — 거스름돈
- お釣りをもらう 잔돈을 거슬러 받다
- お釣りは要らない 거스름돈은 필요 없다

52
■ **おと** 音 — 음, 악기 등의 소리
- ベルの音 벨 소리
- 音がきれいなピアノ 음이 맑은 피아노

53
■ **おどり** 踊り — 춤, 무용
- 踊りを踊る 춤을 추다
- 踊りの師匠 춤의 선생

54
☐ **おまつり** お祭り — 축제, 행사
- お祭りの雰囲気がする 축제 기분이 난다
- お祭り一色に包まれる 축제 일색에 싸이다

55
■ **おみまい** お見舞い — 병문안, 위문
- 沢山のお見舞いをいただく 많은 위문품을 받다
- 病気のお見舞いに行く 문병을 가다

JLPT N4 필수단어 | **233**

56 ■ おみやげ　お土産　선물, 기념품

- ありがたくお土産を頂く 고맙게 선물을 받다
- 一抱えのお土産 한아름의 선물

57 ■ おもちゃ　완구

- 孫におもちゃを買ってあげる 손자에게 장난감을 사주다
- おもちゃのピストル 장난감 권총

58 ■ おもて　表　겉

- 紙幣の表 지폐의 앞면
- 封筒の表 봉투의 겉

59 ■ おれい　お礼　사례의 말, 선물

- お礼に行く 사례하러 가다
- お礼の手紙 감사의 편지

60 ■ おわり　終わり　끝, 마지막, 최후, 죽음

- 季節の終わり 계절의 마지막
- 学期の終わり 학기의 마지막

61 □ か　家　집, 집안

- 家屋 가옥
- 財産家 재산가

62 ■ かい　~階　~층, 건물의 층

- 階を登る 층층대를 오르다
- 上の階に住む人 위 층에 사는 사람

63
■ **かい**　　回　　회, 회수

- 回を重ねる 횟수를 거듭하다
- 次の回の攻撃 다음 회의 공격

64
■ **かいがん**　　海岸　　해안

- 海岸地帯 해안 지대
- 海岸伝いに行く 해안을 따라서 가다

65
■ **かいぎ**　　会議　　회의

- 緊急会議 긴급 회의
- 会議が長引く 회의가 오래 계속되다

66
■ **かいじょう**　　会場　　회장

- 同窓会の会場 동창회 회장
- 会場にあふれる聴衆 회장에 넘치는 청중

67
■ **かいわ**　　会話　　회화

- 会話を交わす 회화를 나누다
- 会話が弾む 회화가 활기를 띠다

68
■ **かえり**　　帰り　　돌아옴, 돌아오는 길

- 帰りが早い
  돌아오는 것이 이르다, 일찍 귀가하다
- 今日は遅く帰ります
  오늘은 늦게 귀가합니다

69
■ **かがく**　　科学　　과학

- 宇宙科学 우주 과학
- 科学万能 과학 만능

70
■ かがみ　　鏡　　　거울

- 鏡のような湖面 거울 같은 호수면
- 鏡に映る 거울에 비치다

71
■ がくぶ　　学部　　학부

- 法学部の教授 법학부의 교수
- 学部長 학부장

72
■ かじ　　　火事　　화재

- 火事になる 불이 나다
- 山火事 산불

73
■ かぜ　　　風　　　바람, 풍습

- そよ風 산들바람
- 風が吹く 바람이 불다

74
■ かぜ　　　風邪　　감기

- 風邪が流行っている 감기가 성하다
- 風邪がこじれる 감기가 악화되다

75
■ かたち　　形　　　모양

- すてきな髪の形 멋있는 머리 모양
- 形が崩れる 모양이 망가지다

76
■ がつ　　　~月　　～월

- 九月 9월
- 五月五日付の手紙 5월 5일자의 편지

77
- **かねもち** 金持ち 부자
  - ❖ 大金持ち 큰 부자
  - ❖ 世界一の金持ち 세계 제일의 부자

78
- **かのじょ** 彼女 그 여자, 여자애인(↔彼)
  - ❖ 彼女は先月結婚しました
    그녀는 지난달 결혼했습니다
  - ❖ 彼にもどうやら彼女ができたらしい
    그에게도 아마 애인이 생긴 모양이다

79
- **かべ** 壁 벽, 장벽, 장애
  - ❖ 鉄壁 철벽
  - ❖ 壁を塗る 벽을 바르다

80
- **かみ** 紙 종이
  - ❖ 紙切 종잇조각
  - ❖ 紙一重の差で勝つ
    종이 한 장 차이로 이기다

81
- **からだ** 体 몸, 형태
  - ❖ 弱い体 약한 몸
  - ❖ 体が大きい 몸뚱이가 크다

82
- **かれ** 彼 그, 남자애인
  - ❖ これは彼のものだ 이것은 그의 것이다
  - ❖ 彼は韓国人だ 그는 한국 사람이다

83
- **かれら** 彼等 그들
  - ❖ 彼等の好意にお礼をする
    그들의 호의에 답례하다
  - ❖ 彼等は近頃とても親しくなった
    그들은 요즘 퍽 가까워졌다

84
■ **かわ** 川 개울, 강(=河)
- 川の流れ 강의 흐름
- 大水で川があふれる 큰물로 강이 넘치다

85
■ **かわ** ~側 ~쪽, 편, 측
- 反対側 반대편
- 内側に曲げる 안쪽으로 고부라뜨리다

86
■ **かんけい** 関係 관계
- 主従関係 주종 관계
- 人間関係が難しい 인간관계가 어렵다

87
■ **かんごふ** 看護婦 간호부, 간호사
- 小児科の看護婦 소아과 간호사
- 有資格の看護婦 유자격 간호사

88
■ **き** 気 마음, 생각, 느낌, 공기
- 爽やかな秋の気 상쾌한 가을 기운
- 気の弱い男 마음이 약한 사내

89
■ **き** 木 나무
- 木を植える 나무를 심다
- 木の机 나무 책상

90
□ **きかい** 機械 기계
- 産業機械 산업기계
- 機械化部隊 기계화 부대

91
きかい 機会 — 기회
- 機会を狙う 기회를 노리다
- 機会を逃す 기회를 놓치다

92
きしゃ 汽車 — 기차
- 汽車ががくんと止まる 기차가 덜커덕 서다
- 夜汽車 밤기차

93
ぎじゅつ 技術 — 기술, 어떤 일을 정확하고 능률적으로 해내는 솜씨
- 高度の技術 고도의 기술
- 運転技術を身につける 운전 기술을 익히다

94
きせつ 季節 — 계절
- 季節の花 계절의 꽃
- 季節の変わり目 환절기

95
きそく 規則 — 규칙
- 規則が厳しい 규칙이 엄하다
- 規則に反する 규칙에 어긋나다

96
きっさてん 喫茶店 — 다방
- 駅のそばの喫茶店 역 근처의 다방
- 馴染みの喫茶店 단골다방

97
きた 北 — 북, 북쪽
- 北国 북국, 북쪽나라
- 北へ行く 북쪽으로 가다

98
■ **きぬ**　絹　명주, 비단

❖ 絹100パーセント 명주100%
❖ 絹を練る 명주를 누이다

99
■ **きぶん**　気分　기분

❖ 気分がすぐれない 기분이 언짢다
❖ 気分を新たにする 기분을 새롭게 하다

100
■ **きみ**　君　보통 친한 남자끼리 사용하는 이인칭대명사, 너, 자네, 야

❖ おや、君だったのか 어, 자네였군
❖ 君、どうしたんだね 너, 왜 그래?

101
■ **きもち**　気持ち　기분, 마음

❖ 気持ちのいい朝 기분 좋은 아침
❖ 泣きたい気持ち 울고 싶은 심정

102
■ **きもの**　着物　옷, 일본의 민속의복

❖ 着物が似合う 일본옷이 어울리다
❖ 着物を脱ぐ 옷을 벗다

103
■ **きゅうこう**　急行　급행, 급하게 감

❖ 急行は定刻通り発車した
　급행은 정각대로 발차했다
❖ 急行はこの駅に停車しない
　급행은 이 역에 정차하지 않는다

104
□ **きょう**　今日　금일, 오늘

❖ 今日の午後 오늘 오후
❖ 来週の今日 내주의 오늘(과 같은 요일)

105 きょういく 教育 — 교육
- 学校教育 학교 교육
- 教育を受ける 교육을 받다

106 きょうかい 教会 — 교회
- 日曜には教会に行く 일요일에는 교회에 간다
- 教会堂 교회당

107 きょうそう 競争 — 경쟁
- 自由競争 자유 경쟁
- 生存競争 생존 경쟁

108 きょうだい 兄弟 — 형제(↔姉妹)
- 仲のよい兄弟 우애 있는 형제
- 男ばかりの三人兄弟 남자만의 삼형제

109 きょうみ 興味 — 흥미
- 興味が涌く 흥미가 솟다
- 興味をそそる 흥미를 돋우다

110 きんじょ 近所 — 이웃, 근처
- 近所迷惑 이웃에 폐를 끼침
- 近所付き合い 이웃집과의 교제

111 ぐあい 具合 — 구합, 상태, 형편
- 体の具合が悪い 건강상태가 나쁘다
- いい具合にタクシーが来た 마침 알맞게 택시가 왔다

112
くうき　空気
공기, 분위기

- 室内の空気 실내의 공기
- 新鮮な空気を吸う 신선한 공기를 들이마시다

113
くうこう　空港
공항(↔港(みなと))

- 金浦空港 김포 공항
- 空港へのアクセス 공항까지의 교통수단

114
くさ　草
풀

- 庭の草を取る 뜰의 풀을 뽑다
- 草を刈る 풀을 베다

115
くび　首
목, 고개, 머리, 해고

- 首になる 해고당하다, 쫓겨나다
- 首を垂れる 고개를 떨구다

116
くも　雲
구름

- 雨雲 비구름
- 雲にかくれる 구름에 가리다

117
くん　君
너, 자네, 야, 군

- 田中君 田中군
- 諸君 제군

118
け　毛
털

- 髪の毛 머리털
- 毛が薄い 머리숱이 적다

119
■ **けいかく** 計画 **계획**
- 計画通り運ぶ 계획대로 진행되다
- 計画が狂う 계획이 빗나가다

120
■ **けいかん** 警官 **경관**
- 現職の警官 현직 경관
- 警官殺害の犯人 경관 살해 범인

121
■ **けいけん** 経験 **경험**
- 楽しい経験 즐거운 경험
- 経験が豊かだ 경험이 풍부하다

122
■ **けいざい** 経済 **경제**
- 自由経済 자유 경제
- 経済の動向 경제의 동향

123
■ **けが** 怪我 **상처, 부상**
- 交通事故で怪我をする
  교통 사고로 다치다
- ちょっとした怪我 약간의 부상

124
■ **けしき** 景色 **풍경, 경치**
- 景色がいい 경치가 좋다
- 海岸の景色 해안의 경치

125
■ **げしゅく** 下宿 **하숙**
- 下宿屋 하숙집
- 下宿を探す 하숙을 구하다

126
□ **けん** ~軒 (건물을 세는 단위) ~채, ~집

- 五軒(ごけん) 다섯 집

127
■ **げんいん** 原因 **원인**

- 原因(げんいん)不明 원인 불명
- 事故(じこ)の原因(げんいん)を究明(きゅうめい)する
  사고의 원인을 규명하다

128
■ **けんか** 喧嘩 **싸움**

- 内輪(うちわ)喧嘩(げんか) 집안싸움
- 喧嘩(けんか)を仕掛(しか)ける 싸움을 걸다

129
■ **けんきゅう** 研究 **연구**

- 研究室(けんきゅうしつ) 연구실
- 研究資料(けんきゅうしりょう) 연구 자료

130
■ **けんぶつ** 見物 **구경, 구경꾼**

- 芝居(しばい)見物(けんぶつ) 연극 구경
- 観光地(かんこうち)を見物(けんぶつ)して回(まわ)る
  관광지를 구경하며 다니다

131
□ **ご** 御 **존경과 공손을 나타냄**

- 御挨拶(ごあいさつ)に伺(うかが)う 인사차 찾아뵙다
- 御恩(ごおん)は忘(わす)れません
  은혜는 잊지 않겠습니다

132
■ **ご** ~語 **~단어, ~말**

- 単語(たんご) 단어
- 語(ご)を選(えら)ぶ 말을 고르다

133
□ **ご** 五 **다섯, 오**
- 五対三で勝つ 5대 3으로 이기다
- 五穀 오곡

134
■ **こ** 子 **아이, 새끼**
- 子に勝る宝なし 자식보다 나은 보배는 없다
- 双子 쌍둥이

135
■ **こうがい** 郊外 **교외**
- 郊外生活 교외 생활
- 郊外に住む 교외에 살다

136
■ **こうぎ** 講義 **강의**
- 講義を聴く 강의를 듣다
- 言語学を講義する 언어학을 강의하다

137
■ **こうぎょう** 工業 **공업**
- 工業製品 공업 제품
- 工業団地 공업 단지

138
■ **こうこう** 高校 **고등학교**
- 高校三年になる 고등학교 3학년이 되다
- 高校の課程を修了する 고등 학교 과정을 수료하다

139
■ **こうじょう** 工場 **공장(=こうば)**
- 工場閉鎖 공장 폐쇄
- 工場地帯 공장 지대

140
□ **こうちょう** 校長 　**교장**
- 校長先生の訓話 교장 선생님의 훈화
- 校長に任命される 교장에 피임되다

141
■ **こうつう** 交通 　**교통**
- 交通整理 교통 정리
- 交通の混雑 교통의 혼잡

142
■ **こうどう** 講堂 　**강당**
- 狭い講堂 좁은 강당
- 講堂に集合する 강당에 집합하다

143
■ **こうむいん** 公務員 　**공무원**
- 公務員の腐敗 공무원의 부패
- 元公務員 전직 공무원

144
■ **こくさい** 国際 　**국제**
- 国際情勢 국제 정세
- 国際間の交流 국제간의 교류

145
■ **こころ** 心 　**마음, 생각, 기분**
- 心の病 마음의 병
- 心の美しい人 마음이 고운 사람

146
■ **こしょう** 故障 　**고장, 장해**
- 機械が故障する 기계가 고장나다
- 体の故障 몸의 이상[탈]

147
□ **ごぞんじ**　ご存じ　　잘 아심

- ご存じのように 잘 아시는 바와 같이
- どなたもご存じでしょう
  어느분이나 알고 계시겠지요

148
■ **こたえ**　答え　　대답, 답

- 呼んでも答えがない 불러도 대답이 없다
- 問題に対する答え
  문제에 대한 답[해답]

149
■ **ごちそう**　ご馳走　　맛있는 음식, 음식을 대접함

- ご馳走を並べる 성찬을 차려 놓다
- 就職祝いにご馳走する
  취직 축하로 한턱내다

150
□ **こっち**　　이 쪽, 이 분, 여기

- こっちへ来い 이리 와
- こっちもそっちと同じだ
  여기도 거기와 마찬가지다

151
□ **こと**　事　　일, 것, 사정

- この事があって後 이 일이 있은 뒤
- 去年の事だ 작년의 일이다

152
■ **ことり**　小鳥　　작은 새

- 小鳥のさえずり 새의 지저귐
- 小鳥を飼う 새를 기르다

153
■ **このあいだ**　この間　　지난번, 요전

- この間は失礼しました
  지난번에는 실례했습니다
- この間の晩 요전 날 밤

명사

JLPT N4 필수단어 | **247**

154
■ **このごろ**　この頃　근래, 요즈음, 최근

- この頃の天候 요즈음의 일기
- この頃頭がぼけてきた
  요즘 머리가 멍청해졌다

155
■ **ごみ**　塵　먼지, 티끌

- 塵捨て場 쓰레기 버리는 곳
- 塵だらけの廊下 먼지투성이의 복도

156
■ **こめ**　米　쌀

- 米屋 쌀가게
- 米をとぐ 쌀을 씻다

157
■ **こんど**　今度　이번, 이 다음

- 今度の選挙 이번 선거
- 今度、会いましょう 이다음에 만납시다

158
□ **こんや**　今夜　오늘밤, 오늘저녁(↔今朝)

- 今夜は満月だ 오늘 밤은 만월이다
- 今夜でんわします
  오늘 저녁 전화하겠습니다

159
■ **さい**　~歳　(나이)~세

- 歳月 세월
- 満で五歳 만으로 다섯 살

160
■ **さいきん**　最近　최근

- 最近の景気 최근의 경기
- 最近の経済[政治]情勢
  최근의 경제[정치] 정세

161
■ **さいご**　最後　　최후(↔最初), 맨뒤

* 最後の列 맨 뒷줄
* 最後の切り札 마지막으로 쓰는 비상 수단

162
■ **さいしょ**　最初　　최초(↔最後), 맨처음

* 最初の給料 최초의 급료
* 最初から知っている 처음부터 알고 있다

163
□ **さいふ**　財布　　지갑

* 革の財布 가죽 지갑
* 財布を拾う 지갑을 줍다

164
□ **さか**　坂　　언덕, 비탈

* 坂を下る 비탈길을 내려가다
* 険しい坂を登る 가파른 비탈을 올라가다

165
■ **さつ**　～冊　　～권

* 上下二冊からなる本 상하 2권으로 된 책
* 一冊の本 책 한 권

166
□ **さま**　～様　　～하는 방법, ～하는 모양

* 静かな様 조용한 모습
* ひどい様 지독한 꼴

167
□ **さん**　三　　셋, 삼

* 三人 세 명
* 三月 삼월

168
□ **さん** — 남의 이름, 직업명 밑에 붙여 존경의 뜻을 나타냄

- お<ruby>父<rt>とう</rt></ruby>さん 아버님
- <ruby>西<rt>にし</rt></ruby><ruby>山<rt>やま</rt></ruby>さん 니시야마님

169
□ **さんぎょう** 産業 — 산업

- <ruby>半導体<rt>はんどうたい</rt></ruby><ruby>産業<rt>さんぎょう</rt></ruby> 반도체 산업
- <ruby>産業<rt>さんぎょう</rt></ruby>が<ruby>発達<rt>はったつ</rt></ruby>する 산업이 발달하다

170
■ **じ** 字 — 글씨

- <ruby>字<rt>じ</rt></ruby>が<ruby>読<rt>よ</rt></ruby>めない 글자를 못 읽다
- <ruby>字<rt>じ</rt></ruby>がうまい 필적이 좋다

171
■ **しあい** 試合 — 시합

- <ruby>試合<rt>しあい</rt></ruby>に<ruby>出<rt>で</rt></ruby>る 경기에 나가다
- <ruby>野球<rt>やきゅう</rt></ruby>の<ruby>試合<rt>しあい</rt></ruby> 야구 경기

172
■ **しかた** 仕方 — 방법, 수단

- <ruby>挨拶<rt>あいさつ</rt></ruby>の<ruby>仕方<rt>しかた</rt></ruby> 인사하는 방법
- <ruby>勉強<rt>べんきょう</rt></ruby>の<ruby>仕方<rt>しかた</rt></ruby>が<ruby>悪<rt>わる</rt></ruby>い
  공부하는 방법이 나쁘다

173
■ **しき** 式 — 식, 의식, 행사

- <ruby>式<rt>しき</rt></ruby>を<ruby>挙<rt>あ</rt></ruby>げる 식을 올리다
- <ruby>西洋式<rt>せいようしき</rt></ruby> 서양식

174
■ **しけん** 試験 — 시험

- <ruby>入学<rt>にゅうがく</rt></ruby><ruby>試験<rt>しけん</rt></ruby> 입학 시험
- <ruby>資格<rt>しかく</rt></ruby><ruby>試験<rt>しけん</rt></ruby> 자격 시험

175 じこ 事故 — 사고
- 交通事故 교통 사고
- 衝突事故 충돌 사고

176 じしん 地震 — 지진
- 地震の被害 지진의 피해
- 地震を感知する 지진을 감지하다

177 した 下 — 아래, 밑, 하류
- 上は黒く下は白い 위는 검고 아래는 희다
- 机の下 책상 아래

178 じだい 時代 — 시대
- 時代の移り変り 시대의 변천
- 宇宙時代 우주 시대

179 したぎ 下着 — 속옷(↔上着), 내복
- 汗ばんだ下着 땀이 밴 속옷
- 冬物の下着 겨울 속옷

180 したく 支度 — 준비, 채비
- 旅支度 여행채비
- 昼の支度をする 점심 준비를 하다

181 しっぱい 失敗 — 실패
- 失敗を教訓にする 실패를 거울로 삼다
- 失敗は成功の元 실패는 성공의 원인(어머니)

182
じてん 辞典 — 사전
- 小型辞典 소형 사전
- 漢和辞典 한화 사전

183
しなもの 品物 — 물건, 물품
- 変わった品物だ 색다른 물건이다
- 品物を仕入れる 물품을 사들이다

184
しま 島 — 섬
- 島国 섬나라
- 島の大半を領する 섬의 태반을 차지하다

185
しみん 市民 — 시민
- 市民運動 시민운동
- 市民権を獲得した 시민권을 획득하였다

186
じむしょ 事務所 — 사무소
- 事務所は路地に面していた 사무실은 골목길에 면해 있었다

187
しゃかい 社会 — 사회
- 社会の仕組み 사회의 구조
- 地域社会 지역사회

188
しゃちょう 社長 — 사장
- 社長のお呼びを受ける 사장님의 부르심을 받다
- 社長の命令だから仕様がない 사장의 명령이니 하는 수 없다

189
□ **しゅうかん** 週間 어떤 행사가 진행되는 1주간
- 週間天気予報 주간 일기 예보
- 読書週間 독서 주간

190
■ **じゅうしょ** 住所 주소
- 現住所 현주소
- 住所変更届 주소 변경 신고

191
■ **しゅっせき** 出席 출석(↔欠席)
- 出席率 출석률
- 出席を取る 출석을 조사하다

192
■ **しゅっぱつ** 出発 출발(↔到着)
- 出発信号 출발 신호
- 出発に際して 출발에 즈음하여

193
■ **しゅみ** 趣味 취미, 취향
- 趣味のない人 취미가 없는 사람
- 私の趣味に合う 나의 취향에 맞다

194
□ **じゅんび** 準備 준비
- 外貨準備 외화 준비
- 下準備 사전 준비

195
□ **しょうかい** 紹介 소개
- 紹介状 소개장
- 自己紹介 자기 소개

196
■ **しょうがつ** 正月 | 설, 1월

- ❖ 正月休み 정초 휴가
- ❖ 正月の準備に追われる 설 준비에 쫓기다

197
■ **しょうがっこう** 小学校 | 초등학교

- ❖ 七つで小学校に上がる
  일곱 살에 초등학교에 들어가다
- ❖ 付設小学校 부설 소학교

198
■ **しょうせつ** 小説 | 소설

- ❖ 推理小説 추리 소설
- ❖ 長編小説 장편 소설

199
■ **しょうたい** 招待 | 초대

- ❖ 招待客 초대객 초대 손님
- ❖ 招待を受ける 초대를 받다

200
■ **しょうち** 承知 | 승낙, 동의, 잘 알고 있음

- ❖ 承知の上でやった事だ 알고서 한 일이다
- ❖ ご承知の通り 아시는 바와 같이

201
■ **しょうらい** 将来 | 장래

- ❖ 近い将来 가까운 장래
- ❖ 将来のある青年
  장래가 있는[유망한] 청년

202
■ **しょくじ** 食事 | 식사

- ❖ 食事時 식사 때
- ❖ 軽い食事 가벼운 식사

203
■ **じょせい** 女性 　여성

- 女性美 여성미
- 女性観 여성관

204
■ **じんこう** 人口 　인구, 소문

- 人口密度が高い 인구밀도가 높다
- 人口が増える 인구가 늘다

205
■ **じんじゃ** 神社 　신사, 일본의 신을 모시는 곳

- 神社仏閣 신사와 불각
- 神社に参拝する 신사에 참배하다

206
□ **しんぱい** 心配 　걱정, 근심, 걱정

- 心配の種 걱정거리
- 子供の将来が心配だ 아이의 장래가 걱정이 된다

207
■ **すいえい** 水泳 　수영

- 水泳コーチ 수영 코치
- 水泳選手 수영 선수

208
■ **すいどう** 水道 　수도, 상수도, 공업 용수의 공급시설

- 水道料 수도요금
- 水道が断水になる 수도가 단수되다

209
□ **すいようび** 水曜日 　수요일

- 今日は、ええ、水曜日ですね
  오늘은, 저어, 수요일이지요
- 部品は水曜日まで納めます
  부품은 수요일까지 납품하겠습니다

210
■ **すな** 砂 　　모래

❖ 砂を搔き分けてさがす
모래를 헤집고 찾다
❖ 砂の上を裸足で歩く
모래 위를 맨발로 걷다

211
■ **すみ** 隅 　　구석, 귀퉁이

❖ 部屋の隅 방구석
❖ 隅から隅まで搜す 구석구석을 찾다

212
■ **すり** 　　소매치기

❖ すりを働く 소매치기를 하다
❖ すり御用心 소매치기 조심

213
□ **せい** 背 　　등, 키, 신장(=せ)

❖ 背比べ 키대보기
❖ 背の高い人 키가 큰 사람

214
■ **せいかつ** 生活 　　생활

❖ 家庭生活 가정 생활
❖ 社会生活 사회 생활

215
■ **せいじ** 政治 　　정치

❖ 議会政治 의회 정치
❖ 立憲政治 입헌 정치

216
■ **せいよう** 西洋 　　서양(↔東洋)

❖ 西洋画家 서양 화가
❖ 西洋の文物 서양의 문물

217 せかい (世界) — 세계
- 世界を一周する 세계를 일주하다
- 世界に名をとどろかす 세계에 이름을 떨치다

218 せき (席) — 좌석, 지위
- 席に着く 좌석에 앉다, 착석하다
- 席を譲る 자리를 양보하다

219 せっけん — 비누
- せっけんの泡 비누 거품
- せっけんで目がひりひりする 비눗물 때문에 눈이 따끔따끔하다

220 せつめい (説明) — 설명
- 説明書 설명서
- 説明不足 설명 부족

221 せなか (背中) — 등, 뒷면, 뒤쪽
- 背中をまっすぐに伸ばす 서로 등을 꼿꼿이 펴다
- 背中を丸めて座る 등을 구부리고 앉다

222 ぜひ (是非) — 시비, 옳고 그름, 꼭
- 是非を正す 시비를 가리다
- 事の是非を論ずる 일의 가부를 논하다

223 せわ (世話) — 보살핌, 성가심, 번거로움
- 病人の世話をする 병자를 보살피다
- 母のない子供を世話している 어머니 없는 아이를 돌보고 있다

224
■ せん　　　線　　　선, 줄

- 線を引く 선[줄]을 긋다, 한계를 짓다
- 線路 선로

225
■ せんそう　　　戦争　　　전쟁

- 戦争孤児 전쟁 고아
- 戦争ごっこ 전쟁 놀이

226
■ せんたく　　　洗濯　　　세탁

- 洗濯挟み 빨래집게
- 洗濯に出す 세탁하러 보내다

227
■ せんぱい　　　先輩　　　선배(↔後輩)

- 高校の先輩 고교의 선배
- 先輩を訪問する 선배를 찾다

228
■ せんもん　　　専門　　　전문

- 専門課程 전문 과정
- 専門病院 전문 병원

229
■ そうだん　　　相談　　　상담

- 人生相談 인생상담
- 身の上相談 신상 상담

230
■ そこ　　　　　　　　　　거기, 그 곳

- そこに居たのか 거기 있었느냐?
- そこが私の家です
  거기가 제 집입니다

231
■ **そつぎょう** 卒業 — 졸업
- 卒業証書 졸업 증서
- 卒業式 졸업식

232
■ **その** — 그, 그것
- その花をごらん 그 꽃을 보아요
- その右側だ 그 오른쪽이다

233
■ **そふ** 祖父 — 조부(↔そぼ), 할아버지
- 祖父の遺品を整理する 조부의 유품을 정리하다
- 祖父は昔校長だった 조부는 작년에 영면하셨습니다

234
■ **そぼ** 祖母 — 조모(↔祖父)
- 田舎の祖母 시골 할머니
- 祖母は今年米寿です 조모는 올해 미수(88세)입니다

235
□ **だい** 台 — 선반, 받침대
- 玉突き台 당구대
- ろうそくの台 촛대

236
□ **だい** 代 — 대, 가문의 계승 기간
- 親の代から始めた商売 부모의 대부터 시작한 장사
- 代が変わる 대가 바뀌다

237
□ **たいいく** 体育 — 체육
- 体育は必修とする 체육은 필수로 한다
- 体育協会 체육 협회

238
■ **たいいん** 退院 　퇴원

- 病気が全快して退院する
  병이 완쾌되어 퇴원하다

239
■ **だいがくせい** 大学生 　대학생

- 大学生としての誇りを持つ
  대학생으로서의 긍지를 갖다
- 女子大学生 여자대학생

240
■ **たいふう** 台風 　태풍

- 台風警報 태풍 경보
- 台風が発生する 태풍이 발생하다

241
□ **たいへん** 大変 　큰일, 대사건, 큰변고

- 国家の大変 국가의 대사건
- それは大変だ 그것 참 큰일이다

242
■ **たな** 棚 　선반, 육지의 경사가 바다로 뻗은 곳

- 棚を吊る 선반을 달다
- 棚の上をはたく 선반 위를 털다

243
■ **たのしみ** 楽しみ 　즐거움, 낙, 취미

- 楽しみで絵を描くのではない
  재미로 그림을 그리는 것은 아니다
- 人生の楽しみも苦しみも知っています
  인생의 즐거움도, 괴로움도 알고 있습니다

244
■ **だんせい** 男性 　남성

- 男性美 남성미
- 頼もしい男性 믿음직스러운 남성

245
■ **だんぼう** 暖房 　난방

- 暖房のきいた部屋 난방이 잘 된 방
- 中央暖房装置 중앙 난방장치

246
■ **ち** 血 　피, 혈액, 핏줄

- 血を流す 피를 흘리다
- 血は争えない 피는 못 속인다

247
□ **ちかく** 近く 　가까운 곳, 근처

- 近くの交番 근처의 파출소
- 遠い親類より近くの他人
  먼 일가보다 가까운 남(이 낫다)

248
■ **ちから** 力 　힘, 능력, 효력.

- 力を出す 힘을 내다
- 力が強い 힘이 세다

249
■ **ちち** 父 　아버지, 자신의 부친을 남에게 말할 때의 호칭

- 父の日 아버지의 날
- 義理の父 의부, 의붓아버지

250
■ **ちゅう** 中 　중, 중간, 한가운데, 안, 속

- 上中下 상중하
- 中の上の成績 중상(中上)의 성적

251
■ **ちゅうい** 注意 　주의, 조심

- 注意すべき事実 주의해야 할 사실
- 注意深い 주의 깊다

252
□ **ちゅうがっこう** 中学校 **중학교**

- 中学校に通う 중학에 다니다
- 中学校三年生 중학 3학년생

253
□ **ちゅうし** 中止 **중지**

- 発売中止 발매중지
- 雨で試合が中止される 비로 경기가 중지되다

254
□ **ちゅうしゃ** 注射 **(의학)주사**

- 注射液 주사액
- 予防注射 예방 주사

255
□ **ちゅうしゃじょう** 駐車場 **주차장**

- 有料駐車場 유료 주차장
- 立体駐車場 입체주차장

256
■ **ちり** 地理 **지리**

- 自然地理 자연 지리
- 人文地理 인문 지리

257
□ **つき** ~月 **~달**

- ひと月ふた月 한 달 두 달
- 月に1回集まる 한 달에 한 번 모이다

258
□ **つき** 月 **달**

- 月の表面 달의 표면
- 月が変わる 달이 바뀌다

259 つぎ 次 다음
- 次の日曜日 다음 일요일
- 次の世代 다음 세대

260 つごう 都合 사정, 형편
- 都合のよい日 형편이 좋은 날
- 都合よく家にいた 때마침 집에 있었다

261 つま 妻 아내, 처
- 年上の妻 연상의 아내
- 妻をめとる 아내를 얻다

262 つもり 積もり 생각, ~할셈, 속셈(=心算)
- ぜひとも成功させる積もりだ
  무슨 일이 있어도 성공시킬 작정이다
- そんな積もりではなかった
  그럴 생각은 아니었다

263 てぶくろ 手袋 장갑
- 手袋をとる 장갑을 벗다
- 手袋をはめる 장갑을 끼다

264 てら 寺 절
- 寺の境内 사찰의 경내
- 寺の宝物 절의 보물

265 てん 点 점, 작은 표시, 점수
- 点をつける 채점하다
- 重要な語句の傍に点を打つ
  중요한 어구 곁에 점을 찍다

266
■ てんいん　店員　　점원

- 住み込みの店員
  주인 집에서 숙식을 하면서 일하는 점원
- 女店員　여점원

267
□ てんきよほう　天気予報　　일기 예보

- 明日は雨が降るとの天気予報でした
  내일은 비가 내린다는 일기 예보였습니다
- 正確な天気予報　정확한 일기예보

268
■ でんとう　電灯　　전등

- 電灯をつける　전등을 켜다
- 懐中電灯　회중 전등

269
■ でんぽう　電報　　전보

- 電報[手紙]はまだ受け取っていない
  전보[편지]는 아직 받지 않았다
- 至急電報　지급 전보

270
■ てんらんかい　展覧会　　전람회

- 展覧会を開く　전람회를 열다
- 展覧会に入選する　전람회에 입선하다

271
■ と　戸　　문, 출입문, 대문

- 戸を開ける　문을 열다
- 戸を叩く　문을 두드리다

272
■ どうぐ　道具　　도구

- 道具を取り揃える　도구를 챙기다
- 政争の道具にする　정쟁의 도구로 삼다

273 どうぶつえん 動物園　동물원

- 動物園へ行く 동물원에 가다
- 動物園で象を見る
  동물원에서 코끼리를 보다.

274 とおく 遠く　먼곳

- 遠くの山 먼 곳의 산
- 遠くへ行く 먼 곳으로 가다

275 とおり 通り　길, 도로

- 広い通り 넓은 길
- 賑やかな通り 번화한 도로[거리]

276 とき 時　때, 시간, 시각

- 時が経てば 시간이 지나면
- 時の経つのも忘れる
  시간이 지나는 것도 잊어버리다

277 とこや 床屋　이발소

- 上手な床屋 잘하는 이발관
- 帰りに床屋に寄る
  돌아오는 길에 이발소에 들르다

278 とし 年　해, 년

- 年が明ける 새해가 되다
- 年が変わる 해가 바뀌다, 새해가 되다

279 とちゅう 途中　도중

- 途中でやめる 도중에서 그만두다
- 途中下車 도중 하차

280
■ **とっきゅう**　特急　　**특급**

❖ 大阪行き特急　오오사카행 특급
❖ 特急で頼む　특급으로 부탁하다

281
□ **どっち**　　**어느 쪽, 어디**

❖ どっちへ行こうか　어느 쪽으로 갈까?
❖ 駅はどっちですか　역은 어느 쪽입니까?

282
■ **どろぼう**　泥棒　　**도둑**

❖ 泥棒根性　도둑 근성
❖ 泥棒が入る　도둑이 들다

283
■ **におい**　匂い　　**냄새**

❖ 匂い袋　향낭(香囊), 향주머니
❖ ばらの匂いをかぐ
　장미의 향기를 맡다

284
■ **にっき**　日記　　**일기**

❖ 日記をつける　일기를 적다
❖ 育児日記　육아일기

285
■ **にゅういん**　入院　　**입원(↔退院)**

❖ 入院患者　입원 환자
❖ 入院応需　입원 설비가 되어 있음

286
■ **にゅうがく**　入学　　**입학**

❖ 入学式　입학식
❖ 入学金　입학금

287 にんぎょう 人形
인형

- フランス人形 프랑스 인형
- まるで人形のようにかわいい子 마치 인형처럼 귀여운 아이

288 ねだん 値段
값, 가격

- 値段の張る品 값이 비싼 물건
- 手頃な値段 적당한 값

289 ねつ 熱
열, 기후가 더움

- 熱を加える 열을 가하다
- 熱が出る 열이 나다

290 のど
목

- のどが乾く 목이 마르다
- 悲しくて飯がのどを通らない 슬퍼서 밥이 목을 넘어가지 않는다

291 のりもの 乗り物
탈것, 교통기관

- 乗り物に乗る 탈것에 타다
- 乗り物の便がよい 교통편이 좋다

292 は 歯
이빨, 톱니

- 歯が生える 이가 나다
- 歯が痛む 이가 아프다

293 ばあい 場合
경우, 사정, 형편

- 万一の場合 만일의 경우
- 欠席する場合には 결석할 경우에는

294
■ **ばい** 倍 | **어떤 수의 두 배**

- 所得が倍になる 소득이 갑절이 되다
- 十倍 열 곱절, 10배

295
■ **はい** 肺 | **폐**

- 肺炎 폐렴
- 肺が痛む 폐가 아프다

296
■ **はい** ~杯 | **술잔, ~잔**

- 杯を重ねる 잔을 거듭하다
- コップ一杯の水 컵 한잔의 물

297
■ **はいけん** 拝見 | **삼가 봄**

- お手紙拝見しました
  보내주신 편지 잘 받아보았습니다
- それではお手並み拝見します
  그러면 솜씨를 보겠습니다

298
■ **はいしゃ** 歯医者 | **치과의사, 치과**

- 歯医者に通う 치과에 다니다

299
■ **はし** 端 | **끝, 가장자리**

- ひもの端 끈의 끝
- 新聞を端から端まで読む
  신문을 처음부터 끝까지 읽다

300
□ **ばしょ** 場所 | **장소**

- 時と場所 때와 장소
- 指定の場所 지정된 장소

301
■ はつおん　発音　발음
- 発音器官 발음 기관
- 発音符号 발음 부호

302
■ はな　鼻　코
- 鼻が詰まる 코가 막히다
- 鼻で息をする 코로 숨을 쉬다

303
□ はなみ　花見　꽃구경
- 花見の興 꽃놀이에서의 좌흥
- 花見に行く 꽃구경 가다

304
■ はる　春　봄, 청춘기
- 春の息吹き 봄의 숨결
- 春になった 봄이 되었다

305
□ はやし　林　숲
- ビルの林 빌딩 숲
- 林を画材とする 숲을 화재로 삼다

306
□ ばん　~番　~번
- 四番打者 4번 타자
- 番が回ってくる 순번이 돌아오다

307
□ ばん　晩　밤, 저녁
- 晩ご飯 저녁밥
- 晩のうちに雨が降った
  밤 사이에 비가 내렸다

308
■ **はん** 半 — 반, 절반, 중간

- 5時半に会いましょう
  5시반에 만납시다
- 半カップの醤油を入れる
  반 컵의 간장을 넣다

309
■ **ばんぐみ** 番組 — 프로그램, 방송순서

- 通俗的なテレビ番組
  통속적인 텔레비전 프로그램
- トーク番組 이야기 프로그램

310
■ **ひ** 日 — 해, 날

- 敬老の日 경로의 날
- 日ごろの鬱憤を晴らす
  평소의 울분을 풀다

311
■ **ひ** 火 — 불

- ろうそくの火が揺れる 촛불이 흔들리다
- マッチの火が燃える 성냥불이 타다

312
■ **ひがし** 東 — 동쪽, 동

- 東を向く 동쪽을 향하다
- 東の空が白む 동녘 하늘이 밝아오다

313
□ **ひかり** 光 — 빛

- 光と影 빛과 그림자
- 光を失う 빛을 잃다

314
□ **ひきだし** 引き出し — 서랍

- 机の引き出しにノートを入れる
  책상 서랍에 노트를 넣다
- 引き出しを開ける 서랍을 열다

315
■ **ひげ** 髭　　　**수염**

- 髭が似合う 수염이 어울리다
- 髭を生やす 수염을 기르다

316
□ **ひこうじょう** 飛行場　　**비행장(=エアポート)**　　*空港(くうこう) 공항

- 飛行場に着いたのは3時すぎだった
  비행장에 도착한 것은 3시 넘어서였다

317
□ **ひさしぶり** 久しぶり　　**오래간만**

- 久しぶりの再会、嬉しかった
  오래간만의 재회 기뻤다
- やあ、お久しぶりですね
  야, 오래간만이군요

318
□ **びじゅつかん** 美術館　　**미술관**

- ルーブル美術館に行ってきた
  루브르 미술관에 갔다 왔다
- 美術館に隣接する公園
  미술관에 인접한 공원

319
■ **ひとり** 一人　　**한사람, 혼자**

- 社会の中の一人 사회 속의 한 사람
- わたしの友人の一人 내 친구의 한 사람

320
□ **ひるま** 昼間　　**낮, 주간**

- 昼間から酒を飲む 낮부터 술을 마시다
- 昼間は勤めに出る 낮에는 일을 나가다

321
■ **ひるやすみ** 昼休み　　**점심 시간**

- 昼休みを利用する 점심시간을 이용하다
- 会議が長引いて昼休み時間に食い込む
  회의가 길어져 점심시간에도 계속되다

322
■ **ふく**　　服　　옷, 특히 양복

❖ 色のあせた服 퇴색한 양복

323
❖ 子供に服を着せる 아이에게 옷을 입히다

■ **ふくしゅう**　復習　복습(↔予習)

❖ 学校で習ったことは帰ってから必ず復習する 학교에서 배운 것은 집에 돌아가서 반드시 복습한다

❖ 予習よりも復習に力を入れる 예습보다 복습에 힘쓰다

324
□ **ふつう**　　普通　보통

❖ 普通そう言っている 보통 그렇게 말하고 있다

❖ 彼の成績は普通だ 그의 성적은 보통이다

325
■ **ふとん**　　布団　이부자리, 이불과요

❖ 座布団 방석

❖ 布団を掛ける 이불을 덮다

326
■ **ふね**　　舟　배(=船)

❖ 舟で行く 배로 가다

❖ 舟に酔う 뱃멀미를 하다

327
■ **ぶんがく**　文学　문학

❖ ユートピア文学 유토피아 문학

❖ 文学に取っては冬の季節だ 문학에 있어서는 겨울과 같은 계절이다

328
■ **ぶんぽう**　文法　문법

❖ 英文法 영문법

❖ 文法に合わない文章 문법에 맞지 않는 문장

329
■ **へん** 辺 　근처, 근방

- その辺に置いたはずだ
  그 근처에 두었을 것이다
- 東京辺では 도쿄 근방에서는

330
■ **へんじ** 返事 　대답, 회답, 편지의 답장

- 大きな声で返事をする
  큰 소리로 대답하다
- 怒って返事もしない
  화를 내어 대답도 하지 않다

331
■ **ぼうえき** 貿易 　무역

- 貿易の不振にあえぐ
  무역의 부진에 허덕이다
- 貿易の不均衡を是正する
  무역의 불균형을 시정하다

332
■ **ほうそう** 放送 　방송

- テレビ放送 텔레비전 방송
- 生中継で放送する 생중계로 방송하다

333
■ **ほうりつ** 法律 　법률

- 法律を定める 법률을 정하다
- 法律に照らして処分する
  법률에 비추어 처분하다

334
■ **ほか** 外 　겉, 밖, 그외(=他)

- 思いの外難しい 예상 밖으로 어렵다
- 外の人 딴사람

335
□ **ぼく** 僕 　나, 남성용 일인칭 대명사

- 君と僕、永遠に一緒だよ
  너와 나, 영원히 함께 있어
- 僕が食べたよ 내가 먹었어

336
□ **ほし** 星 — 별

- 星の煌めき 별의 반짝임
- 星の動きを観察する 별의 움직임을 관찰하다

337
□ **ほとんど** — 대개, 대부분

- ほとんどが駄目になった 대부분이 못쓰게 됐다
- 彼らのほとんどが賛成した 그들의 대부분이 찬성했다

338
■ **ほんやく** 翻訳 — 번역

- 翻訳がうまい 번역을 잘하다
- 翻訳できない言葉 번역할 수 없는 말

339
■ **まわり** 周り — 주변, 근처

- 周りに知っている人がいない 주변에 아는 사람이 없다

340
■ **まんが** 漫画 — 만화

- 漫画を描く 만화를 그리다
- それは漫画的だ 그것은 만화적이다

341
■ **まんなか** 真ん中 — 한가운데, 한복판

- 海の真ん中にある島 바다 한복판에 있는 섬
- 部屋の真ん中に座る 방 한가운데 앉다

342
□ **みずうみ** 湖 — 호수

- 湖のほとり 호수의 언저리
- 静かな湖 고요한 호수

343
■ **みそ**　味噌　　된장

- 味噌ラーメン 된장 라면
- 味噌汁 된장국

344
■ **みち**　道　　길

- 道を歩く 길을 걷다
- 道に迷う 길을 잃다

345
□ **みどり**　緑　　녹색

- 緑のおばさん 녹색어머니
- 松の緑 소나무의 푸르름

346
□ **みな**　皆　　모두, 전부, 다

- 我々皆 우리 모두
- 皆同じです 다 같습니다

347
□ **みなと**　港　　항구

- 船が港に寄る 배가 기항하다
- 船が港を出る 배가 항구를 나가다

348
■ **むかし**　昔　　옛날

- 昔の話 옛날 이야기
- 昔はよかった 옛날은 좋았다

349
■ **むこう**　向こう　　건너편, 저쪽, 상대편

- 向こうの家 맞은편 집
- 向こう岸 건너편 물가

350
■ むし 虫 벌레, 곤충

❖ 虫が食った本 좀먹은 책
❖ 虫の音 벌레 소리

351
■ むすこ 息子 아들

❖ 息子の過ちをとがめる 자식의 잘못을 책하다
❖ 息子の将来に期待をかける
자식의 장래에 기대를 걸다

352
■ むすめ 娘 딸, 처녀

❖ 適齢期の娘がいる 적령기의 딸이 있다
❖ 娘を嫁がせる 딸을 출가시키다

353
□ むら 村 마을

❖ 海辺の村 바닷가의 마을
❖ 村はずれの一軒家 동네 밖의 외딴집

354
□ もうふ 毛布 모포, 담요

❖ 毛布を引っかぶる 모포를 둘러쓰다
❖ 毛布にくるまって寝る
담요를 뒤집어쓰고 자다

355
■ もめん 木綿 솜, 무명, 면

❖ 木綿を買ってふとんを作る
무명을 바꾸어 이불을 꾸미다

356
■ やくそく 約束 약속

❖ 約束の地 약속의 땅
❖ 約束を守る人 약속을 지키는 사람

357 ゆ 湯 — 뜨거운 물, 온천
- ぬるま湯 미지근한 (목욕)물
- 湯を沸かす 물을 끓이다

358 ゆうはん 夕飯 — 저녁밥(=夕食, 晩ご飯)
- 夕飯を食べる 저녁밥을 먹다
- 夕飯にしよう 저녁 식사를 하기로 하자

359 ゆうべ 夕べ — 저녁때
- 夕べの鐘 저녁 종
- 夕べの祈りをしている 저녁 기도를 하고 있다

360 ゆしゅつ 輸出 — 수출(↔輸入)
- 輸出産業 수출 산업
- 輸出税 수출세

361 ゆにゅう 輸入 — 수입(↔輸出)
- 輸入ひんもく 수입 품목
- 輸入を規制する 수입을 규제하다

362 ゆび 指 — 손가락
- 親指 엄지손가락
- 人差指 집게손가락, 인지

363 ゆびわ 指輪 — 반지
- 婚約指輪 약혼 반지
- 純金の指輪 순금 반지

364
■ **ゆめ** 夢 　**꿈**

- 恐ろしい夢を見る 무서운 꿈을 꾸다
- 夢から覚めた 꿈에서 깨어났다

365
■ **よう** 用 　**용무, 용건**

- 急ぎの用 급한 볼일
- 大事の用を控えている 중요한 용무를 앞두고 있다

366
■ **ようい** 用意 　**준비**

- 昼食を用意して待つ 점심을 준비해 놓고 기다리다
- 旅行の用意をする 여행 채비를 하다

367
■ **ようじ** 用事 　**볼일, 용건**

- 用事で大阪へ行く 용무로 오오사카에 가다
- 別に用事がない 별로 볼일이 없다

368
■ **よしゅう** 予習 　**예습**

- 明日の予習 내일의 예습
- 塾の予習をする 학원의 예습하다

369
■ **よてい** 予定 　**예정**

- 予定日 예정일
- 予定が狂う 예정이 틀어지다

370
■ **よやく** 予約 　**예약**

- 予約金 예약금
- 予約販売 예약 판매

371
よる 夜 — 밤
- 夜も昼も 밤이나 낮이나
- 夜の世界 밤의 세계

372
りゆう 理由 — 이유
- 然るべき理由 마땅한 이유
- 理由を問いただす 이유를 캐어묻다

373
りよう 利用 — 이용
- 廃物利用 폐물 이용
- 多面に渡って利用価値がある 다방면에 걸쳐 이용 가치가 있다

374
りょうほう 両方 — 양방
- 両方の手 양쪽 손
- 両方とも悪い 양쪽 모두 나쁘다

375
りょかん 旅館 — 여관
- 温泉旅館 온천 여관
- 駅前の旅館に泊る 역전의 여관에 묵다

376
るす 留守 — 부재중
- 留守に泥棒が入る 부재중에 도둑이 들다
- 1年ほど家を留守にする 1년쯤 집을 떠나 있다

377
れい — 영, 제로(=ゼロ)
- 3対0で負ける 3대 0으로 지다
- 数学0点 수학 0점

378
■ **れきし**　歴史　　역사

- 歴史に残る大人物 역사에 남는 대인물
- 鉄道の歴史 철도의 역사

379
■ **れんらく**　連絡　　연락

- 連絡網 연락망
- 連絡がぱったりと絶えた
  연락이 뚝 끊어졌다

380
■ **わけ**　訳　　의미, 도리, 사정, 이유

- 訳の分からない人
  사리를 잘 모르는 사람
- 深い訳がある 깊은 사정이 있다

381
■ **わすれもの**　忘れ物　　분실물, 물건을 잊고 옴

- 忘れ物をする 물건을 잊다
- 雨の日は傘の忘れ物が多い
  비 오는 날에는 우산을 많이 잊어버린다

382
□ **わたし**　私　　나

- 私達 우리(들)
- 私の本 내 책

383
□ **わりあい**　割合　　비율

- 陸と海との面積の割合は1対3だ
  육지와 바다와의 면적 비율은 1대3이다
- 老人の割合がだんだん大きくなる
  노인의 비율이 점점 많아지다

동사

384
□ **あいさつする** 挨拶する 인사하다

- 挨拶しても知らん振りだ
  인사해도 모르는 체하다
- 合掌して挨拶する 합장하고 인사하다

385
■ **あう** 合う 맞다, 일치하다, 조화되다

- 靴が足に合う 구두가 발에 맞다
- ふたりの意見が合う
  두 사람의 의견이 일치하다

386
■ **あがる** 上がる 오르다, 들어오다, 이르다

- 二階に上がる 2층에 올라가다
- 階段を上がってくる 층계를 올라오다

387
■ **あく** 開く 열리다, 열다

- 風で戸が開く 바람에 문이 열리다
- 箱のふたが開く 상자 뚜껑이 열리다

388
■ **あける** 開ける 열다, 펴다

- ふた[戸]を開ける 뚜껑[문]을 열다
- 店を開ける 가게를 열다

389
■ **あげる** 上げる 올리다, 들다

- 幕を上げる 막을 올리다
- 錨を上げる 닻을 올리다

390
□ **あげる**　　　　주다, ~해주다

- ❖ 友_{とも}だちにペンを**あげ**ました
  친구에게 펜을 주었습니다.
- ❖ 友_{とも}だちに説明_{せつめい}して**あげる**
  친구에게 설명해 주다

391
■ **あつまる**　集まる　모이다, 떼를 짓다

- ❖ 都市_{とし}に**集**_{あつ}**まる**人口_{じんこう}　도시로 모여드는 인구
- ❖ 金_{かね}が**集**_{あつ}**まる**　돈이 모이다

392
■ **あつめる**　集める　모으다

- ❖ 切手_{きって}を**集**_{あつ}**める**　우표를 수집하다
- ❖ 人員_{じんいん}を**集**_{あつ}**める**　인원을 모으다

393
■ **あやまる**　謝る　사과하다

- ❖ 無礼_{ぶれい}を**謝**_{あやま}**る**　무례함을 사과하다
- ❖ あっさり**謝**_{あやま}**る**　깨끗이 사과하다

394
■ **いきる**　生きる　살다, 생존하다, 생활하다

- ❖ 愛_{あい}のために**生**_い**きる**　사랑을 위해 살다
- ❖ 百歳_{ひゃくさい}まで**生**_い**きる**　백 살까지 살다

395
■ **いじめる**　苛める・虐める　괴롭히다, 귀찮게 하다

- ❖ 弟_{おとうと}を**苛**_{いじ}**める**　동생을 괴롭히다
- ❖ 動物_{どうぶつ}を**苛**_{いじ}**めて**はいけない
  동물을 학대해서는 안 되다

396
■ **いそぐ**　急ぐ　서두르다

- ❖ **急**_{いそ}**いで**書_かく　급히[서둘러] 쓰다
- ❖ 完成_{かんせい}を**急**_{いそ}**ぐ**　완성을 서두르다

397
■ **いたす** 致す (する의 공손한 말)하시다

❖ 私が致します 내가 하겠습니다
❖ いかが致しましょうか 어떻게 할까요

398
■ **いただく** 頂く 먹다, 마시다, 들다

❖ ご飯を頂く 밥을 먹다
❖ では頂きます 그럼 먹겠습니다

399
■ **いのる** 祈る 기도하다, 빌다

❖ 家内の平安を祈る 집안의 평안을 기원하다
❖ 神に祈る 신에게 기도하다

400
■ **いらっしゃる** 오시다, 가시다, 계시다

❖ いらっしゃいませ 어서 오십시오
❖ いつこちらにいらっしゃる予定ですか 언제 이리로 오실 예정입니까?

401
■ **いる** 居る 살다, 사람, 동물이 존재하다

❖ 人が居る 사람이 있다
❖ ずっとここに居る 줄곧 여기에 있다

402
■ **いる** 要る 필요하다

❖ 資金が要る 자금이 필요하다
❖ 要らぬ告げ口 불필요한 고자질

403
■ **うえる** 植える 심다, 끼우다

❖ 庭に木を植える 정원에 나무를 심다
❖ 道徳観念を植える 도덕 관념을 심다

404
□ **うかがう** 伺う 듣다, 묻다, 방문하다의 겸양어

❖ 明日8時に伺います
   내일 8시에 찾아뵙겠습니다

405
■ **うける** 受ける 받다, 이어받다, 인기를 모으다

❖ お金を受ける 돈을 받다
❖ 雨水を桶に受ける 빗물을 통에 받다

406
■ **うつ** 打つ 치다, 때리다, 두드려박다(=ぶつ)

❖ 頭を打つ 머리를 때리다[부딪치다]
❖ ヒットを打つ 히트를 치다

407
■ **うつす** 写す 베끼다, 묘사하다, 사직을 찍다

❖ コピー機で文書を写した
   복사기로 문서를 복사했다
❖ 写真を写す 사진을 찍다

408
■ **うつる** 移る 옮기다, 이동하다

❖ 総務課に移る 총무과로 옮기다
❖ 風邪が移る 감기가 옮다

409
■ **えらぶ** 選ぶ 고르다, 뽑다

❖ 品を選ぶ 물건을 고르다
❖ 嫁を選ぶ 며느릿[아내]감을 고르다

410
□ **おいでになる** 가시다, 오시다 (行く, 来る의 존경어)

❖ 社長はお宅においでですか
   사장님은 댁에 계십니까
❖ 何時においでになりますか
   몇 시에 가시렵니까

411 おく 置く
두다, 놓다
- 遠目に置く 약간 멀찍이 놓다
- 距離を置く 거리를 두다

412 おくれる 遅れる
늦어지다, 지체되다
- 汽車に遅れる 기차(시간)에 늦다
- 約束より30分遅れて現れる 약속보다 30분 늦게 나타나다

413 おこす 起こす
일으키다, 깨우다
- 6時に起こしてください 6시에 깨워 주십시오
- 妻を起こす 아내를 깨우다

414 おこなう 行(なう)
행하다, 하다
- 指示どおりに行った 지시대로 했다
- 正しいことを行うまでだ 올바른 일을 할 따름이다

415 おこる 怒る
화내다
- 烈火のごとく怒る 열화 같이 노하다
- かんかんに怒る 노발대발하다

416 おす 押す
밀다, 누르다, 찍다
- ドアを押して開ける 문을 밀어서 열다
- はんこを押してください 도장을 찍어 주세요

417 おちる 落ちる
떨어지다, 해·달이 지다, 낙방하다
- 栗が落ちる 알밤이 떨어지다
- 金が落ちている 돈이 떨어져 있다

418
■ **おっしゃる**   (言(い)う의 존경어) 말씀하시다

❖ 先生(せんせい)のおっしゃること
선생님이 말씀하시는 것

❖ 私(わたくし)にできることがありましたらおっしゃてください
제가 도와드릴 일이 있으면 말씀해 주십시오

419
■ **おとす**   落とす   떨어뜨리다, 잃다, 낙제시키다

❖ 爆弾(ばくだん)を落(お)とす 폭탄을 투하하다
❖ 地面(じめん)に落(お)とす 땅에 떨어뜨리다

420
■ **おどる**   踊る   춤추다

❖ ワルツを踊(おど)る 왈츠를 추다
❖ ピアノの伴奏(ばんそう)で踊(おど)る
피아노 반주로 춤추다

421
■ **おどろく**   驚く   놀라다, 경악하다

❖ 驚(おどろ)くべき事件(じけん) 놀라운 사건
❖ 驚(おどろ)くに足(た)りる 놀랄 만하다

422
■ **おもいだす**   思い出す   생각해내다, 회상하다

❖ 忘(わす)れていたことを思(おも)い出(だ)す
잊고 있었던 일을 상기하다
❖ 用事(ようじ)を思(おも)い出(だ)したので帰(かえ)ります
볼일이 생각나서 돌아가겠습니다

423
□ **おもう**   思う   생각하다, 상상하다

❖ 正(ただ)しいと思(おも)う 옳다고 생각한다
❖ この道(みち)が近(ちか)いと思(おも)う
이 길이 가깝다고 생각한다

424
■ **おりる**   下りる   내려오다, 내리다, 명령, 허가 등이 나오다

❖ 幕(まく)が下(お)りる 막이 내리다
❖ 飛行機(ひこうき)が地上(ちじょう)に下(お)りる
비행기가 지상에 내리다

425
■ **おる** 折る   **꺾다, 접다**

❖ 色紙で鶴を折る 색종이로 두루미를 접다
❖ ズボンの裾を折る 바지 자락을 접다

426
□ **おる**   **있다 (いる의 겸양어)**

❖ 社長はおりません 사장님은 안 계십니다
❖ 明日は家におります
내일은 집에 있겠습니다

427
■ **おれる** 折れる   **구부러지다, 둘로 나누어지다**

❖ 厚すぎて二つに折れない
너무 두꺼워서 둘로 접히지 않다
❖ 骨が折れる 무척 힘들다

428
■ **かう** 買う   **사다, 구입하다**

❖ 権利を買う 권리를 사다
❖ 土地を買う 토지를 사다

429
■ **かえる** 変える   **변화시키다, 바꾸다, 고치다**

❖ 顔色を変える 안색을 바꾸다
❖ 形を変える 모양을 바꾸다

430
■ **かく** 書く   **쓰다, 그리다, 문장을 짓다**

❖ 文字を書く 문자[글자]를 쓰다
❖ 漢字で書く 한자로 쓰다

431
■ **かざる** 飾る   **장식하다, 꾸미다**

❖ うわべを飾る 겉을 꾸미다, 면치레하다
❖ 花で飾る 꽃으로 장식하다

432
■ **かたづける** 片付ける 치우다, 정리하다

❖ 机の上を片付ける 책상 위를 정돈하다
❖ 部屋を片付ける 방을 치우다

433
■ **かつ** 勝つ 이기다

❖ 戦いに勝つ 싸움에 이기다
❖ 接戦の末、試合に勝った
접전 끝에 시합에 이겼다

434
■ **かまう** 構う 상관하다

❖ 構う必要がない 상관할 필요가 없다

435
■ **かむ** 噛む 씹다, 물다

❖ 犬が人を噛む 개가 사람을 물다
❖ 悔しそうに唇を噛む
분한 듯이 입술을 깨물다

436
■ **かよう** 通う 다니다, 왕래하다, 통하다

❖ 会社に通う 회사에 다니다
❖ 病院に通う 병원에 다니다

437
■ **かわく** 乾く 마르다

❖ ハンカチが乾く 손수건이 마르다
❖ 乾いた砂 건조한 모래

438
■ **かわる** 変わる 바뀌다

❖ 月が変わる 달이 바뀌다
❖ 住まいが変わる 주거가 바뀌다

439
■ **かんがえる**　考える　생각하다, 고안하다
- 結婚問題を考える 결혼 문제를 생각하다
- 両親の気持ちを考える
  부모의 심정을 헤아리다

440
■ **がんばる**　頑張る　노력하다, 분발하다
- 試験に受かるよう頑張る
  시험에 합격할 수 있도록 끝까지 노력하다
- 頑張ってついに成功した
  열심히 해서 드디어 성공했다

441
■ **きく**　聞く　듣다, 말을 듣다
- 話声を聞く 말소리를 듣다
- ラジオを聞く 라디오를 듣다

442
■ **きこえる**　聞える　들리다
- 爆音が聞える 폭음이 들리다
- 耳が悪くて話がよく聞えない
  귀가 나빠서 이야기가 잘 들리지 않다

443
■ **きまる**　決まる　결정되다, 정해지다
- 予定が決まる 예정이 정해지다
- 会長に決まる 회장으로 결정되다

444
■ **きめる**　決める　결정하다, 정하다
- 予算を決める 예산을 결정하다
- 態度を決める 태도를 정하다

445
■ **きる**　着る　입다, 뒤집어쓰다
- コートを着る 코트를 입다
- 罪を着る (남의 죄를) 뒤집어쓰다

동사

JLPT N4 필수단어 | **289**

446 くださる　下さる　주시다
- 先生の下さった本 선생님이 주신 책
- この金を私に下さるのですか
  이 돈을 저에게 주시는 겁니까?

447 くらべる　比べる　비교하다, 겨루다
- 例年に比べて寒い 예년에 비해서 춥다
- 長さを比べる 길이를 견주다

448 くれる　暮れる　해가 지다, 계절, 한해가 끝나다
- 日がとっぷり暮れる 해가 완전히 지다
- 日が暮れないうちに家に帰ろう
  날이 저물기 전에 집에 가자

449 くれる　(다른 사람이 나에게) 주다
- 母が時計をくれた
  어머니가 시계를 주었다
- 君がくれた絵 자네가 준 그림

450 けいさつ　警察　경찰
- 警察官 경찰관
- 警察へ自首する 경찰에 자수하다

451 こう　請う　부탁하다, 청하다
- 許しを請う 용서를 청하다
- 近日上映、請うご期待 근일상영, 걸 기대

452 こたえる　答える　대답하다
- 質問に答える 질문에 대답하다
- 先生の問いかけに答える
  선생님의 물음에 대답하다

453
■ **こわす** 壊す   부수다, 파괴하다, 고장내다, 망치다

❖ 建物を壊す 건물을 부수다[허물다]
❖ 茶碗を壊す 공기를 깨뜨리다

454
■ **こわれる** 壊れる   무너지다, 부서지다, 망가지다

❖ コップが壊れる 컵이 깨지다
❖ 壊れた花瓶 깨진 꽃병

455
■ **さがす** 探す   찾다

❖ その仕事に適する人材を探す
  그 일에 합당한 인재를 찾다

456
■ **さがる** 下がる   내려가다, 값이 내리다, 뒤로 물러나다

❖ 気温が下がる 기온이 내려가다
❖ 熱が下がる 열이 내리다

457
□ **さく** 咲く   꽃이 피다

❖ 桜の花が咲く 벚꽃이 피다
❖ 桜は四月の初めに咲く
  벚꽃은 4월 초에 핀다

458
■ **さげる** 下げる   내리다, 값을 내리다, 되돌려보내다

❖ 品質を下げる 품질을 떨어뜨리다
❖ 高跳びのバーを下げる
  높이뛰기의 바를 낮추다

459
■ **さしあげる** 差し上げる   들어올리다, 드리다

❖ プレゼントを差し上げる
  선물을 드리겠습니다
❖ 両手で高く差し上げる
  두 손으로 높이 쳐들다

동사

460
□ **さわぐ** 騒ぐ **떠들다, 시끄러운 소리를 내다**

- 子供たちが騒ぐ 아이들이 떠들다
- 若い血が騒ぐ 젊은 피가 끓다

461
■ **さわる** 触る **만지다**

- 肩に触る 어깨에 손을 대다
- 展示品には触らないでください
  전시품에는 손을 대지[만지지] 마시오

462
■ **しかる** 叱る **꾸짖다, 야단치다**

- 息子を叱る 아들을 꾸짖다
- 遅刻して叱られた 지각하여 꾸중들었다

463
□ **しまう** **~하고 말다, ~해버리다**

- 遅刻してしまった 지각해 버렸다
- すぐ忘れてしまう 곧 잊어버리다

464
■ **しめる** 締める **죄다, 긴장시키다, 마감하다**

- 浴衣に帯を締める
  유카타에 허리띠를 매다
- 鉢巻を締める 머리띠를 졸라매다

465
□ **しめる** 閉める **닫다**

- 店を閉める (가게)문을 닫다
- 後ろ手で戸を閉める 등 뒤로 문을 닫다

466
□ **しょうちする** 承知する **알다**

- 事前に承知していた 사전에 알고 있었다
- そのことなら十分承知しています
  그 일이라면 충분히 알고 있습니다.

467
■ **しらせる** 知らせる　알리다, 통지하다

❖ 虫が知らせる 예감이 들다
❖ 電話で知らせる 전화로 알리다

468
■ **しらべる** 調べる　조사하다

❖ 事故の原因を調べる
사고의 원인을 조사하다
❖ 古い文献を調べる
옛 문헌을 조사[연구]하다

469
■ **すぎる** 過ぎる　지나가다, 시간이 경과하다

❖ 時間が過ぎる 시간이 지나다
❖ 駅を過ぎる 역을 통과하다

470
□ **すく** 空く　속이 비다, 구멍 (=あく)

❖ 道路が空く 길이 텅텅 비다
❖ 腹が空く 배가 고프다

471
□ **すすむ** 進む　나아가다, 진행되다

❖ 工事が進む 공사가 진척되다
❖ 大学に進む 대학에 진학하다

472
■ **すてる** 捨てる　버리다, 내버려두다, 포기하다

❖ ごみを捨てる 쓰레기를 버리다
❖ 雑念を捨てる 잡념을 버리다

473
□ **すべる** 滑る　미끄러지다, (스키, 스케이트 등을)타다

❖ 足が滑る 발이 미끄러지다
❖ 大学を滑る 대학에 떨어지다

동사

JLPT N4 필수단어 | **293**

474
■ **すむ** 済む 끝나다, 기분이 풀리다

- 試験が済む 시험이 끝나다
- 済んだ事は仕方がない
  끝난 일은 별 수 없다

475
■ **すむ** 住む 살다

- 住む家をさがす 살 집을 구하다
- この家は久しく人が住んでいない
  이 집은 오랫동안 사람이 살고 있지 않다

476
■ **する** 하다, 역할을 맡다

- すっぱい味がする 시큼한 맛이 나다
- 音がする 소리가 나다

477
■ **そだてる** 育てる 키우다, 양육하다

- 子供を育てる 아이를 기르다
- 後継者を育てる 후계자를 기르다

478
■ **たおれる** 倒れる 넘어지다, 쓰러지다

- 台風で塀が倒れる
  태풍으로 담이 쓰러지다
- 前に倒れる 앞으로 넘어지다

479
■ **たす** 足す 더하다, 보충하다, 끝내다

- 5に3を足すと8になる
  5에 3을 더하면 8이 된다
- もう千円足せば、もっとよい物が買える
  천 엔만 더 보태면 더 나은 물건을 살 수 있다

480
■ **だす** 出す 꺼내다, 내보내다

- 引き出しから書類を出す
  서랍에서 서류를 꺼내다
- 植木鉢を庭に出す 화분을 뜰에 내놓다

481 たすける　助ける　구조하다, 돕다
- 溺れかけている子供を助ける 물에 빠진 아이를 구하다
- 遭難者を助ける 조난자를 구조하다

482 たずねる　尋ねる　묻다, 질문하다
- 名前を尋ねる 이름을 묻다
- 道を尋ねる 길을 묻다

483 たてる　建てる　건축하다
- 碑を建てる 비를 세우다
- ビルを建てる 빌딩을 건조하다

484 たてる　立てる　세우다, 일으키다
- 柱が高々と立てられた 기둥이 드높게 세워졌다
- 候補者として立てる 후보자로 내세우다

485 たのしむ　楽しむ　즐기다
- 余生を楽しむ 여생을 즐기다
- ゴルフを楽しむ 골프를 즐기다

486 たりる　足りる　족하다, 충분하다, 충족되다, 가치가 있다
- 1万円ほどあれば足りる 1만 엔 정도 있으면 족하다
- 商店では人手が足ない 상점에서는 일손이 모자란다

487 つかまえる　捕まえる　잡다, 붙잡다
- 犯人を捕まえる 범인을 붙잡다
- タクシーを捕まえる 택시를 잡다

488
■ **つく** 着く 도착하다, 닿다

- 定刻(ていこく)に着く 정각에 도착하다
- 宿(やど)に着く 숙소에 닿다

489
□ **つける** 付ける 켜다, 붙이다

- 明(あかり)を付ける 등불을 켜다
- テレビを付ける 텔레비전을 켜다

490
■ **つける** 漬ける (채소등을)담그다, 절이다

- キムチを漬ける 김치를 담그다
- たくあんを漬ける 단무지를 담그다

491
■ **つたえる** 伝える 전하다, 알리다, 전달하다

- 命令(めいれい)を伝(つた)える 명령을 전하다
- 真実(しんじつ)を伝(つた)える 진실을 알리다

492
■ **つづく** 続く 이어지다, 계속되다, 연결되다, (뒤)따르다

- 行列(ぎょうれつ)が3キロも続(つづ)いた
  행렬이 3km나 이어졌다
- 果(は)てしなく続(つづ)く道(みち) 끝없이 이어지는 길

493
■ **つづける** 続ける 계속하다

- 英語(えいご)に続(つづ)けて数学(すうがく)を勉強(べんきょう)する
  영어에 이어 수학을 공부하다
- 話(はなし)を続(つづ)ける 이야기를 계속하다

494
□ **つつむ** 包む 싸다, 포장하다

- 風呂敷(ふろしき)で着物(きもの)を包(つつ)む 보자기로 옷을 싸다
- コートに身(み)を包(つつ)む 코트를 몸에 두르다

495 つる 釣る 낚다, 유혹하다
- 釣り上げる 낚아 내다
- 魚を釣る 물고기를 낚다

496 つれる 連れる 데리고 가다
- 息子を野球場に連れて行った 아들을 야구장에 데리고 갔다
- 犬を連れて散歩する 개를 데리고 산책하다

497 てつだう 手伝う 도와주다, 거들다
- 家事を手伝う 가사를 거들다
- 先生の研究を手伝う 선생님의 연구를 돕다

498 とおる 通る 통하다, 통과하다
- 車が引っ切り無しに通る 자동차가 끊임없이 다니다
- 高圧の電流が通っている 고압 전류가 통하고 있다

499 とどける 届ける 배달하다, 신고하다
- この本を届けてください 이 책을 전해 주십시오
- 盗難を警察に届ける 도난을 경찰에 신고하다

500 とぶ 飛ぶ 날다, 날아가다, 퍼지다
- 鳥が飛ぶ 새가 날다
- 飛行機が飛ぶ 비행기가 날다

501 とめる 泊める 묵게 하다, 정박시키다
- 客を泊める 손을 숙박시키다
- 留学生を家に泊める 유학생을 집에 숙박시키다

동사

502
■ **とりかえる** 取り替える 교환하다, 남의 것과 바꾸다

❖ 電球を取り替える 전구를 바꾸다
❖ 部品を新しいのに取り替える
부품을 새것으로 바꾸다

503
■ **とる** 取る 들다, 쥐다, 얻다

❖ 机の上の本を取る 책상 위의 책을 집다
❖ 手に取って見る 손에 들고 보다

504
■ **なおす** 直す 고치다, 수선하다

❖ 欠点を直す 결점을 고치다
❖ 姿勢を直す 자세를 고치다

505
■ **なおる** 直る 고쳐지다, 낫다

❖ 間違いが直る 잘못된 것이 고쳐지다
❖ 悪い癖が直る 나쁜 버릇이 고쳐지다

506
■ **なおる** 治る 낫다, 치료되다

❖ 母の病気が治るように祈る
어머니의 병환이 낫도록 기원하다
❖ この分なら案外早く治るかもしれない
이런 상태라면 예상외로 빨리 나을지도 모른다

507
■ **なく** 泣く 울다

❖ 悲しくて泣く 슬퍼서 울다
❖ 泣きたいのを我慢する
울고 싶은 것을 참다

508
□ **なくす** 無くす 잃어버리다

❖ 自信を無くす 자신을 잃다
❖ 本を無くす 책을 잃어버리다

509
■ **なくなる** 　　無くなる 　　없어지다, 보이지 않게 되다, 다하다

❖ 見込みが無くなる　가망이 없어지다
❖ 机の上の本が無くなる
　책상 위의 책이 없어지다

510
■ **なくなる** 　　亡くなる 　　돌아가시다, 죽다

❖ 父は昨年亡くなりました
　아버지는 작년에 돌아가셨습니다

511
■ **なげる** 　　投げる 　　던지다, 단념하다, 제기하다

❖ ボールを投げる　공을 던지다
❖ 窓からみかんを投げてやる
　창문에서 귤을 던져 주다

512
■ **なさる** 　　　　　　하시다, 하다의 겸양어

❖ どれになさいますか
　어느것으로 하시겠습니까?
❖ 学問をなさる　학문을 하시다

513
□ **ならう** 　　習う 　　배우다, 익히다

❖ 技術を習う　기술을 배우다
❖ 先生に習う　선생님에게 배우다

514
■ **なる** 　　鳴る 　　울리다, 소리가 나다, 널리 알려지다

❖ 鐘が鳴る　종이 울리다
❖ 遠くでサイレンが鳴っている
　멀리서 사이렌이 울리고 있다

515
■ **なる** 　　生る 　　열리다, 맺히다

❖ みかんが生る　귤이 열리다
❖ 花は咲くが実は生らない
　꽃은 피지만 열매는 맺히지 않다

516
■ **なれる** 　　慣れる 　　익숙해지다, 길들다

- 貧乏には慣れている
  가난에는 익숙해졌다
- この靴はまだ足に慣れていない
  이 구두는 아직 발에 길들지 않았다

518
■ **にげる** 　　逃げる 　　도망치다, 회피하다

- 刑務所から逃げる 교도소에서 도망치다
- 責任から逃げる 책임을 회피하다

518
■ **にる** 　　似る 　　닮다, 비슷하다

- 似たり寄ったりだ
  (옛)비슷하다 우열이 없다
- 似た話を聞いた事がある
  비슷한 이야기를 들은 적이 있다

519
■ **ぬすむ** 　　盗む 　　훔치다, 남몰래~하다

- 財布を盗む 지갑을 훔치다
- アイディアを盗む 아이디어를 도용하다

520
■ **ぬる** 　　塗る 　　칠하다, 바르다

- 絵の具を塗る 그림 물감을 칠하다
- 壁を塗る 벽을 바르다

521
■ **ぬれる** 　　濡れる 　　젖다, 적셔지다

- 雨に濡れる 비에 젖다
- びっしょり濡れる 함빡 젖다

522
■ **ねむる** 　　眠る 　　잠들다, 자다, 죽다

- ぐっすり眠る 푹 자다
- 金が金庫で眠る 돈이 금고에서 잠자다

523 ねる 寝る
잠자다, 눕다

- 寝る子は育つ 잘자는 아이는 잘 큰다
- いつの間にか寝てしまった
  어느 틈에 잠들고 말았다

524 のこる 残る
남다, 여분이 생기다

- 雪が残っている 눈이 남아 있다
- 勝ち残る
  이겨서 남다, (경기 등에서) 탈락되지 않다

525 のぼる 登る
산 등의 높은 곳을 오르다

- 山に登る 산에 오르다
- 丘に登って辺りを眺める
  언덕에 올라 주위를 둘러보다

526 のぼる 上る
오르다

- 頭に血が上る 머리에 피가 오르다
- 話題に上る 화제에 오르다

527 のりかえる 乗り換える
갈아타다, 생각 등을 바꾸다

- バスで行って電車に乗り換える
  버스로 가서 전차로 갈아타다
- 新宿駅で中央線に乗り換える
  신주쿠역에서 중앙선으로 갈아타다

528 はこぶ 運ぶ
나르다, 운반하다, 나아가다

- 荷物を運ぶ 짐을 나르다
- 次の駅へ乗客を運ぶ
  다음 역으로 승객을 실어 나르다

529 はじめる 始める
시작하다

- 仕事を始める 일을 시작하다
- 練習を始める 연습을 시작하다

530
■ **はらう** 払う **지불하다, 팔아치우다, 털다**

❖ 小枝を払う 잔가지를 치다
❖ 着物の雪を払う 옷의 눈을 털다

531
□ **はる** 貼る **붙이다**

❖ 切手を貼る 우표를 붙이다
❖ 壁紙を貼る 벽지를 붙이다

532
■ **ひえる** 冷える **식다, 추워지다, 차지다**

❖ 朝晩はとても冷える 아침 저녁에는 몹시 쌀쌀해진다
❖ ご飯が冷える 밥이 식다

533
□ **ひかる** 光る **빛나다**

❖ 星が光る 별이 빛나다
❖ ぴかぴかに光る 반짝반짝하게 빛나다

534
■ **びっくりする** **깜짝 놀라다**

❖ 彼の変身ぶりにびっくりした 그의 변신에 깜짝 놀랐다
❖ びっくりして口も利けない 놀라서 말도 못 하다

535
■ **ひっこす** 引っ越す **이사하다**

❖ 田舎へ引っ越す 시골로 이사하다
❖ 新居へ引っ越す 새집으로 이사하다

536
■ **ひらく** 開く **열리다, 열다**

❖ 議会が開く 의회가 열리다
❖ 店が開く 가게가 열리다

537
■ **ひろう**　拾う　　줍다, 집다, 얻다, 택시 등을 잡다
- 金を拾う 돈을 습득하다
- 落ち穂を拾う 이삭을 줍다

538
■ **ふえる**　増える　　늘다, 불다
- 体重が増える 체중이 늘다
- 行動量が増える 행동량이 늘다

539
■ **ふく**　吹く　　불다, 겉으로 나오다
- 高原を吹く風 고원에 부는 바람
- 口笛を吹く 휘파람을 불다

540
□ **ふとる**　太る　　살찌다, 뚱뚱해지다(↔やせる)
- でぶでぶに太る 뒤룩뒤룩하게 살이 찌다
- 財産が太る 재산이 불어나다

541
■ **ふむ**　踏む　　발로 밟다, 디디다
- ペダルを踏む 페달을 밟다
- 雪を踏みながら行く 눈을 밟으면서 가다

542
■ **ふる**　降る　　눈비가 내리다
- 春雨が降る 봄비가 내리다
- 星の降るような夜 별이 총총한 밤

543
■ **ほめる**　褒める　　칭찬하다
- 先生に褒められる 선생님께 칭찬받다
- 誰も褒める人がいない
  아무도 칭찬하는 사람이 없다

544
■ **まいる** 参る 오다, 가다의 겸양어
- 後程 参ります 조금 후에 찾아가겠습니다
- ご一緒に 参りましょう 함께 갑시다

545
■ **まける** 負ける 패하다, 지치다
- 戦いに 負ける 싸움[전쟁]에 지다
- 選挙に 負ける 선거에 지다

546
■ **まちがう** 間違う 틀리다, 잘못되다
- 間違った 計算 틀린 계산
- 間違った 行い 그릇된 행위

547
□ **まつ** 待つ 기다리다
- 機会を 待つ 기회를 기다리다
- 電車を 待つ 전차를 기다리다

548
■ **まにあう** 間に合う 시간에 대다, 충분하다
- 電話で 間に合う 用事
  전화로 해결되는 용무
- 5万円あれば 間に合う
  5만 엔만 있으면 급한 대로 쓸 수 있다

549
■ **まわる** 回る 돌다, 회전하다, 퍼지다
- 水車が 回る 물레방아가 돌다
- 扇風機が 回る 선풍기가 돌다

550
■ **みえる** 見える 보이다
- 山が 見える 산이 보이다
- 外野席でも 試合はよく 見える
  외야석에서도 시합은 잘 보인다

551 みつかる 見付かる 발견되다, 들키다
- 迷子が見付かる 미아를 찾게 되다
- 敵に見付かる 적에게 발각되다

552 みる 見る 보다
- 相手の顔を見る 상대의 얼굴을 보다
- 味を見る 맛을 보다

553 むかう 向かう 향하다, 마주보다
- 面と向かう 얼굴을 마주 대하다
- 年末に向かう 연말이 다가오다

554 むかえる 迎える 맞다, 맞이하다
- 正月を迎える準備 설맞이 준비
- 客を笑顔で迎える 손을 웃는 낯으로 맞다

555 もうす 申す 말씀드리다, 말하다(言う의 겸양어)
- 申すまでもなく 말씀드릴 나위도 없이
- 申す言葉もありません 여쭐 말씀도 없습니다

556 もどる 戻る 돌아오다, 원상태로 되돌아오다
- 席に戻る 자리에 되돌아가다
- 学校から戻る 학교에서 돌아오다

557 もらう 貰う 받다
- 小遣いを貰う 용돈을 얻다
- 金賞を貰う 금상을 받다

558
■ **やくだつ** 役立つ　도움이 되다, 쓸모있다

❖ 日常生活に役立つ辞典
　일상 생활에 유용한 사전
❖ 実戦に役立つ　실전에 도움이 되다

559
■ **やける**　　焼ける　타다, 뜨거워지다, 구워지다

❖ 日に焼けた肌　햇빛에 탄 피부
❖ よく焼けた魚　잘 구워진 생선

560
■ **やせる**　　　　야위다, 땅이 메마르게 되다

❖ 見る影も無くやせる　볼품없이 여위다
❖ 心配事でやせる思いがする
　걱정으로 바짝바짝 마르는 것 같다

561
□ **やむ**　　　止む　(비, 눈 등이)그치다, 멎다

❖ 雨が止む　비가 멎다
❖ 笑いが止む　웃음이 멎다

562
□ **やめる**　　止める　그만두다, 끊다

❖ 話を止める　이야기를 중지하다
❖ 酒を止める　술을 끊다

563
□ **やめる**　　辞める　(관직 따위를) 그만두다

❖ 会社を辞める　회사를 그만두다
❖ 学校を辞める　학교를 그만두다

564
■ **ゆれる**　　揺れる　흔들리다, 동요하다

❖ 電車が揺れる　전차가 흔들리다
❖ 木の葉が揺れている
　나뭇잎이 흔들리고 있다

565 よる　寄る　다가가다

- そばに寄る 곁에 다가서다
- もっとこちらに寄りなさい
  좀더 이쪽으로 다가서십시오

566 よろこぶ　喜ぶ　기뻐하다

- 人に喜ばれる親切 남을 기쁘게 하는 친절
- 父の喜ぶ顔が見たい
  아버지의 기뻐하시는 얼굴이 보고 싶다

567 わかす　沸かす　끓이다, 데우다, 열광시키다

- お茶を沸かす 차를 끓이다
- 風呂を沸かす 목욕물을 데우다

568 わかれる　別れる　헤어지다, 이별하다, 분리되다

- 妻と別れる 아내와 헤어지다
- 君と別れて一年になる
  너와 헤어진 지 1년이 된다

569 わく　沸く　물이 끓다, 열광하다

- お湯が沸く 물이 끓다
- ふろが沸く 목욕물이 더워지다

570 わらう　笑う　웃다, 웃음짓다

- にこにこ笑う 싱글싱글 웃다
- 笑ってごまかす
  웃어서 호도하다, 웃어서 얼버무리다

571 われる　割れる　깨지다

- コップが割れる 컵이 깨지다
- 頭が割れるほど痛い
  머리가 뻐개질 듯이 아프다

な형용사 — New JLPT Level 4 일본어능력시험

572
□ **あんしんだ** 安心だ 안심하다
- これで安心できる 이제 안심할 수 있다
- 彼に任せておけば安心だ
  그에게 맡겨 두면 안심이다

573
■ **あんな** 저런, 그런
- 私もあんな小説が書きたい
  나도 저런 소설을 쓰고 싶다
- あんなに努力したのに
  그토록 노력했는데

574
■ **かんたんだ** 簡単だ 간단하다
- 簡単な仕事 간단한 일
- 簡単な問題 간단한 문제

575
■ **きれいだ** 奇麗だ 아름다움, 깨끗함
- 奇麗な着物 예쁜 옷
- 奇麗な声 고운 목소리

576
□ **さかんだ** 盛んだ 번창하다, 왕성하다
- 野球が盛んだ 야구가 성하다
- この国は仏教が盛んだ
  이 나라는 불교가 성하다

577
□ **しつれいだ** 失礼だ 실례하다
- 失礼な態度 무례한 태도
- 目上に対してずいぶん失礼な話だ
  어른에 대해서 매우 실례되는 말이다

578
■ **じゃまだ**　邪魔だ　방해하다
- 邪魔が入る 훼방이 들다
- 仕事の邪魔をする 일을 방해하다

579
■ **じゅうぶんだ**　十分だ　충분하다
- 十分な配慮 충분한 배려
- もう十分です やめてください
  이제 충분합니다 그만하세요

580
■ **しんせつだ**　親切だ　친절하다
- 親切心 친절한 마음
- 不親切 불친절

581
□ **しんぱいだ**　心配だ　걱정이다
- 心配ごとが多い 걱정거리가 많다.
- 心配しないでください 걱정하지 마세요

582
■ **だいじだ**　大事だ　소중하다, 중요하다
- それは大事だ 이것은 중요하다
- 大事な時間を割く 소중한 시간을 내다

583
■ **たしかだ**　確かだ　확실하다
- 確かな証拠 확실한 증거
- 確かな事実 틀림없는 사실

584
■ **だめだ**　駄目だ　안 된다, 좋지 않다, 쓸모없다
- 努力をしたが駄目だった
  노력을 하였으나 허사였다
- 運命に逆らっても駄目だ
  운명에 거역하여도 소용없다

585
□ **ていねいだ** 丁寧だ 공손하다, 정중하다

- ❖ 馬鹿丁寧 지나치게 공손함
- ❖ 丁寧なあ挨拶 공손한 인사

586
■ **てきとうだ** 適当だ 적당하다

- ❖ 適当な人物 적당한 인물
- ❖ 適当な結婚相手 적당한 결혼 상대

587
■ **とくべつだ** 特別だ 특별하다(↔平凡だ)

- ❖ 特別な日 특별한 날
- ❖ 特別な思い出 특별한 추억

588
■ **ねっしんだ** 熱心だ 열심이다

- ❖ 熱心な仕事振り 열심히 일하는 태도
- ❖ 生徒の指導に熱心だ
  학생 지도에 열심이다

589
■ **ひさしぶりだ** 久し振りだ 오래간만이다

- ❖ 久し振りの再会 오래간만의 재회
- ❖ 久し振りに聞く 오랜만에 듣다

590
□ **ひつようだ** 必要だ 필요하다

- ❖ 必要な品物 필요한 물건
- ❖ お金が必要だ 돈이 필요하다

591
■ **ふくざつだ** 複雑だ 복잡하다(↔単純だ)

- ❖ 複雑な仕事 복잡한 일
- ❖ 電子計算機の構造は複雑だ
  전자 계산기의 구조는 복잡하다

592
□ **ふつうだ**　普通だ　보통이다

❖ 体の調子が普通ではない
건강 상태가 보통이 아니다
❖ 彼の成績は普通だ　그의 성적은 보통이다

593
□ **ふべんだ**　不便だ　불편하다(↔便利だ)

❖ 交通の不便な田舎　교통이 불편한 시골
❖ ここは不便な所です
여기는 불편한 곳이다

594
□ **まっすぐだ**　真直だ　똑바르다

❖ 真っ直な線　쭉 곧은 선
❖ 真っ直な姿勢　똑바른 자세

595
■ **むりだ**　無理だ　무리하다

❖ 無理なことを言う　무리한 말을 하다
❖ 無理な要求　무리한 요구

TIP

- 真(ま)っ 은 접두어로서 아주, 완전히의 뜻으로 명사・형용사・형용동사에 붙어 어세를 강조한다.
  真っ直(まっすぐ)だ　똑바르다
  真っ白(まっしろ)だ　새하얗다
  真っ赤(まっか)だ　새빨갛다
  真っ青(まっさお)だ　새파랗다
  真っ黒(まっくろ)だ　(색깔이) 새까맣다, 시커멓다
  真っ暗(まっくら)だ　아주 컴컴하다, 칠흑같이 어둡다

い형용사 — New JLPT Level 4 일본어능력시험

596
■ あつい　暑い　　덥다(↔寒い)
- 暑い部屋 더운 방
- 今日は大変暑い 오늘은 매우 덥다

597
■ あつい　厚い　　두껍다, 두텁다(↔薄い)
- 厚い本 두꺼운 책
- 層が厚い 층이 두껍다

598
■ うまい　　맛있다(↔まずい), 잘하다
- うまい料理 맛있는 요리
- うまそうに食べる 맛있는 듯이 먹다

599
□ うるさい　煩い　　시끄럽다, 귀찮다, 번거롭다, 성가시다
- ラジオが煩い 라디오가 시끄럽다
- 手続きが煩い 절차가 번거롭다

600
■ うれしい　嬉しい　　기쁘다(↔悲しい)
- 友の全快が嬉しい
  친구가 완쾌해서 기쁘다
- 合格して嬉しい 합격해서 기쁘다

601
□ おおい　多い　　(수량·횟수·물건) 많다
- 口数の多い人 말수가 많은 사람
- 地震の多い地方 지진이 많은 지방

602
□ **おかしい**　可笑しい　이상하다, 우습다

❖ 可笑しくてたまらない　우스워 죽겠다
❖ 箸がころんでも可笑しい
　젓가락이 구르기만 해도 우습다

603
□ **かたい**　固い　딱딱하다, 질기다, 단단하다(↔柔らかい)

❖ 石は堅い　돌은 단단하다
❖ この肉は堅い　이 고기는 질기다

604
■ **かなしい**　悲しい　슬프다(↔嬉しい)

❖ 悲しい物語　슬픈 이야기
❖ 悲しくて涙があふれる
　슬퍼서 눈물이 넘치다

605
■ **きびしい**　厳しい　엄하다, 엄격하다, 혹독하다

❖ 厳しい取り締まり　엄중한 단속
❖ 厳しい表情　엄한 표정

606
■ **くらい**　暗い　어둡다(↔明るい)

❖ この電灯は暗い　이 전등은 어둡다
❖ 日が落ちて辺りが暗くなる
　해가 떨어져 주위가 침침해지다

607
■ **こまかい**　細かい　잘다, 세세하다, 자잘하다

❖ 細かい粒　작은 알갱이
❖ 細かい模様　작은 무늬

608
■ **こわい**　怖い　무섭다, 두렵다

❖ 怖い目付き　무서운 눈매
❖ 怖い目にあう　무서운 꼴을 당하다, 혼나다

609
■ **さびしい** 寂しい　쓸쓸하다, 외롭다

❖ 寂しい村 쓸쓸한 마을
❖ 寂しい夜道を歩く 호젓한 밤길을 걷다

610
□ **すくない** 少ない　적다(↔多い)

❖ 量が少ない 양이 적다
❖ 口数の少ない人 말수가 적은 사람

611
□ **すごい** 凄い　굉장하다, 대단하다

❖ 凄いうなり声 무시무시한 신음소리
❖ 凄い目でにらみつける
무서운 눈으로 노려보다

612
■ **すばらしい** 素晴らしい　멋지다, 훌륭하다, 굉장하다

❖ 素晴らしい絵だね 멋진 그림이구나
❖ 素晴らしい計劃を考え付く
굉장한 계획을 착상하다

613
■ **ただしい** 正しい　바르다, 옳다

❖ 形や向きが正しい
모양이나 방향이 바르다
❖ 君の姿勢は正しい 너의 자세는 바르다

614
□ **ながい** 長い　길다(↔短い)

❖ 長い棒 긴 막대기
❖ 長い文章 긴 문장

615
■ **にがい** 苦い　쓰다(↔酸っぱい)

❖ 苦い薬 쓴 약
❖ 苦くて食べられない 써서 먹을 수가 없다

616 にくい　憎い
밉다, 싫다

- 憎い奴 미운 녀석
- 憎い仕打ち 얄미운 처사

617 ぬるい　温い
미지근하다

- ふろが温い 목욕물이 미지근하다
- コーヒーが温くなりました 커피가 미지근해졌습니다

618 ねむい　眠い
졸리다

- 眠いのを我慢して聞いている 졸음이 오는 것을 참고 듣고 있다
- いやに眠い 몹시 졸리다

619 はずかしい　恥ずかしい
창피하다, 부끄럽다

- 恥ずかしい行為 부끄러운 행위
- 試験に落第して恥ずかしい 시험에 낙제해서 창피하다

620 はやい　早い
빠르다, 이르다

- 早い回復 빠른 회복
- 失望するのはまだ早い 실망하기에는 아직 이르다

621 ひどい　酷い
심하다, 형편없다, 무정하다

- 酷い仕打ち 잔인한 처사
- 酷い目に遭う 참혹한 꼴을 당하다

622 ふかい　深い
깊다(↔浅い)

- 傷口が深くない 상처가 깊지 않다
- 心の奥に深く秘める 마음속 깊이 접어두다

623
■ **めずらしい** 珍しい   진귀하다, 희귀하다, 보기 드물다

❖ 珍しい物をいただいた
희귀한 물건을 받았다
❖ 珍しい贈り物をいただいた
진귀한 선물을 받았다

624
■ **やさしい** 易しい   쉽다(↔難しい)

❖ 易しい英語の文章 평이한 영어 문장
❖ 問題が易しい 문제가 쉽다

625
■ **やさしい** 優しい   상냥하다

❖ 優しい姿 우아한 모습
❖ 優しい笑顔 우아하게 웃는 얼굴

626
■ **やわらかい** 柔らかい   부드럽다, 온화하다, 유연하다(↔かたい)

❖ 柔らかい肌 보드라운 살결
❖ 柔らかい布団 폭신한 이부자리

627
■ **よろしい** 宜しい   좋다(いい・よい의 정중한 표현)

❖ 帰っても宜しい 돌아가도 좋다
❖ 答えは鉛筆で書いても宜しい
답은 연필로 써도 좋다

628
□ **よわい** 弱い   약하다

❖ 弱い者をいじめる 약한 자를 괴롭히다
❖ 視力が弱い 시력이 약하다

부사

629
いかが 如何 — 어떻게, 어떻습니까?

- 如何いたしましょう 어떻게 할까요?
- 如何なさいますか 어떻게 하시겠습니까?

630
いっきに 一気に — 단숨에, 단번에

- 一気に書き上げる 단숨에 써내다
- 一気に飲み干す 단번에 마셔 버리다

631
いま 今 — 지금, 당장

- 今ちょうど6時だ 지금 정각 6시다
- 今流行の髪型 현재 유행하는 머리형

632
いまや 今や — 이제야말로, 바야흐로

- 今や宇宙時代だ 바야흐로 우주 시대다
- 今や決戦のときだ 바야흐로 결전의 때다

633
おなじく 同じく — 마찬가지로

- 前と同じく取り扱う
  이전과 마찬가지로 취급한다
- 編集部員A(エー)、同じくB(ビー)
  편집부원 A, 동 B

634
かならず 必ず — 꼭, 반드시, 확실히

- 約束したことは必ず守る
  약속한 일은 틀림없이 지킨다
- 会うと必ず口論する
  만나면 꼭 말다툼하다

JLPT N4 필수단어 | **317**

635
□ **かりに**　仮に　　가령, 만일

- いま仮に金があればまず本を買う
  가령 지금 돈이 있다면 우선 책을 산다
- 仮に船で行けばいくらかかるか
  가령 배로 가면 비용이 얼마나 드는가?

636
□ **きっと**　　　　꼭, 반드시

- きっと来てね 꼭 와요
- きっと行くよ 꼭 갈게

637
■ **けっして**　決して　절대로, 결코

- 決して不自然ではない
  결코 부자연스럽지는 않다
- 御恩は決して忘れません
  은혜는 절대로 잊지 않겠습니다

638
■ **さっき**　先　　조금 전, 아까

- 先はご免なさい 아까는 미안했어요
- 先の人がまた来た 아까 그분이 또 왔다

639
□ **しだいに**　次第に　서서히, 차츰

- 次第に明るくなる 차츰 밝아오다
- 次第に力が衰える 점차 기운이 시그러지다

640
□ **しっかり**　確り　견고한 모양, 단단히, 꼭

- 基礎が確りしている 기초가 튼튼하다
- ひもを確り結ぶ 끈을 단단히 매다

641
■ **しばらく**　暫く　잠깐, 오래간만, 당분간

- 暫く待つ 잠시 기다리다
- 暫くして彼が現れた
  잠시 뒤 그가 나타났다

642
すぐ 直ぐ

곧, 아주 가까이

- 直ぐに帰る 곧 돌아가다
- 直ぐ怒る 금방 화내다

643
すっかり

몽땅, 완전히

- すっかり忘れていた 까맣게 잊고 있었다
- すっかり体が丈夫になる 건강을 완전히 회복하다

644
ずっと

훨씬, 쭉, 매우, 아주,

- この方がずっと重い 이쪽이 훨씬 무겁다
- 彼女よりずっと美しい 그녀보다 훨씬 아름답다

645
ぜんぜん 全然

전혀

- 全然知らない 전혀 알지 못하다
- 親子でも全然似ていない 부모 자식 사이이지만 조금도 닮지 않았다

646
それほど

그렇게, 그 정도, 그토록

- それほど嬉しいか 그렇게 기쁘냐?
- それほど行きたかったら行ってもよい 그렇게 가고 싶으면 가도 좋다

647
そろそろ

곧, 이제, 슬슬

- そろそろ出掛けよう 이제 슬슬 나가보자
- そろそろ起き上がる 천천히 일어나다

648
だいぶ 大分

상당히, 제법, 무척

- 大分儲かる 꽤 벌었다
- 今日は昨日より大分寒い 오늘은 어제보다 상당히 춥다

부사

649
■ **たとえば** 例えば | 예를들면

❖ 例えばどんな曲が好きですか
예를 들면 어떤 곡을 좋아합니까?

650
■ **たまに** | 가끔, 때때로

❖ たまに合う 어쩌다가 만나다
❖ たまにやって来る 이따금 찾아오다

651
■ **ちっとも** | 조금도, 전연

❖ ちっとも面白くない 조금도 재미없다
❖ ちっとも怖くない 조금도 두렵지 않다

652
■ **ちょうど** 丁度 | 꼭, 정확히

❖ ちょうど10時だ 꼭 10시다
❖ ちょうど体に合う 꼭 몸에 맞다

653
■ **どう** | 어떻게, 어떻습니까?

❖ どうしたのだ 어떻게 된 거냐
❖ どうしようか 어떻게 할까?

654
■ **とうとう** | 드디어, 결국

❖ とうとう成功した 마침내 성공했다
❖ とうとう見つけた
드디어 찾았다

655
□ **ときに** 時に | 때로는, 가끔, 어쩌다가

❖ 時に役立つ事もある
어쩌다가 도움이 될 적도 있다
❖ 時には意志の強さを現す
때로는 의지의 강함을 나타내 보이다

656
■ **とくに**　特に　특히
- 特に留意すべき点 특히 유의해야 할 점
- 特に出向く必要は無い 특별히 갈 필요는 없다

657
■ **なかなか**　中中　(긍정)꽤, (부정)도저히 (=中々)
- 中中面白い 꽤 재미있다
- 中中暑い 매우 덥다

658
□ **なぜ**　何故　왜, 어째서
- 何故笑うの 왜 웃니?
- 心が浮き浮きするのは何故だろう 마음이 들뜨는 것은 무엇 때문일까?

659
■ **なるべく**　成るべく　될 수 있는 대로, 가능한한
- 成るべくならその方がいい 가능하다면 그 편[그것]이 좋다
- 成るべく早くして上げなさい 될 수 있는 대로 빨리 해 드려요

660
■ **なるほど**　과연, 정말, 그렇고말고
- なるほど立派な人だ 과연 훌륭한 사람이다
- なるほどこの本はおもしろい 과연 이 책은 재미있다

661
■ **はっきり**　확실히
- はっきり見える 뚜렷이 보이다
- はっきりと書きなさい 분명히 쓰시오

662
□ **はやくも**　早くも　빠르게도(이미)
- 早くも効果が現れた 벌써 효과가 나타났다
- 早くも次期選挙での勝利を宣言した 일찌감치 차기 선거에서의 승리를 선언했다

663
■ **ひじょうに** 非常に 대단히, 무척

- 非常に大事にする 끔찍이 위하다
- 非常に疲れた 너무 피곤하다

664
■ **べつに** 別に 별로

- 別に用は無い 별로 볼일은 없다
- 別に困らない 별로 곤란하지 않다

665
■ **まず** 先ず 우선, 먼저, 대체로

- 先ず子供達のことを考える
  먼저 아이들 일을 생각하다
- 先ずこれから始めよう
  우선 이것부터 시작하자

666
□ **まま** 間間 간간이, 간혹(=時々)

- 間間誤りがある 간혹 잘못이 있다
- 忘れることも間間ある
  잊는 수도 간혹 있다

667
□ **まんいち** 万一 만약, 만에 하나, 만일

- 万一そんな事が起こったら
  만약 그러한 일이 일어난다면
- 万一休んでも心配しないでくれ
  만약 쉬더라도 염려하지 말게

668
■ **もうすぐ** 이제, 곧

- もうすぐ回診の時間です
  곧 회진 시간입니다
- もうすぐ来るでしょう 이제 곧 오겠지요

669 もし　若し　만약, 만일, 혹시

- 若し雨が降れば中止する
  만약 비가 오면 중지한다
- 若し発見が遅れたら助からないだろう
  만일 발견이 늦어지면 살아나지 못할 것이다

670 もじどおり　文字通り　문자 그대로, 그야말로, 정말로

- 文字通り骨と皮ばかりに痩せ衰えた
  문자 그대로 뼈와 가죽만으로 앙상하게 쇠약해졌다
- 文字通り東京は日本の表玄関だ
  문자 그대로 도쿄는 일본의 현관이다

671 もっと　더, 더욱, 좀더, 한층(=尚)

- もっと食べたい　더 먹고 싶다
- もっと勉強しなさい　더 공부해라

672 やはり　역시(=やっぱり)

- 彼もやはり冒険家だ　그도 역시 모험가다
- 彼女は今でもやはり美しい
  그녀는 지금도 역시 아름답다

TIP

- 非常(ひじょう)には 객관적 느낌이며 조금 딱딱한 표현으로 주로 공식적인 자리에서 사용된다.
- とても는 화자의 판단으로 주관적이며 과장된 의미는 없고 주로 회화체에 사용된다.

외래어

673 アルバイト
아르바이트

- アルバイトで学費を稼ぐ
  아르바이트로 학비를 벌다
- 主婦のアルバイト 가정부인의 부업

674 エスカレーター
에스컬레이터

- エスカレーター式の大学
  에스컬레이터식 대학
- 出世のエスカレーター
  출세의 에스컬레이터

675 エレベーター
엘리베이터

- エレベーターに乗る 승강기를 타다
- エレベーターが昇降する
  엘리베이터가 승강하다

676 オートバイ
오토바이

- オートバイが快音を響かせて走り出す
  오토바이가 경쾌한 소리를 내며 출발하다

677 オーバー
오버코트, 외투

- しみったれたオーバーを着ている
  초라해진 오버를 입고 있다
- このオーバーは丈が長過ぎる
  이 오버는 기장이 너무 길다

678 ガソリン
가솔린

- ガソリンスタンド 주유소
- ガソリンエンジン 가솔린 엔진

679 ガソリンスタンド — 주유소
- ガソリンスタンドに車でいっぱいだ 주유소에 차가 꽉 들어찼다

680 カーテン — 커튼
- カーテンを引く 커튼을 치다
- カーテンを開ける 커튼을 걷다

681 ガラス — 유리
- ガラス窓 유리창
- ガラス瓶 유리병

682 ギター — 악기
- ギターを弾く 기타를 치다
- ギター奏者 기타 연주자

683 コンサート — 콘서트
- コンサートを催す 연주회를 개최하다
- コンサートホール 콘서트 홀

684 サンダル — 샌들
- サンダルをひっかける 샌들을 신다
- 子供のサンダルが散らばっている 아이들의 샌들이 (어지럽게) 흩어져 있다

685 サンドイッチ — 샌드위치
- サンドイッチになる 사이에 끼이다 샌드위치가 되다
- 中間に立って[サンドイッチになって]立場が苦しい 새중간에 서서 난처하다

686
□ ジャム
잼

- ストロベリージャム 딸기잼
- パンにジャムをつける
  빵에 잼을 바르다

687
□ ステレオ
스테레오, 입체

- ステレオの音を小さくして下さい
  스테레오의 소리를 즐여 주세요
- ステレオ映画 입체 영화

688
□ タイプ
타입

- 新しいタイプの車 새로운 형의 차
- わたしの好きなタイプの女性
  내가 좋아하는 타입의 여성

689
□ テキスト
텍스트

- 英会話のテキスト 영어 회화의 교본
- 資料性の高いテキスト
  자료성이 높은 원전

690
□ テニスコート
테니스코트

- テニスコートにローラーをかける
  테니스 코트에 롤러로 땅을 고르다

691
□ ビル
빌딩

- 画一化されたビルの建築様式
  획일화된 빌딩 건축 양식
- 町には高層ビルが立ち並んでいる
  거리에는 고층 빌딩이 숲을 이루다

692
□ プレゼント
프레젠트, 선물

- クリスマスプレゼント 크리스마스 선물
- 誕生日にプレゼントする
  생일에 선물하다

693
□ **ベル** — 벨

- 玄関(げんかん)のベルを押(お)す 현관의 벨을 누르다
- 非常(ひじょう)ベル 비상 벨

694
□ **ボタン** — 버튼, 단추

- ボタンをかける[はめる] 단추를 채우다[끼우다]
- ボタンが外(はず)れる 단추가 끌러지다

695
□ **メートル** — 미터

- 400(よんひゃく)メートルリレー 400미터 계주
- 2(に)メートルの壁(かべ) 2m의 벽

696
□ **ラジオ** — 라디오

- ラジオを聞(き)く 라디오를 듣다
- ラジオを組(く)み立(た)てる 라디오를 조립하다

외래어

TIP

- 선물이란 뜻으로 プレゼント가 많이 쓰이며, お土産(みやげ)도 선물이란 뜻인데 주로 여행지에서 사온 기념 선물이다.
- 주로 손잡이가 없는 것은 コップ, 손잡이가 있는 것은 カップ라고 합니다.
  コーヒーカップ 커피 잔
  紙(かみ)コップ 종이컵

기타

697
いただきます
[인사] 잘 먹겠습니다

❖ お菓子をいただきます
과자를 잘 먹겠습니다

698
いっていらっしゃい
(行っていらっしゃい)
[인사] 다녀와라

❖ えりさん、いっていらっしゃい
에리양, 다녀와요

699
いってまいります
(行って参ります)
[인사] 다녀오겠습니다,

❖ では また、いってまいります
그럼, 또 다녀오겠습니다

700
おかえりなさい
(お帰りなさい)
[인사] 돌아가세요, 잘 오셨어요

❖ おかえりなさいませ 어서 오세요

701
おかげさまで おかげ様で
[인사] 덕분에

❖ おかげさまで落ち着きました
덕분에 안정을 찾았습니다

❖ おかげさまでみんな元気です
덕분에 저의 가족은 모두 건강합니다

702
おだいじに お大事に
[인사] 몸조리 잘하세요

❖ お体お大事に
몸 소중히 하십시오(몸조리 잘 하세요)

703
おまたせしました
(お待たせしました)
[인사] 기다리게 했습니다

❖ 全国のファンの皆さま、お待たせしました！
전국의 팬 여러분 오래 기다리셨습니다

704
□ **おめでとう** 〔인사〕 축하합니다

- ご入学おめでとう 입학을 축하합니다
- ご結婚おめでとう 결혼을 축하합니다

705
□ **かしこまりました** 〔인사〕 잘 알겠습니다, 분부대로 하겠습니다

- はい、かしこまりました
  예, 알겠습니다

706
□ **こんにちは** 〔인사〕 안녕하세요,

- こんにちは、私は日本人です
  안녕하세요, 저는 일본인입니다

707
□ **それはいけません** 〔인사〕 그것 안됐군요

- それならそれはいけません
  그렇다면 그것 안됐군요

708
□ **ただいま** 〔인사〕 다녀왔습니다, 지금, 현재

- おかあさん、ただいま
  어머니, 다녀왔습니다
- ただいま席を外しております
  지금 자리를 비우고 있습니다

709
□ **どういたしまして** 〔인사〕 천만에요

- いいえ、どういたしまして
  아니요, 천만에요

710
□ **よくいらっしゃいました** 〔인사〕 잘 오셨습니다

- 田中さん、よくいらっしゃいました
  다나카 씨, 잘 오셨습니다

711
おいでになる　〖존경〗 가시다, 오시다, 계시다

- 何時におでになりますか
  몇 시에 가시렵니까

712
おっしゃる　〖존경〗 말씀하시다

- 先生のおっしゃること
  선생님이 말씀하시는 것
- お名前はなんとおっしゃいますか
  존함이 어떻게 되십니까?

713
ごらんになる ご覧になる　〖존경〗 보신다

- この番組をご覧になるそうです
  이 프로를 보신다고 합니다

714
めしあがる 召し上がる　〖존경〗 먹다의 존경어

- 何を召し上がりますか
  무엇을 드시겠습니까?
- 沢山召し上がってください
  많이 드십시오

715
ございます　〖겸양〗 (공손하게) 있습니다

- 鈴木でございます　스즈키입니다
- さようでございます　그렇습니다

716
はいけんする 拝見する　〖겸양〗 삼가보다

- お手紙拝見しました
  주신 편지 삼가보겠습니다
- 切符を拝見します　표를 보겠습니다

717
もうしあげる 申し上げる　〖겸양〗 말씀드리다, 아뢰다, 여쭙다

- お悔やみを申し上げる
  문상의 말을 여쭙다
- 一言お祝いを申し上げます
  한마디 축하 말씀을 드리겠습니다

718
□ **おや** 감 어머, 이런, 저런

* おや、誰かやって来た
  어머, 누가 찾아왔네

* おや、君だったのか 어, 자네였군

719
□ **いくらでも** 접 얼마라도

* 美味しいのでいくらでも食べられる
  맛이 있어서 얼마든지 먹겠다

* 金はいくらでもあるからどんどん投資しなさい
  돈은 얼마든지 있으니까 계속 투자하시오

720
■ **けれど** 접 하지만

* 良く言い聞かせたけれどもまだ直らない
  잘 타일렀지만 아직 고쳐지지 않는다

* 値段も高いけれども品も悪いね
  값도 비싸지만 물건도 나쁘구나

721
■ **すると** 접 그러면, 그렇다면, 그랬더니

* 門を叩いた,すると娘が出てきた
  문을 두드렸다 그랬더니 처녀가 나왔다

* そうか、するとだまされた訳だね
  그래? 그러면 속은 셈이군

722
■ **それで** 접 그래서, 그런 까닭으로

* それで彼は来られなかった
  그래서 그는 오지 못했다

* それでどうしました
  그래서 어떻게 하셨어요?

723
■ **それに** 접 그런데도, 그러함에도

* 雨が降り出した,それに風も吹き始めた
  비가 오기 시작한다 게다가 바람도 불기 시작했다

* 頭が痛い,それに風邪気味だ
  머리가 아프다 게다가 감기 기운도 있다

724
■ **だから** 〔접〕 그래서, 그러니까

- **だから**どうだと言うのだ
  그러니까 어쨌다는 거야?
- ごらん、**だから**言ったのさ
  그거 보게나 그래서 말했던 걸세

725
■ **できるだけ** 〔접〕 가능한 한

- この機会を**できるだけ**利用しなさい
  이 기회를 가능한 한 이용하시오
- **できるだけ**のことをした
  할 만큼은 다했다

726
□ **ながら** 〔접조〕 ~하면서, ~면서, ~그대로

- 歩き**ながら**本を読む 걸으면서 책을 읽다
- 知っていながら知らない振りをする
  알면서도 모르는 체하다

727
□ **または** 又は 〔접〕 또는, 혹은

- 曇り又は雨 흐리거나 비
- 父又は母が来る
  아버지 또는[아니면] 어머니가 오신다

728
□ **ばかり** 〔부조〕 ~만, ~뿐, ~가량

- 50人ばかりを引きつれて行く
  50명 정도를 데리고 가다
- 長さ2尺ばかりの板
  길이 두 자쯤 되는 판자

729
□ **ほど** 程 〔부조〕 정도, 한도

- 冗談にも程がある 농담에도 한도가 있다
- 才能の程を試す 재능의 정도를 시험하다

문법

1. お/ご~ください
- お + 동사 ます형 + ~ください
- ご + 한자체 +

~해 주십시오 (부탁, 정중어)

❖ ここにお名前をお書きください
여기에 성함을 써 주십시오

❖ どうぞお入りください
자, 들어오십시오

2. お~する
- お + 동사 ます형 +

~하다 (겸양어)

❖ 荷物をお送りします
짐을 보내드리겠습니다

❖ 私がお呼びいたします
제가 부르겠습니다

3. お~になる
- お + 동사 ます형 +

~하시다 (존경어)

❖ 先生がお話しになります
선생님이 이야기하십니다

❖ ここでお待ちになってください
여기에서 기다려 주십시오

4. ~が
- 명사 +

~이(가) (동작·성질·상태를 나타냄)

❖ 鳥が鳴く 새가 울다
❖ 雪が降る 눈이 내리다

5. ~か
- 명사·な형용사 어간·い형용사·동사의 기본형 +

~인지, ~일지, ~지 (불확실한 뜻)

❖ 風邪をひいたのか寒気がする
감기가 들었는지 한기가 든다

❖ 病気のせいか顔色が悪い
병 때문인지 안색이 나쁘다

JLPT N4 필수문법 | **333**

6
□ ~がする
- 명사 +

~가 나다, ~이 들다 (맛, 소리, 냄새, 향기)

❖ 酸っぱい味がする 시큼한 맛이 나다
❖ 外で変な音がします
　밖에서 이상한 소리가 납니다

7
□ ~かどうか
- 명사・な형용사 어간・い형용사・동사 기본형 +

~일지 어떨지 (불확실한 뜻)

❖ 今日は忙しいかどうか分かりません
　오늘은 바쁠지 어떨지 모르겠습니다
❖ おもしろいかどうかは見たらわかります 재미있을지 어떨지는 보면 압니다

8
□ ~方 (かた)
- 동사 ます형 +

~하는 방법

❖ 洋食の食べ方を教えてください
　양식을 먹는 법을 가르쳐 주세요
❖ この字の読み方を教えてください
　이 글자의 읽는 법을 가르쳐 주세요

9
□ ~がる
- い형용사 어간・な형용사 어간・동사 ます형 +

~하고 싶어 하다 (생각이나 희망, 느낌)

❖ 兄は手紙を書きたがる
　형은 편지를 쓰고 싶어한다.
❖ 前々から行きたかった
　오래전부터 가고 싶었다

10
□ ~かもしれない
- 명사・な형용사어간+
- い형용사・동사의 기본형+

~지도 모른다 (주관적인 추측)

❖ 今日は学校へ行かないかも知れません
　오늘은 학교에 가지 않을지도 모릅니다
❖ 彼女は大学生かも知れない
　그여자는 대학생일지도 모른다

11
□ ~ことにする
- 동사 명사수식형 +

~하기로 하다 (자신의 의지)

❖ 友達と会うことにしました
　친구와 만나기로 했습니다
❖ 来月、日本へ行くことにしました
　다음달에 일본에 가기로 했습니다

12
□ **~ことにしている**　　~하기로 하고 있다 (습관)

- 동사·명사수식형 +

❖ 毎日運動することにしています
　매일 운동하기로 하고 있습니다

❖ たばこを吸わないことにしています
　담배를 피우지 않기로 하고 있습니다

13
□ **~ことになる**　　~하게 되다 (결심이나 결정의 결과)

- 동사·명사수식형 +

❖ 結婚することになりました
　결혼하게 되었습니다

❖ 今日は授業をしないことになりました
　오늘은 수업을 하지 않게 되었습니다

14
□ **~ことになっている**　　~하기로 되어 있다 (계속되고 있는 상태)

- 동사·명사수식형 +

❖ 課長が出席することになっています
　과장님이 출석하기로 되어 있습니다

❖ そのことは言わないことになっています
　그 일은 말하지 않기로 되어 있습니다

15
□ **~(さ)せてください**　　~하게 해 주세요 (사역)

- 동사의 미연형 +

❖ 気持ち右へ寄せてください
　조금만 오른쪽으로 다가서 주세요.

❖ 人を車に乗せてください
　사람을 차에 태워 주세요

16
□ **~(さ)せられる**　　억지로 ~하다 (사역)

- 동사의 미연형 +

❖ 本人が望まないのに行かせられる
　본인이 원하지 않는데 억지로 가게 하다

17
□ **~(さ)せる**　　~하게 하다 (사역)

- 동사의 미연형 +

❖ 使いに行かせる　심부름을 가게 하다

❖ 子供を外で遊ばせる
　아이를 밖에서 놀게 하다

18
□ **~すぎる**
- い형용사 어간·な형용사 어간·동사 ます형 +

너무 ~하다 (행동이나 상태가 지나침)
- ❖ 袖が長すぎる 소매가 너무 길다
- ❖ 居間が狭すぎる 살림방이 너무 좁다

19
□ **~そうだ**
- い형용사 어간·ほんな형용사 어간·ほん동사 ます형 +

~할 것 같다 (추측)
- ❖ 夕立が来そうだ 소나기가 올 것 같다
- ❖ あの本はおもしろそうです
  저 책은 재미있을 것 같습니다

20
□ **~ところだ**
- 동사 명사수식형 +

~하려는 참이다 (행동이 진행되기 직전)
- ❖ ちょうど一度会って見ようと思っていたところだ
  마침 한번 만나 보려던 참이었다
- ❖ 買い物に行くところです
  물건 사러 가려는 참입니다

21
□ **~たところだ**
- 동사 た형 +

막 ~하다 (개관적인 행동이 끝난 직후)
- ❖ 今、疲れが取れたところです
  지금 막 피곤이 풀렸습니다
- ❖ 仕事は今、終ったところです
  일은 지금 막 끝났습니다

22
□ **~たまま**
- 연체사·명사 + の + ~まま
- 동사 た형 +

~한 채로 (지속된 상황)
- ❖ 服を着たまま寝てしまいました
  옷을 입은 채로 자버렸습니다
- ❖ 電灯をつけたまま出かけました
  불을 켠 채로 외출했습니다

23
□ **~ために**
- 명사 + の +
- い형용사·な형용사·동사의 명사수식형 +

~를 위해서, ~때문에 (목적이나 이유)
- ❖ 病気のために学校を休みました
  병때문에 학교를 쉬었습니다
- ❖ ダイエットのために野菜を食べます
  다이어트를 위해서 야채를 먹습니다

24
~つもりだ
- 동사 명사수식형 +

~할 생각이다 (계획이나 의도)

❖ 私はあした試験勉強をする**つもり**です
  나는 내일 시험공부를 할 생각입니다
❖ 私は本屋へ行っ来る**つもり**です
  나는 서점에 갔다 올 생각입니다

25
~てあげる
- 동사 て형 +

~해 주다 (무언가를 해 줄 때)

❖ 私は友達の宿題を手伝っ**てあげ**ました
  나는 친구 숙제를 도와주었습니다
❖ お母さんに傘を買っ**てあげ**ました
  어머니께 우산을 사 드렸습니다

26
~てある
- 동사 て형 +

~해져 있다 (동작의 상태)

❖ 窓が開け**てあり**ます
  창문이 열려 있습니다
❖ 冷蔵庫の中にビールが冷やし**てあり**ます
  냉장고 안에 맥주가 차가워져 있습니다

27
~ているところだ
- 동사 て형 +

~하고 있는 중이다 (동작이 진행)

❖ コーヒーを飲ん**でいるところ**です
  커피를 마시고 있는 중입니다
❖ 勉強し**ているところ**です
  공부하고 있는 중입니다

28
~ていく
- 동사 て형 +

~해 가다 (상황)

❖ 少しずつ人口が増え**ていき**ます
  조금씩 인구가 늘어 갑니다
❖ 二人の関係が遠くなっ**ていき**ます
  두 사람 관계가 멀어져 갑니다

29
~てくる
- 동사 て형 +

~해 오다 (접근해 오는 상황)

❖ 天気が晴れ**てき**ます 날씨가 개어 옵니다
❖ 学校の生活に慣れ**てき**ます
  학교생활에 익숙해져 옵니다

30
~ておく
- 동사 て형 +

~해 두다 (미리 준비)

❖ 念のために書いておきます
그만약을 위해 써 두겠습니다

❖ 飲み物は買っておきます
마실 것은 사 두겠습니다

31
~てくれる
- 동사 て형 +

~해 주다 (무언가를 해 줄 때)

❖ 兄は宿題を手伝ってくれた
형은 숙제를 도와 주었다

❖ 友達はぼくに本を貸してくれた
친구들은 나에게 책을 빌려주었다

32
~てしまう
- 동사 て형 +

~해 버리다, ~하고 말다 (행동이나 작용이 완료, 유감)

❖ 全部食べてしまいました
전부 먹어버렸습니다

❖ 店をしまってうちへ行ってしまいました
가게를 닫고 집에 가 버렸습니다

33
~てみる
- 동사 て형 +

~해 보다 (시험)

❖ 食べてみてもいいですか
먹어봐도 됩니까?

❖ この音楽を聞いてみます
이 음악을 들어 보겠습니다

34
~なさい
- 동사 ます형 +

~하세요, ~하렴 (아랫사람 명령)

❖ ここに座りなさい 여기에 앉으세요
❖ 勉強しなさい 공부하세요

35
~なら
- 명사 · な형용사 어간 +
- い형용사 · 동사의 기본형 +

~라면, ~한다면 (가정 · 조건)

❖ 重い荷物があるなら車で行ったほうがいいですよ 무거운 짐이 있으면 차를 타고 가는 편이 좋습니다

❖ あなたならできると思います
당신이라면 할 수 있다고 생각합니다

36
~ようにする

- 동사 명사수식형 +

~하도록 하다 (동작을 반복함)

❖ なるべく早く着くようにします
되도록 빨리 도착하도록 하겠습니다

❖ 宿題は忘れないようにします
숙제는 잊지 않도록 하겠습니다

37
~のが

- い형용사·な형용사·동사의 명사수식형 +

~것이 (형식명사로 쓰이는 용법)

❖ 外国語を習うのが好きです
외국어를 배우는 것을 좋아합니다

❖ 白いのがいいですか、黒いのがいいですか
하얀 것이 좋습니까? 검은 것이 좋습니까?

38
~のだ／んだ

- 명사 + な + ~のだ／んだ
- い형용사·な형용사·동사의 명사수식형 +

~인 것이다, ~이다 (설명의 요구나 주장, 강조)

❖ 世の中はまったく狭いものだ
세상이란 참으로 좁은 것이다

❖ 音がしたんです 소리가 났던 것입니다

39
~ので

- 명사 + な +
- い형용사·な형용사·동사의 명사수식형 +

~이기 때문에, ~여서 (일반적, 객관적 이유나 원인)

❖ 約束があるのでお先に失礼します
약속이 있어서 먼저 실례하겠습니다

❖ 雨が降るので出かけなかった
비가 내리기 때문에 나가지 않았다

40
~のに

- 명사 + な +に
- い형용사·な형용사·동사의 명사수식형 +

~하는데, ~인데도 (예상되는 결과)

❖ 学生なのにどうして遊んでばかりいますか
학생인데 어째서 놀고만 있습니까?

❖ 雨が降るのに傘もささない
비가 오는데도 우산도 쓰지 않는다

41
~始(はじ)める

- 동사 ます형 +

~하기 시작하다 (동작이나 작용의 시작)

❖ 花が咲き始める 꽃이 피기 시작하다

❖ 小説を書き始める 소설을 쓰기 시작하다

42
~終(お)わる 다 ~하다, ~것이 끝나다 (동작의 완료)

- 동사 ます형 +

❖ ご飯は食べ終わりました
  밥은 다 먹었습니다

❖ 本を読み終わる 책을 다 읽어 버리다

43
~にくい ~하기 어렵다 (어려운 상태)

- 동사 ます형 +

❖ この靴は履きにくいです
  이 구두는 신기 어렵습니다

❖ 使いにくいノートです
  사용하기 불편한 노트입니다

44
~やすい ~하기 쉽다, ~하기 편하다 (쉬운 상태)

- 동사 ます형 +

❖ このペンは書きやすいです
  이 펜은 쓰기 편합니다

❖ 着やすい服です 입기 편한 옷입니다

45
~はずだ 당연히 ~하다 (당연성)

- 명사 · い형용사 · な형용사 · 동사의 명사수식형 +

❖ 彼は知っていたはずです
  그는 틀림없이 알고 있었을 것입니다

❖ 今年卒業のはずです
  올해 틀림없이 졸업 일 것입니다

46
~ようだ ~와 같다, ~할 것 같다 (비유나 추측)

- 명사 + の +
- い형용사 · な형용사 · 동사의 명사수식형 +

❖ 彼は来ないようです
  그는 오지 않을 것같습니다

❖ あれが学校のようだ 저것이 학교 같다

47
~ようになる ~하게 되다 (상태나 습관의 변화)

- 동사 명사수식형 +

❖ 漢字が読めるようになりました
  한자를 읽을 수 있게 되었습니다

❖ 歩けるようになりました
  걸을 수 있게 되었습니다

48
□ **~(よ)うとする**
- 동사 의지형 +

~하려고 하다 (동작·행위)

❖ 日本へ行こうとする 일본에 가려고 한다.

❖ しようとしてもできないこと
　하려고 해도 할 수 없는 일

49
□ **~ばいい**
- 명사·い형용사·な형용사·
  동사의 가정형 +

~하면 좋다 (희망)

❖ 皆で行けばいいですが
　모두 다 가면 좋겠는데…

❖ サイズがもっと小さければいいです
　사이즈가 더 작으면 좋겠습니다

50
□ **~ばよかった**
- 동사 가정형 +

~했으면 좋았다 (아쉬워하는 기분)

❖ 早く返せばよかった
　빨리 돌려 줬으면 좋았다

❖ 持ってくればよかった
　가지고 왔으면 좋았다

51
□ **~ば~ほど**
- い형용사·な형용사·동사의 가
  정형 + ~ば, い형용사·な형용
  사·동사의 명사수식형 ~ほど

~하면 ~할수록 (반복하여 동작이나 상황이 진행됨)

❖ 毎日運動すればするほど上手になります 매일 운동하면 할수록 능숙해 집니다

❖ かばんが軽ければ軽いほどいいです
　가방이 가벼우면 가벼울수록 좋습니다

52
□ **~(よ)うと思(おも)う**
- 동사 의지형 +

~하려고 생각하다 (사람의 예정이나 의지)

❖ 山へ行って来ようと思います
　산에 갔다오려고 합니다

❖ なるべく早く行こうと思います
　되도록이면 빨리 가려고 생각합니다

53
□ **~たばかりだ**
- 동사 た형 +

막 ~하다, ~한 지 얼마 안 되다 (행동이 끝난 직후)

❖ 彼が来たばかりです 그가 막 왔습니다

❖ 外国語を習ったばかりです
　외국어를 배운지 얼마 안 됩니다

54
~た通(とお)り(に)
- 명사 + の + 通(とお)り(に)
- 동사 た형 +

~한 대로 (본대로 들은 대로 그 행동을 할 때)

❖ 友達が言った通りでしたね
친구가 말한 대로였네요

❖ 説明書の通りにしてください
설명서대로 해주세요

55
~てさしあげる
- 동사 て형 +

~해 드리다 (아랫사람이 윗사람에게 무언가를 해 줄) (~てあげる의 겸양어)

❖ 私は先生にネクタイを買ってさしあげました
나는 선생님에게 넥타이를 사 드렸습니다

❖ マフラーを送ってさしあげました
머플러를 보내 드렸습니다

56
~てくださる
- 동사 て형 +

~해 주시다 (윗사람이 아랫사람에게 어떤 행동을 할 때) (~てくれる의 존경어)

❖ 先生が話してくださいました
선생님이 이야기해 주셨습니다

❖ 先生は私に万年筆を貸してくださいました
선생은 나에게 만연필을 빌려 주셨습니다

57
~ていただく
- 동사 て형 +

~해 받다 (상대방을 위해 어떤 행동을 하는 의미) (~てもらう의 겸양어)

❖ 先生に日本語を教えていただきます
선생님이 일본어를 가르쳐 주십니다

❖ お母さんにパンを買っていただきました 어머니께서 빵을 사주셨습니다

58
~てやる
- 동사 て형 +

~해 주다 (나보다 어린 사람에게 해 줄)

❖ 僕は友達に本を貸してやった
나는 친구들에게 책을 빌려주었다

❖ 妹に本を読んでやりました
여동생에게 책을 읽어 주었습니다

59
□ ~てもらう
- 동사 て형 +

~해 받다 (상대방에게 무언가를 해 받을 때)

❖ 友達にアイスクリームを買ってもらいました
친구가 아이스크림을 사 주었습니다
❖ 僕は友達に本を貸してもらった
나는 친구들에게 책을 빌려 받았다

60
□ ~てほしい
- 동사 て형 +

~해 주기 바라다 (제 3자에 대한 희망이나 요구)

❖ 夫にたばこをやめてほしい
남편이 담배를 끊었으면 좋겠다
❖ 手伝ってほしいです
도와 주었으면 좋겠습니다

61
□ ~ように
- 동사 명사수식형 +

~도록 (목적)

❖ 風がよく通るように開けてください
바람이 잘 통하도록 열어 주세요
❖ 試験に合格するように努力します
시험에 합격하도록 노력하겠습니다

62
□ ~ようにしてください
- 동사 명사수식형 +

~하도록 해 주세요 (부탁 또는 명령)

❖ 毎日運動するようにしてください
매일 아침 운동을 하도록 해 주세요
❖ 野菜も食べるようにしてください
야채도 먹도록 해 주세요

63
□ ~間(あいだ)に
- 명사 + の+
- い형용사・な형용사・동사의 명사수식형 +

~동안에 (기간 내에 행해짐)

❖ 日本にいる間に一度連絡ください
일본에 있는 동안에 한번 연락주세요
❖ 赤ちゃんが寝ている間に、洗濯します
아기가 자고 있는 동안에 세탁합니다

64
~な
- 동사 기본형 +

~지 마라 (금지, 명령)

❖ 決して嘘をつくな
절대로 거짓말을 하지 마라

❖ お酒をたくさん飲むな
술을 많이 마시지 마라

65
~べきだ
- 동사 기본형 +

~해야 한다 (당연한 상황)

❖ すぐ謝るべきです
곧 사과 해야만 합니다

66
❖ 守るべき規則 지켜야 할 규칙

~べきではない
- 동사 기본형 +

~해서는 안 된다 (반대 표현)

❖ お酒を飲むべきではないです
술을 마셔서는 안 됩니다

❖ 決して嘘をつくべきではないです
절대로 거짓말을 해서는 안 됩니다

67
~らしい
- 명사 · な형용사 어간 +
- い형용사 · 동사의 기본형 +

~인 것 같다 (추측이나 전문)

❖ 彼女は嬉しいらしいです
그녀는 아름다운 것 같습니다

❖ 来月からタクシーの料金が上がるらしいです
다음달부터 택시요금이 오르는 것 같습니다

68
~そうだ
- 명사 +
- い형용사 · な형용사 · 동사의 기본형 +

~라고 한다 (현재, 과거, 긍정, 부정)

❖ ニュースによると雪だそうです
뉴스에 의하면 눈이 내린다고 합니다

❖ 日本は物価が高いそうだ
일본은 물가가 높다고 한다

69
~ないで
- 동사 ない형 +

~하고 않고, ~하지 말고 (뒤에 동사의 문장을 수반)

❖ 勉強しないで、遊んでいます
공부하지 않고 놀고 있습니다

❖ ここで写真を撮らないでください
여기에서 사진을 찍지 말아 주세요

70
~なくて
- 명사・な형용사 어간 + では(じゃ) +
- い형용사 어간 + く・동사 ない형 +

~않아서 (앞뒤의 행동에 영향), 원인

❖ 朝ご飯を食べなくて、お腹が空いています
   아침밥을 안 먹어서 배가 고픕니다
❖ 運動をしなくて、心配です
   운동을 하지 않아서 걱정입니다

71
~なくなる
- 명사・な형용사 어간 + では(じゃ) +
- い형용사 어간 + く・동사 ない형 +

~않게 되다 (변화)

❖ たちまち見えなくなった
   금세 보이지 않게 되었다
❖ わたしとは口をきかなくなった
   나하고는 말을 하지 않게 되었다

72
~ながら
- 동사 ます형 +

~하면서 (앞뒤의 동시 행동)

❖ 音楽を聞きながら宿題をします
   음악을 들으면서 숙제를 합니다
❖ コーヒーを飲みながら話しましょう
   커피를 마시면서 이야기 합시다

73
~(ら)れる
- 속 동사 미연형 +

~되다, ~함을 당하다(직접 수동(受動)을 나타냄)

❖ 財布を盗まれる 지갑을 도둑맞다
❖ 波に揺られる 파도에 흔들리다

문법

한자

New JLPT Level 4 일본어능력시험

001 家	집 가	훈 いえ・や	家 [いえ・や] 집 家賃 [やちん] 집세
	부수 宀(3획) 총획 10획	음 カ・ケ	家族 [かぞく] 가족 本家 [ほんけ] 본가
002 歌	노래 가	훈 うた・うたう	歌 [うた] 노래 歌う [うたう] 노래하다
	부수 欠(4획) 총획 14획	음 カ	歌手 [かしゅ] 가수 国歌 [こっか] 국가
003 強 (强)	강할 강	훈 つよい・つよまる・つよめる ・しいる	強い [つよい] 강하다 強いる [しいる] 강요하다
	부수 弓(3획) 총획 11획	음 キョウ・ゴウ	勉強 [べんきょう] 공부 強引 [ごういん] 억지로 함
004 開	열 개	훈 ひらく・ひらける ・あく・あける	開く [ひらく] 열다 開ける [あける] 열다
	부수 門(8획) 총획 12획	음 カイ	開始 [かいし] 개시 開放 [かいほう] 개방
005 去	갈 거	훈 さる	去る [さる] 떠나다
	부수 厶(2획) 총획 5획	음 キョ・コ	去年 [きょねん] 작년 過去 [かこ] 과거
006 建	세울 건	훈 たてる・たつ	建てる [たてる] 세우다, 짓다 建物 [たてもの] 건물
	부수 廴(3획) 총획 9획	음 ケン・コン	建設 [けんせつ] 건설 建立 [こんりゅう] (절,탑)세움
007 犬	개 견	훈 いぬ	犬 [いぬ] 개 犬死に [いぬじに] 개죽음
	부수 犬(4획) 총획 4획	음 ケン	犬歯 [けんし] 견치 犬猿 [けんえん] 견원 (개와 원숭이)
008 京	서울 경	훈 -	上京 [じょうきょう] 상경 京浜 [けいひん] 토쿄와 요코하마
	부수 亠(2획) 총획 8획	음 キョウ・ケイ	
009 軽 (輕)	가벼울 경	훈 かるい・かろやか	軽い [かるい] 가볍다 軽やか [かろやか] 가뿐함
	부수 車(7획) 총획 12획	음 ケイ	軽快 [けいかい] 경쾌 軽率 [けいそつ] 경솔

010 界	경계 계	훈 -	
	부수 田(5획) 총획 9획	음 カイ	境界 [きょうかい] 경계 限界 [げんかい] 한계
011 計	꾀할 계	훈 はかる・はからう	計る [はかる] (저울에) 달다 計らう [はからう] 처리하다
	부수 言(7획) 총획 9획	음 ケイ	時計 [とけい] 시계 計画 [けいかく] 계획
012 考	헤아릴 고	훈 かんがえる	考え [かんがえ] 생각 考える [かんがえる] 생각하다
	부수 老(4획) 총획 6획	음 コウ	参考 [さんこう] 참고 思考 [しこう] 사고
013 工	장인 공	훈 -	
	부수 工(3획) 총획 3획	음 コウ・ク	工場 [こうじょう] 공장 工夫 [くふう] 궁리, 고안
014 館	객사 관	훈 -	
	부수 食(8획) 총획 16획	음 カン	図書館 [としょかん] 도서관 会館 [かいかん] 회관
015 光	빛 광	훈 ひかる・ひかり	光る [ひかる] 빛나다 光 [ひかり] 빛
	부수 儿(2획) 총획 6획	음 コウ	観光 [かんこう] 관광 光景 [こうけい] 광경
016 広 (廣)	넓을 광	훈 ひろい・ひろまる・ひろめる・ひろがる・ひろげる	広い [ひろい] 넓다 広がる [ひろがる] 넓어지다
	부수 广(3획) 총획 5획	음 コウ	広告 [こうこく] 광고 広大 [こうだい] 광대
017 教 (敎)	가르칠 교	훈 おしえる・おそわる	教え [おしえ] 가르침 教える [おしえる] 가르치다
	부수 攵(4획) 총획 11획	음 キョウ	教室 [きょうしつ] 교실 教会 [きょうかい] 교회
018 究	궁구할 구	훈 -	
	부수 穴(5획) 총획 7획	음 キュウ	研究 [けんきゅう] 연구 探究 [たんきゅう] 탐구

한자

JLPT N4 필수한자 | 347

019	区 (區)	지경 구 부수 匚(2획) 총획 4획	훈 - 음 ク	区分 [くぶん] 구분 区別 [くべつ] 구별
020	帰 (歸)	돌아갈 귀 부수 巾(3획) 총획 10획	훈 かえる・かえす 음 キ	帰る [かえる] 돌아오다 帰す [かえす] 돌려보내다 帰宅 [きたく] 귀가 復帰 [ふっき] 복귀
021	近	가까울 근 부수 辶(3획) 총획 7획	훈 ちかい 음 キン	近い [ちかい] 가깝다 近道 [ちかみち] 지름길 近所 [きんじょ] 근처 最近 [さいきん] 최근
022	急	급할 급 부수 心(4획) 총획 9획	훈 いそぐ 음 キュウ	急ぐ [いそぐ] 서두르다 急ぎ [いそぎ] 급함 急行 [きゅうこう] 급행 (전철) 特急 [とっきゅう] 특급 (전철)
023	起	일어날 기 부수 走(7획) 총획 10획	훈 おきる・おこる・おこす 음 キ	起きる [おきる] 일어나다 起こす [おこす] 일으키다 起床 [きしょう] 기상 起源 [きげん] 기원
024	茶	차 다, 차 차 부수 艹(3획) 총획 9획	훈 - 음 チャ・サ	茶色 [ちゃいろ] 갈색 喫茶店 [きっさてん] 커피숍
025	短	짧을 단 부수 矢(5획) 총획 12획	훈 みじかい 음 タン	短い [みじかい] 짧다 短め [みじかめ] 짤막함 短所 [たんしょ] 단점 短期 [たんき] 단기
026	答	대답할 답 부수 竹(6획) 총획 12획	훈 こたえる 음 トウ	答える [こたえる] 대답하다 答え [こたえ] 대답 答案 [とうあん] 답안 解答 [かいとう] 해답
027	堂	집 당 부수 土(3획) 총획 11획	훈 - 음 ドウ	食堂 [しょくどう] 식당 講堂 [こうどう] 강당

028	代	대신할 대	훈 かわる・かえる・よ・しろ	代わる [かわる] 대신하다 代 [よ] 시대, 세대
		부수 人(2획) 총획 5획	음 ダイ・タイ	時代 [じだい] 시대 交代 [こうたい] 교대
029	待	기다릴 대	훈 まつ	待つ [まつ] 기다리다 待合室 [まちあいしつ] 대합실
		부수 彳(3획) 총획 9획	음 タイ	招待 [しょうたい] 초대 期待 [きたい] 기대
030	貸	빌릴 대	훈 かす	貸す [かす] 빌려주다 貸付 [かしつけ] 대부
		부수 貝(7획) 총획 12획	음 タイ	賃貸 [ちんたい] 임대 貸与 [たいよ] 대여
031	都(都)	도읍 도	훈 みやこ	都 [みやこ] 도읍, 수도 都落ち [みやこおち] 낙향
		부수 阝(3획) 총획 11획	음 ト・ツ	都市 [とし] 도시 都合 [つごう] 형편, 사정
032	図(圖)	그림 도	훈 はかる	図る [はかる] 도모하다
		부수 囗(3획) 총획 7획	음 ズ・ト	地図 [ちず] 지도 図書館 [としょかん] 도서관
33	度	법도 도	훈 たび	度 [たび] 번, 적, 때 度毎 [たびごと] 매번
		부수 广(3획) 총획 9획	음 ド・ト・タク	今度 [こんど] 이번, 다음 温度 [おんど] 온도
034	動	움직일 동	훈 うごく・うごかす	動く [うごく] 움직이다 動かす [うごかす] 옮기다
		부수 力(2획) 총획 11획	음 ドウ	動物 [どうぶつ] 동물 運動 [うんどう] 운동
035	同	같을 동	훈 おなじ	同じ [おなじ] 같음 同じく [おなじく] 마찬가지로
		부수 口(3획) 총획 6획	음 ドウ	同時 [どうじ] 동시 合同 [ごうどう] 합동
036	働	일할 동	훈 はたらく	働く [はたらく] 일하다 働き [はたらき] 일, 작업
		부수 亻(2획) 총획 13획	음 ドウ	労働 [ろうどう] 노동 稼働 [かどう] 가동

037	겨울 **冬** 동	훈 ふゆ	冬 [ふゆ] 겨울 冬着 [ふゆぎ] 겨울옷
	부수 夂(2획) 총획 5획	음 トウ	冬季 [とうき] 동계 立冬 [りっとう] 입동
038	머리 **頭** 두	훈 あたま・ かしら	頭 [あたま] 머리 頭 [かしら] 머리, 우두머리
	부수 頁(9획) 총획 16획	음 トウ・ズ・ト	頭痛 [ずつう] 두통 先頭 [せんとう] 선두
039	나그네 **旅** 려	훈 たび	旅 [たび] 여행 旅先 [たびさき] 여행지
	부수 方(4획) 총획 10획	음 リョ	旅行 [りょこう] 여행 旅館 [りょかん] 여관
040	힘 **力** 력	훈 ちから	力 [ちから] 힘 力一杯 [ちからいっぱい] 힘껏
	부수 力(2획) 총획 2획	음 リョク・リキ	有力 [ゆうりょく] 유력 実力 [じつりょく] 실력
041	되질할 **料** 료	훈 -	
	부수 斗(4획) 총획 10획	음 リョウ	料理 [りょうり] 요리 給料 [きゅうりょう] 급료, 월급
042	다스릴 **理** 리	훈 -	
	부수 王(4획) 총획 11획	음 リ	無理 [むり] 무리 理由 [りゆう] 이유
043	수풀 **林** 림	훈 はやし	林 [はやし] 숲
	부수 木(4획) 총획 8획	음 リン	山林 [さんりん] 산림 森林 [しんりん] 삼림
044	손아랫누이 **妹** 매	훈 いもうと	妹 [いもうと] 여동생 妹婿 [いもうとむこ] 매제
	부수 女(3획) 총획 8획	음 マイ	姉妹 [しまい] 자매 弟妹 [ていまい] 남동생과 여동생
045	팔 **売** 매	훈 うる・うれる	売る [うる] 팔다 売れる [うれる] 팔리다
	부수 土(3획) 총획 7획	음 バイ	商売 [しょうばい] 장사 売店 [ばいてん] 매점

046	勉	힘쓸 면	훈 -	부수 力(2획) 총획 10획	음 ベン	勉強 [べんきょう] 공부 勤勉 [きんべん] 근면
047	明	밝을 명	훈 あかり・あかるい・あきらか	부수 日(4획) 총획 8획	음 メイ・ミョウ・ミン	明るい [あかるい] 밝다 明らか [あきらか] 명백함 説明 [せつめい] 설명 明後日 [みょうごにち] 모레
048	問	물을 문	훈 とう・とい・とん	부수 口(3획) 총획 11획	음 モン	問う [とう] 묻다 問い [とい] 질문 専門 [せんもん] 전문 正門 [せいもん] 정문
049	文	글월 문	훈 ふみ	부수 文(4획) 총획 4획	음 ブン・モン	文 [ふみ] 문서, 책 文月 [ふみづき] 음력 7월 文化 [ぶんか] 문화 注文 [ちゅうもん] 주문
050	門	문 문	훈 かど	부수 門(8획) 총획 8획	음 モン	門札 [もんさつ] 문패 正門 [せいもん] 정문 門 [かど] 문, 집안, 가족 門口 [かどぐち] 문간
051	物	만물 물	훈 もの	부수 牛(4획) 총획 8획	음 ブツ・モツ	物 [もの] 물건, 것 果物 [くだもの] 과일 動物 [どうぶつ] 동물 荷物 [にもつ] 짐
052	味	맛 미	훈 あじ・あじわう	부수 口(3획) 총획 8획	음 ミ	味わう [あじわう] 맛보다 味 [あじ] 맛 意味 [いみ] 의미 興味 [きょうみ] 관심, 흥미
053	民	백성 민	훈 たみ	부수 氏(4획) 총획 5획	음 ミン	民 [たみ] 국민 民草 [たみくさ] 민초, 백성 市民 [しみん] 시민 住民 [じゅうみん] 주민
054	飯	밥 반	훈 めし	부수 食(8획) 총획 12획	음 ハン	飯 [めし] 밥 昼飯 [ひるめし] 점심 御飯 [ごはん] 밥 夕飯 [ゆうはん] 저녁밥

JLPT N4 필수한자

055	発(發)	필 발	훈 - 음 ハツ・ホツ	発音 [はつおん] 발음 発願 [ほつがん] 발원
		부수 癶(5획) 총획 9획		
056	方	모 방	훈 かた 음 ホウ	方 [かた] 분(사람) 仕方 [しかた] 하는 방법 両方 [りょうほう] 양쪽 方法 [ほうほう] 방법
		부수 方(4획) 총획 4획		
057	別	다를 별	훈 わかれる 음 ベツ	別れる [わかれる] 이별하다 別れ [わかれ] 헤어짐, 이별 特別 [とくべつ] 특별 送別 [そうべつ] 송별
		부수 刀(2획) 총획 7획		
058	病	병들 병	훈 やむ・やまい 음 ビョウ・ヘイ	病む [やむ] 병들다, 앓다 病 [やまい] 병 病院 [びょういん] 병원 疾病 [しっぺい] 질병
		부수 疒(5획) 총획 10획		
059	歩(步)	걸음 보	훈 あるく・あゆむ 음 ホ・ブ・フ	歩く [あるく] 걷다 歩む [あゆむ] 걷다 歩道 [ほどう] 보도 歩 [ぶ] 비율
		부수 止(4획) 총획 8획		
060	服	입을 복	훈 - 음 フク	洋服 [ようふく] (서양식) 옷 和服 [わふく] 일본 전통 옷
		부수 月(4획) 총획 8획		
061	不	아닌가 부, 아닐 불	훈 - 음 フ	不便 [ふべん] 불편 不幸 [ふこう] 불행
		부수 一(1획) 총획 4획		
062	体(體)	몸 체	훈 からだ 음 タイ・テイ	体 [からだ] 몸 体付き [からだつき] 몸매 気体 [きたい] 기체 体 [てい] 모습, 태도
		부수 人(2획) 총획 7획		
063	事	일 사	훈 こと 음 ジ・ズ	事 [こと] 일 事柄 [ことがら] 사항, 사정 事件 [じけん] 사건 好事家 [こうずか] 호사가
		부수 亅(1획) 총획 8획		

064 仕	벼슬할 사	훈 つかえる	仕える [つかえる] 섬기다 仕事 [しごと] 일, 직업
	부수 人(2획) 총획 5획	음 シ・ジ	給仕 [きゅうじ] 급사
065 使	부릴 사	훈 つかう	使う [つかう] 사용하다 使い [つかい] 심부름꾼
	부수 人(2획) 총획 8획	음 シ	使用 [しよう] 사용 使命 [しめい] 사명
066 思	생각 사	훈 おもう	思う [おもう] 생각하다 思い [おもい] 생각
	부수 心(4획) 총획 9획	음 シ	思想 [しそう] 사상 意思 [いし] 의사
067 死	죽을 사	훈 しぬ	死ぬ [しぬ] 죽다 死に [しに] 죽음
	부수 歹(4획) 총획 6획	음 シ	死体 [したい] 시체 死亡 [しぼう] 사망
068 私	사사로울 사	훈 わたし・ わたくし	私 [わたし/わたくし] 저 私立 [わたくしりつ] 사립
	부수 禾(5획) 총획 7획	음 シ	私立 [しりつ] 사립 私有 [しゆう] 사유
069 写 (寫)	베낄 사	훈 うつす・ うつる	写る [うつる] 찍히다 写す [うつす] 베끼다
	부수 冖(2획) 총획 5획	음 シャ	写真 [しゃしん] 사진 描写 [びょうしゃ] 묘사
070 産	낳을 산	훈 うむ・うまれ る・うぶ	産む [うむ] 낳다 産まれる [うまれる] 태어나다
	부수 生(5획) 총획 11획	음 サン	産業 [さんぎょう] 산업 財産 [ざいさん] 재산
071 森	나무 빽빽할 삼	훈 もり	森 [もり] 숲
	부수 木(4획) 총획 12획	음 シン	森林 [しんりん] 삼림 森厳 [しんげん] 삼엄
072 色	색 색	훈 いろ	色 [いろ] 색깔 色糸 [いろいと] 색실
	부수 色(6획) 총획 6획	음 ショク・シキ	特色 [とくしょく] 특색 景色 [けしき] 경치

073 暑 (暑)	더울 서	훈 あつい	暑い [あつい] 덥다 暑さ [あつさ] 더위
	부수 日(4획) 총획 12획	음 ショ	暑 [しょ] 서, 더위 残暑 [ざんしょ] 늦더위
074 夕	저녁 석	훈 ゆう	夕方 [ゆうがた] 해질녘 夕飯 [ゆうはん] 저녁밥
	부수 夕(3획) 총획 3획	음 セキ	夕陽 [せきよう] 석양 朝夕 [ちょうせき] 조석
075 説 (說)	말씀 설	훈 と	説く [とく] 설명하다
	부수 言(7획) 총획 14획	음 セツ・ゼイ	説明 [せつめい] 설명 遊説 [ゆうぜい] 유세
076 声 (聲)	소리 성	훈 こえ・こわ	声 [こえ] 목소리 声音 [こわね] 음성
	부수 士(3획) 총획 7획	음 セイ・ショウ	歓声 [かんせい] 환성 声点 [しょうてん] 성점
077 洗	씻을 세	훈 あらう	洗う [あらう] 씻다 お手洗い [おてあらい] 화장실
	부수 氵(3획) 총획 9획	음 セン	洗濯 [せんたく] 세탁, 빨래 洗剤 [せんざい] 세제
078 世	세대 세	훈 よ	世の中 [よのなか] 세상 世 [よ] 세상, 사회
	부수 一(1획) 총획 5획	음 セイ・セ	世紀 [せいき] 세기 世界 [せかい] 세계
079 所 (所)	바 소	훈 ところ	所 [ところ] 곳 所書き [ところがき] 주소
	부수 戸(4획) 총획 8획	음 ショ	場所 [ばしょ] 장소 住所 [じゅうしょ] 주소
080 送 (送)	보낼 송	훈 おくる	送る [おくる] 부치다 送り手 [おくりて] 발송인
	부수 辶(3획) 총획 9획	음 ソウ	放送 [ほうそう] 방송 送別 [そうべつ] 송별
081 首	머리 수	훈 くび	首 [くび] 목 手首 [てくび] 손목
	부수 首(9획) 총획 9획	음 シュ	首都 [しゅと] 수도 部首 [ぶしゅ] 부수

082 習 (習)	익힐 **습**	훈 ならう	習う [ならう] 배우다 習い [ならい] 습관	
	부수 羽(6획) 총획 11획	음 シュウ	練習 [れんしゅう] 연습 復習 [ふくしゅう] 복습	
083 乘 (乗)	탈 **승**	훈 のる・のせる	乗る [のる] 타다 乗せる [のせる] 태우다	
	부수 ノ(1획) 총획 9획	음 ジョウ	乗客 [じょうきゃく] 승객 乗車 [じょうしゃ] 승차	
084 始	비로소 **시**	훈 はじめる・ はじまる	始まる [はじまる] 시작되다 始め [はじめ] 처음, 시작	
	부수 女(3획) 총획 8획	음 シ	開始 [かいし] 개시 原始 [げんし] 원시	
085 市	저자 **시**	훈 いち	市場 [いちば] 시장 市日 [いちび] 장날	
	부수 巾(3획) 총획 5획	음 シ	市民 [しみん] 시민 都市 [とし] 도시	
086 試	시험할 **시**	훈 こころみる・ ためす	試す [ためす] 시험하여 보다 試み [こころみ] 시도	
	부수 言(7획) 총획 13획	음 シ	試合 [しあい] 시합 試験 [しけん] 시험	
087 室	집 **실**	훈 むろ	室咲き [むろざき] 온실꽃 室 [むろ] 산허리에 판 암굴	
	부수 宀(3획) 총획 9획	음 シツ	教室 [きょうしつ] 교실 会議室 [かいぎしつ] 회의실	
088 心	마음 **심**	훈 こころ	心 [こころ] 마음, 정신 心持ち [こころもち] 기분, 마음가짐	
	부수 心(4획) 총획 4획	음 シン	心配 [しんぱい] 걱정 安心 [あんしん] 안심	
089 惡 (悪)	악할**악**, 미워할**오**	훈 わるい	悪い [わるい] 나쁘다 悪口 [わるくち] 욕, 험담	
	부수 心(4획) 총획 11획	음 アク・オ	悪意 [あくい] 악의 悪寒 [おかん] 오한	
090 樂 (楽)	즐길**락**, 풍류**악**, 좋을**요**	훈 たのしい・ たのしむ	楽しい [たのしい] 즐겁다 楽しむ [たのしむ] 좋아하다	
	부수 木(4획) 총획 13획	음 ガク・ラク	音楽 [おんがく] 음악 楽 [らく] 편안함	

091	安 편안할 안	훈 やすい	安い [やすい] 싸다 安物 [やすもの] 값싼 물건, 싸구려
	부수 宀(3획) 총획 6획	음 アン	安全 [あんぜん] 안전 不安 [ふあん] 불안
092	顔 얼굴 안	훈 かお	顔 [かお] 얼굴 顔付き [かおつき] 표정, 생김
	부수 頁(9획) 총획 18획	음 ガン	童顔 [どうがん] 동안 顔面 [がんめん] 안면, 얼굴
093	暗 어둘 암	훈 くらい	暗い [くらい] 어둡다 暗闇 [くらやみ] 어둠
	부수 日(4획) 총획 13획	음 アン	暗記 [あんき] 암기 暗算 [あんざん] 암산
094	野 들 야	훈 の	野原 [のはら] 들, 들판 野 [の] 들, 들판
	부수 里(7획) 총획 11획	음 ヤ	野菜 [やさい] 야채 分野 [ぶんや] 분야
095	夜 밤 야	훈 よ・よる	夜 [よる] 밤 夜中 [よなか] 한밤중
	부수 夕(3획) 총획 8획	음 ヤ	今夜 [こんや] 오늘밤 深夜 [しんや] 심야
096	弱 약할 약	훈 よわい・よわまる・よわめる	弱い [よわい] 약하다 弱まる [よわまる] 약해지다
	부수 弓(3획) 총획 10획	음 ジャク	弱点 [じゃくてん] 약점 貧弱 [ひんじゃく] 빈약
097	薬 약 약	훈 くすり	薬 [くすり] 약 薬指 [くすりゆび] 약지
	부수 艹(3획) 총획 16획	음 ヤク	薬品 [やくひん] 약품 農薬 [のうやく] 농약
098	洋 바다 양	훈 -	
	부수 氵(3획) 총획 9획	음 ヨウ	洋服 [ようふく] (서양식) 옷 西洋 [せいよう] 서양
099	業 업 업	훈 わざ	業 [わざ] 행위, 일 業師 [わざし] 책사, 모사
	부수 木(4획) 총획 13획	음 ギョウ・ゴウ	授業 [じゅぎょう] 수업 卒業 [そつぎょう] 졸업

No.	한자	뜻/음	부수/총획	음	예시
100	研 (研)	갈 연	부수 石(5획) / 총획 9획	훈 とぐ / 음 ケン	研ぐ [とぐ] (칼을) 갈다 研ぎ出し [とぎだし] 표면을 갈아서 광을 냄 研究 [けんきゅう] 연구 研修 [けんしゅう] 연수
101	映	비출 영	부수 日(4획) / 총획 9획	훈 うつる・うつす・はえる / 음 エイ	映る [うつる] 비치다 映える [はえる] 빛나다, 돋보이다 映画 [えいが] 영화 映写 [えいしゃ] 영사
102	英	꽃부리 영	부수 ++(3획) / 총획 8획	훈 - / 음 エイ	英語 [えいご] 영어 英和 [えいわ] 영일
103	屋	집 옥	부수 尸(3획) / 총획 9획	훈 や / 음 オク	部屋 [へや] 방 八百屋 [やおや] 야채가게 屋上 [おくじょう] 옥상 家屋 [かおく] 가옥
104	曜 (曜)	빛날 요	부수 日(4획) / 총획 18획	훈 - / 음 ヨウ	曜日 [ようび] 요일 何曜日 [なんようび] 무슨 요일
105	用	쓸 용	부수 用(5획) / 총획 5획	훈 もちいる / 음 ヨウ	用いる [もちいる] 이용하다 用意 [ようい] 준비 利用 [りよう] 이용
106	牛	소 우	부수 牛(4획) / 총획 4획	훈 うし / 음 ギュウ	牛 [うし] 소 牛車 [うしぐるま] 소달구지 牛肉 [ぎゅうにく] 소고기 牛乳 [ぎゅうにゅう] 우유
107	運 (運)	움직일 운	부수 辶(3획) / 총획 12획	훈 はこぶ / 음 ウン	運ぶ [はこぶ] 나르다, 옮기다 運び [はこび] 운반, 수송 運転 [うんてん] 운전 幸運 [こううん] 행운
108	元	으뜸 원	부수 儿(2획) / 총획 4획	훈 もと / 음 ゲン・ガン	元 [もと] 이전, 근원 足元 [あしもと] 발 밑 元気 [げんき] 활기 넘침 元日 [がんじつ] 설날

109 員	관원 원	훈 -		
		부수 口(3획) 총획 10획	음 イン	店員 [てんいん] 점원 全員 [ぜんいん] 전원
110 院	집 원	훈 -		
		부수 阝(3획) 총획 10획	음 イン	入院 [にゅういん] 입원 退院 [たいいん] 퇴원
111 遠 (遠)	멀 원	훈 とおい		遠い [とおい] 멀다
		부수 辶(3획) 총획 13획	음 エン・オン	遠慮 [えんりょ] 사양 遠忌 [おんき] 원기, 50년마다 지내는 기일
112 有	있을 유	훈 ある		有る [ある] 존재하다 有難う [ありがとう] 고마워요
		부수 月(4획) 총획 6획	음 ユウ・ウ	有名 [ゆうめい] 유명 有無 [うむ] 유무
113 肉	고기 육	훈 -		
		부수 肉(6획) 총획 6획	음 ニク	豚肉 [ぶたにく] 돼지고기 牛肉 [ぎゅうにく] 소고기
114 銀	은 은	훈 -		
		부수 金(8획) 총획 14획	음 ギン	銀 [ぎん] 은 銀行 [ぎんこう] 은행
115 音	소리 음	훈 おと・ね		音 [おと/ね] 소리 音色 [ねいろ] 음색
		부수 音(9획) 총획 9획	음 オン・イン	音楽 [おんがく] 음악 音信 [いんしん] 소식, 편지
116 意	뜻 의	훈 -		
		부수 心(4획) 총획 13획	음 イ	意味 [いみ] 의미 注意 [ちゅうい] 주의
117 医 (醫)	의원 의	훈 -		
		부수 匚(2획) 총획 7획	음 イ	医者 [いしゃ] 의사 医学 [いがく] 의학

#	한자	훈/음	부수/총획	예
118	以	써 이 / 훈 - / 음 イ	人(2획) / 5획	以上 [いじょう] 이상 以外 [いがい] 이외
119	引	끌 인 / 훈 ひく・ひける / 음 イン	弓(3획) / 4획	引く [ひく] 끌다, 당기다 引き出し [ひきだし] 서랍 引退 [いんたい] 은퇴 索引 [さくいん] 색인
120	姉	누이 자 / 훈 あね / 음 シ	女(3획) / 8획	姉 [あね] 누나, 언니 姉婿 [あねむこ] 자형, 매형 姉妹 [しまい] 자매
121	字	글자 자 / 훈 - / 음 ジ	子(3획) / 6획	漢字 [かんじ] 한자 数字 [すうじ] 숫자
122	自	스스로 자 / 훈 みずから / 음 ジ・シ	自(6획) / 6획	自ら [みずから] 스스로 自分 [じぶん] 자신, 자기 自然 [しぜん] 자연
123	者	놈 자 / 훈 もの / 음 シャ	耂(4획) / 8획	者 [もの] 자, 사람 若者 [わかもの] 젊은이 医者 [いしゃ] 의사 学者 [がくしゃ] 학자
124	作	지을 작 / 훈 つくる / 음 サク・サ	人(2획) / 7획	作る [つくる] 만들다 作り [つくり] 구조 作文 [さくぶん] 작문 作業 [さぎょう] 작업
125	場	마당 장 / 훈 ば / 음 ジョウ	土(3획) / 12획	場所 [ばしょ] 장소 広場 [ひろば] 광장 工場 [こうじょう] 공장 会場 [かいじょう] 회장
126	低	낮을 저 / 훈 ひくい・ひくめる・ひくまる / 음 テイ	亻(2획) / 7획	低い [ひくい] 낮다 低める [ひくめる] 낮추다 最低 [さいてい] 최저 低下 [ていか] 저하

JLPT N4 필수한자

127 赤	붉을 적	훈 あか・あかい・あからむ	赤ちゃん [あかちゃん] 아기 赤い [あかい] 빨갛다, 붉다
	부수 赤(7획) 총획 7획	음 セキ	赤道 [せきどう] 적도 赤色 [せきしょく] 적색
128 田	밭 전	훈 た	田 [た] 논 田植え [たうえ] 모내기
	부수 田(5획) 총획 5획	음 デン	田園 [でんえん] 전원 水田 [すいでん] 수전, 논
129 転 (轉)	구를 전	훈 ころがる・ころげる・ころがす・ころぶ	転ぶ [ころぶ] 넘어지다 転がす [ころがす] 굴리다
	부수 車(7획) 총획 11획	음 テン	運転 [うんてん] 운전 回転 [かいてん] 회전
130 切	끊을 절, 모두 체	훈 きる・きれる	切る [きる] 자르다, 끊다 切れる [きれる] 베이다
	부수 刀(2획) 총획 4획	음 セツ・サイ	親切 [しんせつ] 친절 一切 [いっさい] 일체, 일절
131 正	바를 정	훈 ただしい・ただす・まさ	正しい [ただしい] 옳다 正に [まさに] 바로, 꼭
	부수 止(4획) 총획 5획	음 セイ・ショウ	不正 [ふせい] 부정 正午 [しょうご] 정오
132 町	밭두둑 정	훈 まち	町民 [ちょうみん] 읍민 町中 [まちなか] 시내, 번화가
	부수 田(5획) 총획 7획	음 チョウ	町角 [まちかど] 길모퉁이 町家 [ちょうか] 상가, 상인의 집
133 弟	아우 제	훈 おとうと	弟 [おとうと] 남동생
	부수 弓(3획) 총획 7획	음 テイ・ダイ・デ	兄弟 [きょうだい] 형제 弟子 [でし] 제자
134 題	제목 제	훈 -	
	부수 頁(9획) 총획 18획	음 ダイ	宿題 [しゅくだい] 숙제 問題 [もんだい] 문제
135 早	일찍 조	훈 はやい・はやまる・はやめる	早い [はやい] 이르다, 빠르다 早まる [はやまる] 빨라지다
	부수 日(4획) 총획 6획	음 ソウ・サッ	早速 [さっそく] 즉시, 당장 早期 [そうき] 조기

136	鳥 새 조 부수 鳥(11획) 총획 11획	훈 とり	음 チョウ	鳥 [とり] 새, 조류 鳥小屋 [とりごや] 새장 白鳥 [はくちょう] 백조 鳥類 [ちょうるい] 조류
137	朝 아침 조 부수 月(4획) 총획 12획	훈 あさ	음 チョウ	朝 [あさ] 아침 毎朝 [まいあさ] 매일 아침 朝刊 [ちょうかん] 조간 王朝 [おうちょう] 왕조
138	族 겨레 족 부수 方(4획) 총획 11획	훈 -	음 ゾク	家族 [かぞく] 가족 民族 [みんぞく] 민족
139	終 마칠 종 부수 糸(6획) 총획 11획	훈 おわる・おえる	음 シュウ	終(わ)る [おわる] 끝나다 終える [おえる] 끝내다 終了 [しゅうりょう] 종료 最終 [さいしゅう] 최종
140	主 주인 주 부수 丶(1획) 총획 5획	훈 ぬし・おも	음 シュ・ス	主 [ぬし] 주인 主に [おもに] 주로 主張 [しゅちょう] 주장 主義 [しゅぎ] 주의
141	住 살 주 부수 人(2획) 총획 7획	훈 すむ・すまう	음 ジュウ	住む [すむ] 거주하다 住まう [すまう] 살다 住所 [じゅうしょ] 주소 住民 [じゅうみん] 주민
142	注 물댈 주 부수 氵(3획) 총획 8획	훈 そそぐ	음 チュウ	注ぐ [そそぐ] 붓다, 따르다 注意 [ちゅうい] 주의 注文 [ちゅうもん] 주문
143	走 달릴 주 부수 走(7획) 총획 7획	훈 はしる	음 ソウ	走る [はしる] 달리다 走行 [そうこう] 주행 逃走 [とうそう] 도주
144	昼 낮 주 부수 日(4획) 총획 9획	훈 ひる	음 チュウ	昼 [ひる] 낮 昼寝 [ひるね] 낮잠 昼食 [ちゅうしょく] 중식, 점심 昼夜 [ちゅうや] 주야

145	重	무거울 중	훈 え・おもい・かさねる・かさなる	重い [おもい] 무겁다 重なる [かさなる] 겹쳐지다
		부수 里(7획) 총획 9획	음 ジュウ・チョウ	体重 [たいじゅう] 체중 貴重 [きちょう] 귀중
146	地	땅 지	훈 じ	地震 [じしん] 지진 地面 [じめん] 지면, 땅바닥
		부수 土(3획) 총획 6획	음 チ・ジ	地下鉄 [ちかてつ] 지하철 地味 [じみ] 수수함, 검소함
147	持	가질 지	훈 もつ	持つ [もつ] 지속하다, 가지다, 지니다 持ち主 [もちぬし] 소유주
		부수 扌(3획) 총획 9획	음 ジ	維持 [いじ] 유지 支持 [しじ] 지지
148	止	그칠 지	훈 とまる・とめる	止まる [とまる] 서다, 멈추다 止める [とめる] 세우다
		부수 止(4획) 총획 4획	음 シ	禁止 [きんし] 금지 防止 [ぼうし] 방지
149	池	못 지	훈 いけ	池 [いけ] 못, 연못
		부수 氵(3획) 총획 6획	음 チ	電池 [でんち] 전지 乾電池 [かんでんち] 건전지
150	知	알 지	훈 しる	知る [しる] 알다 知り合い [しりあい] 아는 사이
		부수 矢(5획) 총획 8획	음 チ	承知 [しょうち] (상황등을)알고있음 知慧 [ちえ] 지혜
151	紙	종이 지	훈 かみ	紙 [かみ] 종이 表紙 [ひょうし] 표지
		부수 糸(6획) 총획 10획	음 シ	用紙 [ようし] 용지
152	進 (進)	나아갈 진	훈 すすむ・すすめる	進む [すすむ] 나아가다 進める [すすめる] 전진시키다
		부수 辶(3획) 총획 11획	음 シン	進学 [しんがく] 진학 進歩 [しんぽ] 진보
153	真 (眞)	참 진	훈 ま	真っすぐ [まっすぐ] 똑바로 真ん中 [まんなか] 한가운데
		부수 目(5획) 총획 10획	음 シン	写真 [しゃしん] 사진 真実 [しんじつ] 진실

154	質 바탕 질	훈 - 음 シツ・シチ・チ	부수 貝(7획) 총획 15획	質問 [しつもん] 질문 人質 [ひとじち] 인질
155	集 모을 집	훈 あつまる・あつめる・つどう 음 シュウ	부수 隹(8획) 총획 12획	集まる [あつまる] 모이다 集める [あつめる] 모으다 集会 [しゅうかい] 집회 集合 [しゅうごう] 집합
156	借 빌릴 차	훈 かりる 음 シャク	부수 人(2획) 총획 10획	借りる [かりる] 빌리다 借り [かり] 빌림, 빚 借用 [しゃくよう] 차용 借家 [しゃくや] 셋집
157	着 붙을 착	훈 きる・きせる・つく・つける 음 チャク・ジャク	부수 羊(6획) 총획 12획	着る [きる] 입다 着く [つく] 도착하다 到着 [とうちゃく] 도착 愛着 [あいじゃく] 애착
158	菜 (菜) 나물 채	훈 な 음 サイ	부수 艹(3획) 총획 11획	菜 [な] 야채, 푸성귀 菜っ葉 [なっぱ] 푸성귀의 잎 野菜 [やさい] 야채 菜食 [さいしょく] 채식
159	青 (青) 푸를 청	훈 あお・あおい 음 セイ	부수 青(8획) 총획 8획	青 [あお] 파랑, 푸른 색 青い [あおい] 파랗다 青年 [せいねん] 청년 青春 [せいしゅん] 청춘
160	村 마을 촌	훈 むら 음 ソン	부수 木(4획) 총획 7획	村 [むら] 마을 村方 [むらかた] 마을 쪽, 농어촌 農村 [のうそん] 농촌 漁村 [ぎょそん] 어촌
161	秋 가을 추	훈 あき 음 シュウ	부수 禾(5획) 총획 9획	秋 [あき] 가을 秋風 [あきかぜ] 추풍 秋季 [しゅうき] 추계 立秋 [りっしゅう] 입추
162	春 봄 춘	훈 はる 음 シュン	부수 日(4획) 총획 9획	春 [はる] 봄 春先 [はるさき] 초봄 青春 [せいしゅん] 청춘 春夢 [しゅんむ] 춘몽

163 親	친할 친	훈 おや・したし い・したしむ	親 [おや] 부모 親しい [したしい] 친하다
		부수 見(7획) 총획 16획	음 シン	親切 [しんせつ] 친절 両親 [りょうしん] 양친, 부모
164 太	클 태	훈 ふとい・ ふとる	太い [ふとい] 굵다 太る [ふとる] 살이 찌다
		부수 大(3획) 총획 4획	음 タイ・タ	太陽 [たいよう] 태양 太刀 [たち] 칼, 도검
165 台 (臺)	돈대 대	훈 -	
		부수 口(3획) 총획 5획	음 ダイ・タイ	台所 [だいどころ] 부엌 台風 [たいふう] 태풍
166 通 (通)	통할 통	훈 とおる・とお す・かよう	通る [とおる] 지나가다 通う [かよう] 다니다
		부수 辶(3획) 총획 10획	음 ツウ	交通 [こうつう] 교통 通行 [つうこう] 통행
167 特	특별할 특	훈 -	
		부수 牛(4획) 총획 10획	음 トク	特に [とくに] 특히 特別 [とくべつ] 특별
168 便	편할 편	훈 たより	便り [たより] 편지, 소식
		부수 亻(2획) 총획 9획	음 ベン・ビン	便利 [べんり] 편리 郵便局 [ゆうびんきょく] 우체국
169 品	물건 품	훈 しな	品 [しな] 물건, 품질 品物 [しなもの] 물품, 상품
		부수 口(3획) 총획 9획	음 ヒン	食料品 [しょくりょうひん] 식료품 品目 [ひんもく] 품목
170 風	바람 풍	훈 かぜ・かざ	風 [かぜ] 바람 風窓 [かざまど] 통풍창
		부수 風(9획) 총획 9획	음 フウ・フ	風景 [ふうけい] 풍경 風呂 [ふろ] 목욕, 욕실
171 夏	여름 하	훈 なつ	夏 [なつ] 여름 夏休み [なつやすみ] 여름 방학
		부수 夂(3획) 총획 10획	음 カ・ゲ	夏季 [かき] 하계, 여름철 夏至 [げし] 하지

172	寒	찰 한	훈 さむい		寒い [さむい] 춥다 寒気 [さむけ] 한기
			부수 宀(3획) 총획 12획	음 カン	寒帯 [かんたい] 한대 寒気 [かんき] 한기, 추위
173	漢	한나라 한	훈 –		
			부수 氵(3획) 총획 13획	음 カン	漢字 [かんじ] 한자 漢和 [かんわ] 중국과 일본
174	合	합할 합	훈 あう・あわす ・あわせる		合う [あう] 맞다 合わせる [あわせる] 맞추다
			부수 口(3획) 총획 6획	음 ゴウ・ガッ ・カッ	合格 [ごうかく] 합격 合唱 [がっしょう] 합창
175	海	바다 해	훈 うみ		海 [うみ] 바다 海風 [うみかぜ] 해풍
			부수 氵(3획) 총획 9획	음 カイ	海岸 [かいがん] 해안 海外 [かいがい] 해외
176	験	시험 험	훈 –		
			부수 馬(10획) 총획 18획	음 ケン・ゲン	試験 [しけん] 시험 霊験 [れいげん] 영험
177	県	매달 현	훈 –		
			부수 目(5획) 총획 9획	음 ケン	県令 [けんれい] 현령 郡県 [ぐんけん] 군현
178	兄	맏 형	훈 あに		兄 [あに] 형, 오빠 兄嫁 [あによめ] 형수
			부수 儿(2획) 총획 5획	음 ケイ・キョウ	兄弟 [きょうだい] 형제 父兄 [ふけい] 부형
179	好	좋을 호	훈 このむ・すく		好きな [すきな] 좋아하는 好み [このみ] 기호, 취향
			부수 女(3획) 총획 6획	음 コウ	格好 [かっこう] 모양, 모습 良好 [りょうこう] 양호
180	画	그림 화	훈 –		
			부수 田(5획) 총획 8획	음 カク・ガ	漫画 [まんが] 만화 計劃 [けいかく] 계획

181 回	돌 회	훈 まわる・まわす	回る [まわる] 돌다 回す [まわす] 돌리다
	부수 口(3획) 총획 6획	音 カイ・エ	回転 [かいてん] 회전 回心 [えしん] 회심
182 黒 (黑)	검을 흑	훈 くろ・くろい	黒い [くろい] 검다 黒 [くろ] 검은 빛깔
	부수 黒(11획) 총획 11획	音 コク	黒板 [こくばん] 칠판 黒人 [こくじん] 흑인

Part III
부록

- 일본어 문자와 음절
- 수사 읽는 방법
- 동사활용표
- 명사・형용사・형용동사의 변화
- 필수 관용구
- 필수 속담
- 찾아보기

일본어 문자와 음절

1. 일본어의 문자

❶ ひらがな[hiragana] 10~11세기에 한자의 초서체를 바탕으로 만들어졌다.
❷ かたかな[katakana] 외래어, 의성어 전보문, 동식물명에 사용된다.
❸ かな한자는 한 음절 각 음절은 1박의 길이를 갖는다.

2. 오십음도(五十音図)

50음도란 かな를 모음의 종류에 따라 세로 5단(段)으로, 자음의 종류에 따라 가로 10행(行)으로 배열한 것으로 사전을 찾을 때와 어미활용을 익히는 데도 필요하다.
일본의 음의 기본이 되는 것은 청음(清音)이다.
가로의 배열을 [行(ぎょう)]이라 하여 [あ行] [か行]이라 한다.
세로의 배열을 [段(だん)]이라 하여 [あ段] [い段]이라 한다.
[行]과 [段]은 용언의 어미활용을 익히는 데 필요하다.

3. 일본의 음절

(1) 청음(清音;せいおん)

母音 : あ, い, う, え, お
半母音 : や, ゆ, よ, わ
子音 : 母音, 半母音을 제외한 음절

(2) 탁음(濁音;だくおん)

か[ka], さ[sa], た[ta], は[ha] 行의 글자 오른쪽 어깨에 濁点를 붙여 나타내는 음절로 が[ga], ざ[dza], だ[da], ば[ba]의 각 行이다.

(3) 반탁음(半濁音;はんだくおん)

は[ha], ひ[hi], ふ[fu], へ[he], ほ[ho]의 오른쪽 어깨 위에 半濁点을 붙여 ぱ[pa], ぴ[pi], ぷ[pu], ぺ[pe], ぽ[po]로 나타낸다.

(4) 요음(拗音;ようおん)

각行 자음의 [い段] かな의 오른쪽 아래에 [や, ゆ, よ]를 작게 붙여서 나

50음도 (일본어 알파벳)

◆ ひらがな : 한자의 초서체에서 따온 것

n	wa	ra	ya	ma	ha	na	ta	sa	ka	a	
ん	わ	ら	や	ま	は	な	た	さ	か	あ	
		ri		mi	hi	ni	chi	si	ki	i	
		り		み	ひ	に	ち	し	き	い	ひらがな
	ru	yu	mu	hu	nu	tsu	su	ku	u		
	る	ゆ	む	ふ	ぬ	つ	す	く	う		
		re		me	he	ne	te	se	ke	e	
		れ		め	へ	ね	て	せ	け	え	
wo	ro	yu	mo	ho	no	to	so	ko	o		
を	ろ	よ	も	ほ	の	と	そ	こ	お		

◆ カタカナ : 한자의 일부분을 따서 만든 것(발음은 ひらがな와 동일)

n	wa	ra	ya	ma	ha	na	ta	sa	ka	a	
ン	ワ	ラ	ヤ	マ	ハ	ナ	タ	サ	カ	ア	
		ri		mi	hi	ni	chi	si	ki	i	
		リ		ミ	ヒ	ニ	チ	シ	キ	イ	カタカナ
		ru	yu	mu	hu	nu	tsu	su	ku	u	
		ル	ユ	ム	フ	ヌ	ツ	ス	ク	ウ	
		re		me	he	ne	te	se	ke	e	
		レ		メ	ヘ	ネ	テ	セ	ケ	エ	
	wo	ro	yu	mo	ho	no	to	so	ko	o	
	ヲ	ロ	ヨ	モ	ホ	ノ	ト	ソ	コ	オ	

타낸 음절을 말한다. きゃ[kya], きゅ[kyu], きょ[kyo]와 같이 쓴다.

(5) 발음(撥音:はつおん)

[ん]은 언제나 모음 뒤에서 발음된다.

[ㅁ] → 「ば, ぱ, ま」행 앞

[ㄴ] → 「た, だ, ざ, な, ら」행 앞

[ㅇ] → 「か, が」행 앞

[N] → 어말이나 반모음, 「さ, は」행 앞 [つ]를 작게 써서 나타내며 뒤에 오는 음에 따라 [k, s, t, p] 로 발음된다.

(6) 촉음(促音;そくおん)

[k] → 「か」행음앞
[s] → 「さ」행음앞
[t] → 「た」행음앞
[p] → 「ぱ」행음앞

(7) 장음(長音;ちょうおん)

같은 모음을 한음절만큼 길게 내는 음이며 ひらがな로 쓸 때는 같은 모음을 쓰나 かたかな로 쓸 때는 [-]부호로 나타낸다.

あ段 + あ　　い段 + い　　う段 + う
え段 + え　　お段 + お, う를 붙인다.

4. 한자 읽기

(1) 초성의 한자

❶ 초성이 「ㄱ」인 한자는 か, が행(行)으로 발음됩니다.
❷ ㄴ - な, だ行
❸ ㄷ - た, だ行
❹ ㄹ - ら行
❺ ㅁ - ま, ば行
❻ ㅂ - は, ば行
❼ ㅅ - さ, ざ行
❽ ㅇ - あ, が, や, か, な, ざ行
❾ ㅈ - さ, ざ, た, だ行
❿ ㅊ - さ, ざ, た行
⓫ ㅋ - か行
⓬ ㅌ - た, だ行
⓭ ㅍ - は, ば, ぱ行
⓮ ㅎ - か, が行

(2) 받침이 없는 한자

❶ 「아」 발음의 한자 あ、い、い段 / 「애」 발음의 한자 あ段い
❷ 「야」 발음의 한자 や/ 「어」 발음의 한자 い段よ、え段い、お段
❸ 「에」 발음의 한자 え段い、あ段い
❹ 「여」 발음의 한자 い段ょ、れい/よ
❺ 「예」 발음의 한자 え段い、あ段い/よ
❻ 「오」 발음의 한자 お段う、い段ょう、お段 う段、い段ょ
❼ 「와」 발음의 한자 あ段 / 「왜」 발음의 한자 あ段/さつ
❽ 「외」 발음의 한자 あ段い、お段う/ 「요」 발음의 한자 い段ょう、お段う
❾ 「우」 발음의 한자 う段、い段ゅう、お段う、う段い、う段う、い段ゅ、お段
❿ 「위」 발음의 한자 い段、すい、しゅう、しゅ
⓫ 「웨」 발음의 한자 き
⓬ 「유」 발음의 한자 ゆう、い段ゅう、う段、い段、う段い
⓭ 「의」 발음의 한자 い段
⓮ 「이」 발음의 한자 い段

(3) 받침이 있는 한자

❶ 받침이 「ㄱ」 인 한자 く、き
❷ 받침이 「ㄴ」 인 한자 ん
❸ 받침이 「ㄹ」 인 한자 つ
❹ 받침이 「ㅁ」 인 한자 ん
❺ 받침이 「ㅂ」 인 한자 う、つ
❻ 받침이 「ㅇ」 인 한자 う、い

(4) 변형된 한자 읽기 요령

❶ [~く] → [~っ]
「~く」로 읽는 한자 뒤에 이어지는 한자의 첫소리가 [か行(か、き、く、け、こ)]일 때, 「~く」는 촉음 「~っ」로 바뀐다.

- 예) 悪化(악화) → 惡(あく) + 化(か) → あっか
  錯(さく) + 覚(かく) → さっかく

❷ [~つ] → [~っ]

「~つ」로 읽는 한자 뒤에 이어지는 한자의 첫소리가 [か, さ, た行(か, き, く, け, こ, さ, し, す, せ, そ, た, ち, つ, て, と)]일 때, 「~つ」는 촉음 「~っ」로 바뀐다.

- 예) 雜貨(잡화) → 雜(ざつ) + 貨(か) → ざっか
  物(ぶつ) + 資(し) → ぶっし → 設(せつ) + 置(ち) → せっち

❸ [~つ + は行] → [~っ + ぱ行]

「~つ」로 읽는 한자 뒤에 이어지는 한자의 첫소리가 [ぱ行]일 때, 「~つ」는 촉음 「~っ」로 바뀐다.

- 예) 圧迫(압박) → 圧(あつ) + 迫(はく) → あっぱく
  立(りつ) + 法(ほう) → りっぽう

❹ [は] → [ぱ]

「~ん」으로 읽는 한자 뒤에 이어지는 한자의 첫소리가 [は行]일 때, [は行]은 [ぱ行]으로 바뀐다.

- 예) 運搬(운반) → 運(うん) + 搬(はん) → うんぱん
  遠(えん) + 方(ほう) → えんぽう

❺ 기타

앞 글자가 「ん」으로 끝나고 다음에 [あ行]이 올 때, [あ行]이 [な行]으로 바뀌는 경우가 있다.

- 예) 反応(반응) → 反(はん) + 応(おう) → はんのう → 天(てん) + 皇(おう) → てんのう → 因(いん) + 縁(えん) → いんねん

5. 기타 부호 및 기호

상기의 가나 및 한자 이외에도 일본어에는 특수한 기호 및 부호들이 쓰이고 있다.

、　쉼표와 같은 것으로 문장의 일단정지 등에 사용
。　마침표와 같은 것으로 문장을 종결할 때

-	カタカナ에서 장음을 표시하는 기호 例 (ノート, チョーク)
々	동문지 기호로서 앞문자와 동일한 것을 의미 例 (人→ひとびと)

6. 띄어쓰기

일본어는 붓으로 서예의 한문문장처럼 우측에서 좌측방향으로 으로 내려쓰기가 원칙이다. 띄어쓰기가 없이 문장을 붙여쓰고 있으며 적절하게 쉼표나 마침표 등을 넣는다. 또한 느낌표나 물음표 등도 원칙적으로 표기하지 않으며 전후의 문맥을 통하여 의미를 구분하며 쓰임에 따라 한자 읽기 방법도 정해진다.

◈ 대명사

	사물	장소	방향	인칭	연체사	
근칭	これ	ここ	こちら	わたし	この	こんな
중칭	どれ	そこ	そちら	あなた	その	そんな
원칭	あれ	あそこ	あちら	あのひと	あの	あんな
부정칭	どれ	どこ	どちら	だれ	どの	どんな

◈ 가족명칭

	조부	조모	아버지	어머니	형
자칭	そふ	そぼ	ちち	はは	あに
타칭	おじいさん	おばあさん	おとうさん	おかあさん	おにいさん

	누나	남동생	여동생	백부	백모
자칭	あね	おとうと	いもうと	おじ	おば
타칭	おねえさん	おとうとさん	いもうとさん	おじさん	おばさん

수사 읽는 방법

◆ 조수사

숫자＼분류	고유수사	개(個)	명(人)	장(枚)	병(本)
하나	ひとつ	いっこ	ひとり	いちまい	いっぽん
둘	ふたつ	にこ	ふたり	にまい	にほん
셋	みっつ	さんこ	さんにん	さんまい	さんぼん
넷	よっつ	よんこ	よにん	よんまい	よんほん
다섯	いつつ	ごこ	ごにん	ごまい	ごほん
여섯	むっつ	ろっこ	ろくにん	ろくまい	ろっぽん
일곱	ななつ	ななこ	ななにん	ななまい	ななほん
여덟	やっつ	はっこ	はちにん	はちまい	はっぽん
아홉	ここのつ	きゅうこ	きゅうにん	きゅうまい	きゅうほん
열	とお	じゅっこ	じゅうにん	じゅうまい	じゅっぽん
몇	いくつ	なんこ	なんにん	なんまい	なんぼん

숫자＼분류	대(台)	켤레(足)	잔(杯)	마리(匹)	권(冊)
하나	いちだい	いっそく	いっぱい	いっぴき	いっさつ
둘	にだい	にそく	にはい	にひき	にさつ
셋	さんだい	さんぞく	さんぼい	さんびき	さんさつ
넷	よんだい	よんそく	よんはい	よんひき	よんさつ
다섯	ごだい	ごそく	ごはい	ごひき	ごさつ
여섯	ろくだい	ろくそく	ろっぱい	ろっぴき	ろくさつ
일곱	ななだい	ななそく	ななはい	ななひき	ななさつ
여덟	はちだい	はっそく	はっぱい	はっぴき	はっさつ
아홉	きゅうだい	きゅうそく	きゅうはい	きゅうひき	きゅうさつ
열	じゅうだい	じゅっそく	じゅっぱい	じゅっぴき	じゅっさつ
몇	なんだい	なんぞく	なんぱい	なんびき	なんさつ

◈ 수사

1	いち	11	じゅういち	110	ひゃくじゅう	1,100	せんひゃく
2	に	20	にじゅう	200	にひゃく	2,000	にせん
3	さん	30	さんじゅう	300	さんびゃく	3,000	さんぜん
4	し, よん, よ	40	よんじゅう	400	よんひゃく	4,000	よんせん
5	ご	50	ごじゅう	500	ごひゃく	5,000	ごせん
6	ろく	60	ろくじゅう	600	ろっぴゃく	6,000	ろくせん
7	しち, なな	70	ななじゅう	700	ななひゃく	7,000	ななせん
8	はち	80	はちじゅう	800	はっぴゃく	8,000	はっせん
9	く, きゅう	90	きゅうじゅう	900	きゅうひゃく	9,000	きゅうせん
10	じゅう	100	ひゃく	1,000	せん	10,000	いちまん

◈ 년・월・시・분

	년(年)	월(月)	시(時)	분(分)
1	いちねん	いちがつ	いちじ	いっぷん
2	にねん	にがつ	にじ	にふん
3	さんねん	さんがつ	さんじ	さんぷん
4	よねん	しがつ	よじ	よんぷん
5	ごねん	ごがつ	ごじ	ごふん
6	ろくねん	ろくがつ	ろくじ	ろっぷん
7	しちねん・ななねん	しちがつ	しちじ	ななふん
8	はちねん	はちがつ	はちじ	はっぷん
9	きゅうねん	くがつ	くじ	きゅうふん
10	じゅうねん	じゅうがつ	じゅうじ	じっぷん
11	じゅういちねん	じゅういちがつ	じゅういちじ	じゅういっぷん
12	じゅうにねん	じゅうにがつ	じゅうにじ	じゅうにふん

◈ 날짜

1日	ついたち	11日	じゅういちにち	21日	にじゅういちにち
2日	ふつか	12日	じゅうににち	22日	にじゅうににち
3日	みっか	13日	じゅうさんにち	23日	にじゅうさんにち
4日	よっか	14日	じゅうよっか	24日	にじゅうよっか
5日	いつか	15日	じゅうごにち	25日	にじゅうごにち
6日	むいか	16日	じゅうろくにち	26日	にじゅうろくにち
7日	なのか	17日	じゅうしちにち	27日	にじゅうしちにち
8日	ようか	18日	じゅうはちにち	28日	にじゅうはちにち
9日	ここのか	19日	じゅうくにち	29日	にじゅうくにち
10日	とおか	20日	はつか	30日	さんじゅうにち
				31日	さんじゅういちにち

◈ 요일

일요일	日曜日(にちようび)	목요일	木曜日(もくようび)
월요일	月曜日(げつようび)	금요일	金曜日(きんようび)
화요일	火曜日(かようび)	토요일	土曜日(どようび)
수요일	水曜日(すいようび)	공휴일	公休日(こうきゅうび)

◈ 방위

四方	東	西	南	北
음독	とう	ざい	なん	ぼく
훈독	ひがし	にし	みなみ	きた

◈ 사계절

四季	春	夏	秋	冬
음독	しゅん	か	しゅう	とう
훈독	はる	なつ	あき	ふゆ

동사 활용표

비 고	5단 동사					
기본형	買[か]う	話[はな]す	行[い]く	死[し]ぬ	読[よ]む	売[う]る
정중형	買います	話します	行きます	死にます	読みます	売ります
연결형	買って	話して	行って	死んで	読んで	売って
부정형	買わない	話さない	行かない	死なない	読まない	売らない
과거형	買った	話した	行った	死んだ	読んだ	売った
과거부정형	買わなかった	話さなかった	行かなかった	死ななかった	読まなかった	売らなかった
사역형	買わせる	話させる	行かせる	死なせる	読ませる	売らせる
수동형	買われる	話される	行かれる	死なれる	読まれる	売られる
명령형	買え	話せ	行け	死ね	読め	売れ
청유형	買おう	話そう	行こう	死のう	読もう	売ろう

비 고	5단 동사	상1단동사	하1단동사	か불규칙동사	さ불규칙동사
기본형	立[た]つ	見[み]る	食[た]べる	来[く]る	する
정중형	立ちます	見ます	食べます	来[き]ます	します
연결형	立って	見て	食べて	来[き]て	して
부정형	立たない	見ない	食べない	来[こ]ない	しない
과거형	立った	見た	食べた	来[き]た	した
과거부정형	立たなかった	見なかった	食べなかった	来[こ]なかった	しなかった
사역형	立たせる	見させる	食べさせる	来[こ]させる	させる
수동형	立たれる	見られる	食べられる	来[こ]られる	される
명령형	立て	見ろ	食べろ	来[こ]い	しろ・せよ
청유형	立とう	見よう	食べよう	来[こ]よう	しよう

일본어 동사의 어미는 모두 음이 [u]「う・す・く・ぐ・む・ぬ・ぶ・つ・る」로 끝나며 동사가 활용될 때 어미의 변화에 따라서 1류 동사, 2류 동사, 3류 동사로 분류된다.
따라서 동사의 변화 형태를 보고 어느 그룹에 속하는지 알아야 한다.

1. 5단 동사 (1류 동사)

買[か]う-사다　行[い]く-가다　脱[ぬ]ぐ-벗다　話[はな]す-말하다
死[し]ぬ-죽다　飛[と]ぶ-날다　読[よ]む-읽다
売[う]る-팔다　立[た]つ-서다

2. 상1단 동사 / 하1단 동사 (2류 동사)

[iる]-상1단 동사
見[み]る-보다　いる-있다　起[お]きる-일어나다

[eる]-하1단 동사
食[た]べる-먹다　開[あ]ける-열다　掛[か]ける-걸다

3. 불규칙 동사 (3류 동사)

来[く]る-오다
する-하다

※ 특수 1류 동사 [특수 5단 동사]

예외적으로 [iる], [eる]로 끝나지만 1류 동사에 속하는 것들이 있으며 활용은 1류 동사와 같다.
知[し]る-알다　走[はし]る-달리다
切[き]る-자르다　帰[かえ]る-돌아오다

명사 · 형용사 · 형용동사의 변화

1. 명사 : 예) 책(本;ほん)

기본형			本	
			현재	과거
1	긍정	반말	本だ(책이다)	本だった(책이었다)
		정중체	本です(책입니다)	本でした (책이었습니다)
2	부정	반말	本じゃない (책이 아니다)	本じゃなかった (책이 아니었다)
		정중체	本じゃありません (책이 아닙니다)	本じゃありませんでした (책이 아니었습니다)
3	의문		本ですか(책입니까?)	
4	중지		本で(책이고)	
5	가정		本なら(책이라면)	
6	추측		本だろう (책이겠지, 책일 것이다)	本でしょう (책이겠지요, 책이지요)

※ ~じゃない와 같은 말로 ~ではない가 있는데 이는 문어체로 회화체에서는 거의 사용되지 않으며, 격식을 차린 말이다.

2. い형용사(형용사) : 예) 춥다(寒い;さむい)

기본형			さむい	
			현재	과거
1	긍정	반말	さむい(춥다)	さむかった(추웠다)
		정중체	さむいです(춥습니다)	さむかったです(추웠습니다)
2	부정	반말	さむくない(춥지 않다)	さむくなかった(춥지 않았다)
		정중체	さむくないです ＝さむくありません (춥지 않습니다)	さむくなかったです ＝さむくありませんでした (춥지 않았습니다)
3	명사수식		さむい冬(추운 겨울)	さむかった冬(추웠던 겨울)
4	추측		さむいだろう(춥겠지)	さむいでしょう(춥겠지요)
5	가정		さむければ(추우면)	さむかったら(추우면)
6	중지		さむくて(추워서, 춥고)	
7	동사수식		さむくなる(추워지다) さむく暮らす(춥게 생활하다)	
8	나열		さむかったり(춥거나, 춥기도 하고)	

3. な형용사(형용동사) : 예) 예쁘다(きれいだ)

기본형			きれいだ	
			현재	과거
1	긍정	반말	きれいだ(예쁘다)	きれいだった(예뻤다)
		정중체	きれいです (예쁩니다)	きれいでした (예뻤습니다)
2	부정	반말	きれいじゃない (예쁘지 않다)	きれいじゃなかった (예쁘지 않았다)
		정중체	きれいじゃありませんん (예쁘지 않습니다)	きれいじゃありませんでした (예쁘지 않았습니다)
3	명사수식		きれいな人 (예쁜 사람)	きれいだった人 (예뻤던 사람)
4	추측		きれいだろう(예쁘겠지)	きれいでしょう(예쁘겠지요)
5	가정		きれいなら(예쁘면)	きれいだったら(예쁘면)
6	중지		きれいで(예쁘고, 예뻐서)	
7	동사수식		きれいになる(예뻐지다) きれいに話す(예쁘게 이야기하다)	
8	나열		きれいだったり(예쁘기도 하고)	

필수관용구

(몸을 중심으로)

肩が凝る	어깨가 뻐근하다, 부담스럽다
肩の荷が降りる	한 짐 덜다
肩を落とす	낙담하다
肩を並べる	어깨를 나란히 하다
肩を持つ	편을 들다, 밀어주다
尻が軽い	경솔하다
尻が長い	엉덩이가 질기다
尻が重い	엉덩이가 무겁다
尻に敷く	깔고 앉다, 아내가 자기주장을 하다
尻に火が付く	발등에 불이 떨어지다
尻を叩く	독려하다
骨になる	죽다
骨に刻む	명심하다
骨に徹する	뼈에 사무치다
骨までしゃぶる	철저하게 남을 이용하다
骨を折る	몹시 애를 쓰다, 진력하다, 고생하다
骨を折れる	힘이 들다
口がうまい	말을 잘하다
口がすっぱくなる	입이 닳다
口が肥える	미각이 잘 발달되어 있다
口が滑る	입을 잘못 놀리다, 까딱 잘못 말하다
口と腹が違う	말과 행동이 다르다
口を利く	말하다, 지껄이다, 중재하다
口を入れる	말참견하다
口を切る	말을 꺼내다, 입을 떼다
口を尖らせる	입을 비쭉 내밀다
口を割る	자백하다
口車に乗る	감언이설에 넘어가다
気がある	마음에 두다
気がかり	마음에 걸림, 걱정, 근심
気がつく	정신이 들다
気が強い	고집이 있다
気が気でない	제정신이 아니다

気が多い	변덕스럽다, 온갖 일에 관심이 많다
気が短い	성질이 급하다
気が利く	세련되다, 멋이 있다, 센스가 있다
気が立つ	흥분하다
気が滅入る	기분이 침울해지다
気が抜ける	긴장이 풀려 하고자 하는 마음이 없어지다
気が変わる	마음이 변하다
気が弱い	마음이 약하다
気が遠くなる	정신이 몽롱하다
気が遠くなる	정신이 아찔해 지다
気がもめる	안절부절 못하다, 마음을 졸이다, 애가 타다
気が引ける	주눅이 들다, 서먹서먹하다
気が済む	만족스럽다, 속이 시원하다
気が重い	마음이 무겁다, 우울하다
気が知れない	속마음을 알 수 없다
気が進む	마음이 내키다
気が置けない	마음 쓰이지 않다, 무간하다
気が合う	마음이 맞다
気が向く	기분이 내키다
気が荒い	성질이 난폭하다
気が回る	세심한 곳까지 주의가 미치다
気にする	마음에 두다, 신경 쓰다
気に入る	마음에 들다
気に障る	비위에 거슬리다
気をおとす	낙심하다
気を配る	마음 쓰다, 배려하다
気を使う	신경 쓰다
気を飲まれる	(상대편에게) 압도되어 기가 꺾이다
気を引く	넌지시 남의 속을 떠보다
気を持たせる	마음을 들뜨게 하다
~する気がない	~할 생각이 없다
~気がする	~기분이 든다, ~생각이 든다
肌を脱ぐ	웃통을 벗다, 힘써주다, 진력하다

필수관용구

肌身はなさず	몸에 늘 지니고
頭から	처음부터, 무조건, 덮어놓고
頭が堅い	완고하다, 융통성이 없다
頭が上がらない	고개를 못 들다
頭が切れる	머리회전이 빠르다
頭が下がる	(존경심에) 감복하다
頭に来る	울컥 화가 치밀다
頭を使う	머리를 쓰다, 잘 생각하다
頭を痛める	속을 썩이다
頭金	계약금
頭打ち	천장시세, 한계점, 정점
目がない	안목이 없다, 몹시 좋아하다
目が覚める	잠이 깨다
目が高い	안목이 높다, 보는 눈이 있다
目が利く	분별력이 있다, 안목이 높다
目が回る	매우 바쁘다
目と鼻の先	엎드리면 코 닿을 곳
目にさわる	눈에 거슬리다
目に余る	가만히 보고 있을 수 없다
目もくれない	거들떠보지도 않는다
目も当られない	차마 눈뜨고 볼 수 없다
目をそむける	시선을 돌리다
目を盗む	남의 눈을 피하다
目を離す	눈을 떼다
目を通す	훑어보다
大目に見る	너그럽게 보다
ひどい目にあう	(어떤 사건 때문에) 혼이 나다
わき目もふらずに	한 눈 팔지 않고
聞耳を立てる	귀기울여 듣다
眉をひそめる	눈살을 찌푸리다
腹が立つ	화가 나다
腹が座る	침착하여 대담해지다
腹が太い	배짱이 두둑하다

필수 관용구

腹が黒い	속이 검다, 엉큼하다
腹に据えかねる	화를 참을 수 없다
腹に一物	꿍꿍이속
腹は借り物	신분 귀천은 아버지에게 달려있다
腹を決める	결심하다, 각오하다
腹を立てる	화를 내다
腹を肥やす	사복을 채우다
腹を切る	사직하다, 그만두다
腹を探る	상대방의 의중을 떠보다
腹を痛める	친자식을 낳다, 자기 돈을 쓰다
腹を抱える	배꼽을 쥐다
腹を割る	본심을 토로하다
お腹を壊す	배탈이 나다
体をこわす	건강을 헤치다
鼻が高い	콧대가 높다, 기고만장하다, 우쭐하다
鼻に掛ける	잘난 체하다, 뽐내다
鼻に付く	싫증이 나다
鼻の先	코앞
鼻を折る	콧대를 꺾다
相手の足もとを見る	상대방의 약점을 잡다
舌を巻く	감탄하다
手がない	수단이 없다, 일손이 없다
手が空く	일손이 비다, 틈이 나다
手が掛かる	손이 많이 가다
手が付けられない	손을 댈 수가 없다
手が上がる	솜씨가 늘다
手が足りない	일손이 모자라다
手が出ない	어떻게 손을 쓸 수가 없다
手が回る	서서히 손길이 미치다, 경찰의 손이 뻗치다
手に付かない	일이 손에 잡히지 않는다
手に余る	주체할 수 없다
手に汗を握る	손에 땀을 쥐다
手も足も出ない	어찌해 볼 도리가 없다

필수관용구

手も足も出ない	해 볼 도리가 없다
手をこまぬく	수수방관하다
手をそめる	착수하다, 일을 시작하다
手を抜く	할 일을 안 하고 넘어가다
手を煩わす	(남에게) 폐를 끼치다
手を分かつ	(일이나 임무를) 분담하다, 손을 끊다
手を焼く	애태우다, 애먹다, 처치곤란하다
手を入れる	손질하다, 손보다
手を切る	인연을 끊다
喉から手が出る	매우 갖고 싶어하다
首を長くする	학수고대하다
顎で使う	턱으로 부리다, 가만히 앉아서 남을 부려먹다
顎を出す	맥빠지다, 녹초가 되다, 지쳐버리다
顔から火が出る	(부끄러워서) 얼굴이 화끈거리다
顔が広い	얼굴이 넓다, 아는 사람이 많다
顔が利く	얼굴이 통하다
顔が立つ	면목이 서다
顔に泥を塗る	얼굴에 먹칠을 하다
顔を立てる	체면을 세우다
顔を出す	얼굴을 내밀다, 출석하다
合わせる顔がない	대할 면목이 없다
腕が鳴る	몸이 근질근질해지다, 좀이 쑤시다
腕が上がる	솜씨가 좋아지다
腕によりをかける	온갖 솜씨를 다 부리다
腕に覚えがある	솜씨에 자신이 있다
腕をこまぬく	팔짱끼고 구경만 하다, 수수방관하다
腕をふるう	솜씨를 발휘하다
腕を磨く	실력을 연마하다
腰が高い	거만하다
腰が低い	겸손하다, 저자세다
腰を据える	(한곳에) 정착하다, 자리잡다
腰を抜かす	기겁을 하다
腰を入れる	본격적으로 일에 달려들다

逃げ腰	달아나려는 태도, 발뺌하려는 자세
耳が遠い	귀가 먹다
耳が痛い	(남의 말이 자신의 약점을 찔러) 듣기 거북하다
耳にする	(얼핏) 듣다
耳にたこができる	귀에 못이 박히도록 듣다
耳に付く	귀에 쟁쟁하다
耳を貸す	귀를 기울이다, 귀를 빌리다
耳をそばたてる	귀를 기울이다
耳を傾ける	주의해서 듣다
爪で拾ってみでこぼす	고생하여 모은 것을 헤프게 씀을 비유
爪に火をともす	지독히 인색하다
爪のあか	손톱의 때, 아주 적은 것의 비유
爪のあかをせんじて飲む	훌륭한 사람에게 감화되도록 그의 언행을 본뜨다
爪を研ぐ	손톱을 갈다 야심을 품고 기회를 노리다
後ろ指を差される	손가락질 받다, 욕먹다
足かせになる	걸치적거리다
足がない	교통수단이 없다
足が棒になる	뻣뻣해지다
足が付く	꼬리가 잡히다
足が地に着く	착실한 생활을 하다
足が出る	(예산 따위가) 초과하다
足に任す	발길 닿는 대로 걷다
足もとを見る	약점을 잡다
足を洗う	손을 씻다
足を伸ばして	내친김에, 내친걸음에
足を引っ張る	방해를 하다
家族が足かせになる	가족이 거치적거리다
歯が立たない	맞설 수 없다, 상대가 안 된다
胸が潰れる	가슴이 메어지다
胸が騒ぐ	(걱정이 되어) 가슴이 두근거리다, 가슴이 뛰다
胸が一杯になる	(슬픔, 감격 등으로) 가슴이 벅차다
胸に畳む	마음속에 간직하다
胸を張る	가슴을 펴다
胸を焦がす	애를 태우다
胸を打つ	심금을 울리다, 감동시키다

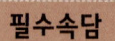
필수속담

論語(ろんご)よみの論語知(ろんごし)らず。	논어를 읽는다는 사람이 논어를 모른다.(소리 내어 읽기는 하지만 그 뜻을 제대로 이해하지 못한다' 는 비웃음 담은 속담)
大鼓判(たいこばん)を押(お)す。	북처럼 큰 도장으로 찍는다(장담하다. 확실하다는 의미로 쓰임.).
大鼓判(たいこばん)を叩(たた)く。	큰북을 치다. 맞장구 치며 비위를 맞추다.
可愛(かわい)い子(こ)には旅(たび)をさせよ。	귀여운 아이는 여행을 시켜라.(귀한 자식일수록 고생을 시켜라' 라는 의미)
情(なさけ)は人(ひと)の為(ため)ならず。	인정을 베푸는 것은 남을 위해서 하는 것이 아니다.(남에게 잘하면 곧 나에게 도움이 된다는 뜻)
鍋釜(なべかま)が賑(にぎ)わう。	냄비와 솥에서 음식이 많이 끓는다.(생활이 풍족하다)
山高(やまたか)きが故(ゆえ)に貴(とうと)からず。	산이 높기만해서 귀한 것은 아니다(겉치레 보다는 내실을 기하는 것이 중요하다.)
山(やま)と言(い)えば川(かわ)。	남이 산이라 말하면 강이라고 한다.(남의 말에 항상 반대하는 것을 의미)
朝寝(あさね)、朝酒(あさざけ)朝風呂(あさぶろ)をすると身上(しんじょう)をつぶす。	늦잠, 아침술, 아침목욕은 몸을 망친다.
女(おんな)が三(さん)にんよれば姦(かしま)しい。	여자 셋이 모이면 시끄럽다.
愛多(あいおお)ければ憎(にく)しみ至(いた)る。	사랑이 많으면 미움에 이른다.
急(いそ)がば回(まわ)れ。	급하며 돌아가라.
井戸(いど)を掘(ほ)るなら水(みず)の出(で)るまで。	우물을 판다면 물이 나올 때까지.
浮気(うわき)と乞食(こじき)は止(や)められぬ。	외도와 거렁뱅이 짓은 그만둘 수 없다.
尾(お)を振(ふ)る犬(いぬ)は叩(たた)かれず。	꼬리를 흔드는 개는 맞지 않는다.
帯(おび)に短(みじか)し、たすきに長(なが)し。	허리띠로는 짧고, 어깨띠(멜빵)으로는 길다.(어중간해서 어디에도 쓸모가 없다.)

<ruby>氏<rt>うじ</rt></ruby>より<ruby>育<rt>そだ</rt></ruby>ち。	성씨보다는 교육(양반 자랑하는 사람치고 제대로 된 사람이 없다는 것을 가르쳐 줌.)
<ruby>人参<rt>にんじん</rt></ruby>飲んで<ruby>首括<rt>くびくく</rt></ruby>る。	인삼을 마시고 빚을 지고 목을 매어 죽는다.
<ruby>人<rt>ひと</rt></ruby>り<ruby>相撲<rt>ずもう</rt></ruby>。	혼자서 하는 씨름.(아무도 상대를 하지 않는데 혼자서 설치는 것을 이르는 말)
<ruby>人<rt>ひと</rt></ruby>のふんとしで<ruby>相撲<rt>すもう</rt></ruby>を<ruby>取<rt>と</rt></ruby>る。	남의 샅바로 씨름을 하다.(남의 것을 이용해서 자기 속셈을 차리는 것을 비유한 속담)
<ruby>金<rt>かね</rt></ruby>の<ruby>切<rt>き</rt></ruby>れめが<ruby>縁<rt>えん</rt></ruby>の<ruby>切<rt>き</rt></ruby>れめ。	돈 떨어지면 정(情)도 떨어진다.(사람들의 얄궂은 심리를 그대로 꼬집고 있음)
<ruby>地獄<rt>じごく</rt></ruby>の<ruby>沙汰<rt>さた</rt></ruby>も<ruby>金次第<rt>かねしだい</rt></ruby>。	지옥에 가는 일도 돈으로 좌우된다.(돈만 있으면 귀신도 부린다)
<ruby>勝<rt>か</rt></ruby>ってかぶとの<ruby>緒<rt>お</rt></ruby>をしめよ。	이긴 후에 투구의 끈을 묶어라.(이기더라도 방심하지 말고 더욱 조심하라.)
<ruby>総領<rt>そうりょう</rt></ruby>の<ruby>甚六<rt>じんろく</rt></ruby>。	아들은 바보.(맏아들이 얌전하고 굼뜬 점을 욕하는 말)
<ruby>腹<rt>はら</rt></ruby>が<ruby>減<rt>へ</rt></ruby>っては<ruby>戦<rt>いくさ</rt></ruby>が<ruby>出来<rt>でき</rt></ruby>ぬ。	배고프면 전쟁을 할 수 없다. 먹는 것이 제일!
<ruby>腹八分目<rt>はらはちぶめ</rt></ruby>。	조금 양이 덜 차다.(밥을 적당히 먹으라는 뜻)
<ruby>腹八分病<rt>はらはちぶやまい</rt></ruby>なし。	적당히 먹는 사람에게는 병이 없다.(적당히 일하는 사람에게는 탈이 없다.)
<ruby>朝雨<rt>あさあめ</rt></ruby><ruby>女房<rt>にょうぼう</rt></ruby>のうでよくり。	아침 비와 마누라의 소매걷기.(아침에 내리는 비와 여자의 큰소리는 무섭지 않다는 뜻)
<ruby>悪女房<rt>わるにょうぼう</rt></ruby>は<ruby>一生<rt>いっしょう</rt></ruby>の<ruby>不作<rt>ふさく</rt></ruby>。	악처를 얻으면 평생 흉년을 맞는 것이나 같다.
<ruby>女房<rt>にょうぼう</rt></ruby>と<ruby>畳<rt>たたみ</rt></ruby><ruby>新<rt>あたら</rt></ruby>しいほど<ruby>良<rt>よ</rt></ruby>い。	마누라와 다다미는 새것일수록 좋다.
<ruby>酒<rt>さけ</rt></ruby>と<ruby>友人<rt>ゆうじん</rt></ruby>は<ruby>古<rt>ふる</rt></ruby>いほど<ruby>良<rt>よ</rt></ruby>い。	술과 친구는 오래될수록 좋다.
<ruby>男<rt>おとこ</rt></ruby>は<ruby>度胸<rt>どきょう</rt></ruby> <ruby>女<rt>おんな</rt></ruby>は<ruby>愛嬌<rt>あいきょう</rt></ruby>。	남자는 배짱, 여자는 애교.

필수속담

目は口ほどにものを言う。	눈은 입만큼 말한다.('눈은 마음의 창'이라는 의미)
夜目遠目傘の内。	밤에 볼 때, 멀리서 볼 때, 우산 속에 있을 때, 흐릿하게 보일 때(모든 여자들이 미혼으로 보인다는 얘기)
鬼も十八番茶出花。	여성이 18세가 되며 아무리 못생긴 여자라도 꽃이 된 것 처럼 아름답게 느껴진다.
色男金と力はなかりけり。	여자에게 인기 있는 남자는 돈도 힘도 없다.(보기에는 좋은 그림이지만 실속이 없다는 의미)
色男より稼ぎ男。	예쁜 남자 보다 돈 잘 버는 남자.
色の白いは七難隠す。	피부가 희면 7가지 흉이 가려진다.
なくて七癖あって四十九癖。	없는 사람도 7가지 버릇, 있는 사람은 49개의 버릇.(누구나 결점이 있다는 뜻)
八百屋の売れ残りのかぼちゃ。	야채가게의 팔다 남은 호박.(못나서 시집을 못간 아가씨를 이르는 말)
触らぬ神にたたりなし。	건드리지 않으면 탈이 나지 않는다. (긁어 부스럼을 만들지 말라'는 의미)
猿も木から落ちる。	원숭이도 나무에서 떨어진다.
去る者日日に疎し。	떠난 사람은 날이 갈수록 멀어진다.
親しき仲にも礼儀あり。	친한 사이에도 예의가 있다.
知らぬが仏。	모르는 것이 부처님.(모르는 것이 약)
腐っても鯛。	썩어도 도미.(이름이 있는 사람은 잘못된 경우도 다르다는 뜻)
蝦で鯛を釣る。	새우미끼로 도미를 낚는다.(적은 것(선물, 뇌물)으로 많은 이익을 얻는다는 뜻)

鯛（たい）も一人（ひとり）で食（た）べればうまくなし。	도미도 혼자 먹으면 맛이 없다.(아무리 좋은 것도 혼자서 하는 것은 재미가 없다.)
早起（はやおき）は三文（さんもん）の徳（とく）。	아침 일찍 일어나는 거지 따뜻한 밥 먹는다.
こんな仕事（しごと）は朝飯前（あさめしまえ）だ。	이까짓 것은 아침 식사 전에 해치운다. (식은죽 먹기)
豆腐（とうふ）の角（かど）で頭（あたま）をぶっ付（つ）けて死（し）ぬ。	두부모서리에 머리를 부딪쳐 죽어라. (두부모서리에 머리를 맞아도 죽을 사람이라는 의미)
豆腐（とうふ）を縄（なわ）で縛（しば）って肩（かた）にかけてゆく。	두부를 새끼줄로 묶어 어깨에 지고 가다. (아주 바보스런 일을 한다.)
豆腐（とうふ）にかすがい。	두부에 꺽쇠 박기 (아무 효과 없는 일을 한다)
雨降（あめふ）って地固（じかた）まる。	비 온 뒤에 땅이 굳는다.
石橋（いしばし）を叩（たた）いて渡（わた）る。	돌다리도 두들기고 건넌다.
急（いそ）がば回（まわ）れ。	급할수록 돌아가라.
一寸（いっすん）の虫（むし）にも五分（ごぶ）の魂（たま）しい。	지렁이도 밟으면 꿈틀 거린다.
牛（うし）に引（ひ）かれて善光寺参（ぜんこうじまい）り。	친구 따라 강남 간다.
飼（か）い犬（いぬ）に手（て）を噛（か）まれる。	믿는 도끼에 발등 찍힌다.
三人寄（さんにんよ）れば文殊（もんじゅ）の知恵（ちえ）。	백지장도 맞들면 낫다.
精神一到何事（せいしんいっとうなにごと）もならざらん。	정신일도 하사불성.
天（てん）は自（みずか）ら助（たす）くる者（もの）を助（たす）く。	하늘은 스스로 돕는 자를 돕는다.
覆水（ふくすい）、盆（ぼん）に返（かえ）らず。	한 번 엎지른 물 되담을 수 없다.
待（ま）てば海路（かいろ）の日和有（ひよりあ）り。	쥐구멍에도 볕 들 날 있다.

"
井戸を掘るなら水の出るまで。

우물을 판다면 물이 나올 때까지.
"

N3 필수단어

あ・ア

(お)いわい(お祝い) 8
(お)こづかい(お小遣い) 8
(お)たがい(お互い) 8
(お)まつり(お祭り) 8
(お)みまい(お見舞い) 8
(お)みやげ(お土産) 8
あい(愛) 8
アイデア・アイディア 148
あいにく 140
あう(合う) 74
あおい(青い) 126
あかい(赤い) 126
あかちゃん(赤ちゃん) 8
あがる(上がる) 74
あかるい(明るい) 126
あかんぼう(赤ん坊) 9
あき(秋) 9
あきらかだ(明らかだ) 113
あく(開く) 74
あく(明く) 74
アクセサリー 148
あける(開ける) 74
あける(空ける) 74
あける(明ける) 74
あげる(上げる) 74
あさい(浅い) 126
あさがた(朝方) 9
あさぬき(朝抜き) 9
あさねぼうする(朝寝坊する) 167
あじ(味) 9
あし(足) 9
アジア 148
あずかる(預かる) 75
あずける(預ける) 75
あせ(汗) 9
あたえる(与える) 75
あたたかい(暖かい) 126
あたたまる(温まる) 75
あたためる(温める) 75
あたらしい(新しい) 126

あたりまえだ(当たり前だ) 113
あたる(当たる) 75
あつい(暑い) 126
あつい(熱い) 126
あつい(厚い) 127
あつかう(扱う) 75
あっというまに(あっという間に) 140
あつまる(集まる) 75
あつめる(集める) 75
あつゆ(熱湯) 9
あてさき(宛先) 9
あてる(当てる) 76
あな(穴) 10
アナウンサー 148
アナウンス 148
アニメ 148
あびる(浴びる) 76
あぶない(危ない) 127
あふれる(溢れる) 76
あまい(甘い) 127
あます(余す) 76
あまり 160
あまる(余る) 76
あむ(編む) 76
あやまる(謝る) 76
あらう(洗う) 76
あらわす(表す) 76
あらわれる(表れる) 77
ありがたい 127
あるく(歩く) 77
アルバイト・バイト 148
あわせる(合わせる) 77
あん(案) 10
あんしんだ(安心だ) 113
あんぜんだ(安全だ) 113
あんない(案内) 10

い・イ

いいかえす(言い返す) 77
いいかげんだ(いい加減だ) 113
いか(以下) 10
いがい(以外) 10
いがいだ(意外だ) 113
いがく(医学) 10

いかす(生かす) 77
いかす(活かす) 77
いき(息) 10
いきなり 140
いきる(生きる) 77
いくら 161
いけ(池) 10
いけん(意見) 10
いご(以後) 11
いし(医師) 11
いじめる 77
いじょう(以上) 11
いじょうだ(異常だ) 113
いぜん(以前) 11
いそがしい(忙しい) 127
いそぐ(急ぐ) 77
いたい(痛い) 127
いちおう(一応) 140
いちども(一度も) 161
いっこだて(一戸建て) 11
いったい(一体) 11
いつのまにか(いつの間にか) 140
いっぱんてきだ(一般的だ) 113
いっぱんに(一般に) 140
いどう(移動) 11
いない(以内) 11
いぬ(犬) 11
いのる(祈る) 78
いまごろ(今頃) 11
いまにも(今にも) 161
いみ(意味) 12
いもうと(妹) 12
いやだ(嫌だ) 114
いよいよ 140
いりぐち(入り口) 12
いる(要る) 78
いれる(入れる) 78
いろいろだ(色々だ) 114
いわ(岩) 12
いわう(祝う) 78
いんさつ(印刷) 12
インスタント 148
インタビュー 149

う・ウ

うえる(植える) 78
うかがう(伺う) 78
うけつけ(受け付け) 12
うけとる(受け取る) 78
うける(受ける) 78
うごかす(動かす) 78
うごく(動く) 79
うしなう(失う) 79
うしろむき(後ろ向き) 12
うすい(薄い) 127
うすい(薄い) 127
うたいはじめる(歌い始める) 79
うつ(打つ) 79
うっかり 141
うつくしい(美しい) 127
うつす(写す) 79
うつす(映す) 79
うつす(移す) 79
うまい 128
うまれる(生まれる) 79
うみぞい(海沿い) 12
うむ(生む) 79
うらやましい 128
うるさい 128
うれしい(嬉しい) 128
うわぎ(上着) 12
うんちんこみ(運賃込み) 13
うんてん(運転) 13
うんどう(運動) 13

え・エ

え(絵) 13
えいぎょう(営業) 13
えいきょう(影響) 13
えがお(笑顔) 13
エネルギー 149
えらい(偉い) 128
えらぶ(選ぶ) 80
えんき(延期) 13
えんそう(演奏) 13
えんぴつ(鉛筆) 14
えんりょ(遠慮) 14

お・オ

お・ご～くださる/ください 166
お・ご～いただく 166
お・ご～する 166
お・ご～になる 166
おいしい(美味しい) 128
おう(負う) 80
おう(追う) 80
おうえん(応援) 14
おうせつま(応接間) 14
おうふく(往復) 14
おうぼ(応募) 14
おえる(終える) 80
おおい(多い) 128
おおきい(大きい) 128
オーダー 149
オーバー 149
おかしい 128
おきる(起きる) 80
おく(置く) 80
おくじょう(屋上) 14
おくりもの(贈り物) 14
おくる(送る) 80
おくる(贈る) 80
おくれる(遅れる) 80
おこす(起こす) 81
おこす(興す) 81
おこなう(行う) 81
おこる(起こる) 81
おさない(幼い) 129
おしいれ(押し入れ) 14
おしえる(教える) 81
おしゃべりだ 114
おしゃれだ 114
おす(押す) 81
おそい(遅い) 129
おちつく(落ち着く) 81
おちる(落ちる) 81
おっと(夫) 15
おとうと(弟) 15
おとす(落とす) 81
おとな(大人) 15
おとなしい 129
おどろく(驚く) 82

おぼえる(覚える) 82
おもい(重い) 129
おもいだす(思い出す) 82
おもいで(思い出) 15
おもしろい(面白い) 129
おや(親) 15
おやつ 15
およぐ(泳ぐ) 82
おりる(降りる/下りる) 82
おる(折る) 82
おれる(折れる) 82
おわる(終わる) 82
おんがく(音楽) 15
おんちゅう(御中) 15

か・カ

が ・ だが 158
カーテン 149
かい(貝) 15
かいがい(海外) 16
かいかん(開館) 16
かいがん(海岸) 16
かいぎ(会議) 16
がいけん(外見) 16
がいこく(外国) 16
かいじょう(会場) 16
がいしょく(外食) 16
かいだん(階段) 16
かいてん(開店) 17
ガイド 149
かいとう(解答) 17
かいひ(会費) 17
かいわ(会話) 17
かえる(帰る) 82
かえる(返る) 83
かえる(変える) 83
かお(顔) 17
かかえる(抱える) 83
かかく(価格) 17
かがく(科学/化学) 17
かかり(係) 17
かかる(掛かる) 83
かきつづける(書き続ける) 83
かくじつだ(確実だ) 114

かくにん(確認) 17
かける(掛ける) 83
かこ(過去) 18
かこむ(囲む) 83
かさ(傘) 18
かさなる(重なる) 83
かさねる(重ねる) 83
かざる(飾る) 84
かじ(家事/火事) 18
かしこい(賢い) 129
かしこまる(畏まる) 84
かしだす(貸し出す) 84
かしゅ(歌手) 18
かす(貸す) 84
かず(数) 18
がすだい(ガス代) 18
かぜ(風) 18
かぜ(風邪) 18
かぜをひく(風邪を引く) 167
かぞえる(数える) 84
かぞく(家族) 18
ガソリン 149
ガソリンスタンド 149
かたい(堅い) 129
かたち(形) 19
かたづく(片付く) 84
かたづける(片付ける) 84
かたみち(片道) 19
カタログ 149
かつ(勝つ) 84
がっかり 141
がっき(楽器/学期) 19
かっこく(各国) 19
カット 150
かてい(家庭/仮定/課程) 19
かど(角) 19
かなしい(悲しい) 129
かなり 161
かにゅう(加入) 19
かはんしん(下半身) 19
かびん(花瓶) 19
かぶしき(株式) 20
かぶる(被る) 84
かべ(壁) 20
がまん(我慢) 20

かみ(紙/髪/神) 20
かむ(噛む) 85
かよう(通う) 85
からい(辛い) 129
からだ(体) 20
かりる(借りる) 85
かるい(軽い) 130
カレンダー 150
かわ(川) 20
かわいい(可愛い) 130
かわいそうだ 114
かわいらしい(可愛らしい) 130
かわかす(乾かす) 85
かわく(乾く) 85
かわぞい(川沿い) 20
かんきせん(換気扇) 20
かんきょう(環境) 20
かんけい(関係) 21
かんげい(歓迎) 21
かんこう(観光) 21
かんごふ(看護婦) 21
かんじ(漢字/感じ) 21
かんしゃ(感謝) 21
かんじょう(感情) 21
かんじる(感じる) 85
かんしん(関心/感心) 21
かんせつ(間接) 21
かんぜんだ(完全だ) 114
かんたんだ(簡単だ) 114
かんどう(感動) 22
がんばる(頑張る) 85
かんり(管理) 22

き・キ

きいろい(黄色い) 130
きえる(消える) 85
きおく(記憶) 22
きおん(気温) 22
きかい(機会/機械) 22
きがながい(気が長い) 168
きがみじかい(気が短い) 168
きかん(期間) 22
きぎょう(企業) 22
きけんだ(危険だ) 114

ぎじゅつ (技術) 22
きず (傷) 22
きせつ (季節) 23
きそく (規則) 23
きた (北) 23
きたい (期待) 23
きたない (汚い) 130
きちょうだ (貴重だ) 115
きちんと 141
きつい 130
きづく (気づく) 85
きっさてん (喫茶店) 23
きって (切手) 23
きっと 161
きっぷ (切符) 23
きにする (気にする) 168
きになる (気になる) 168
きねん (記念) 23
きびしい (厳しい) 130
きぶん (気分) 23
きぼう (希望) 24
きほん (基本) 24
きまる (決まる) 86
きみ (君) 24
きめる (決める) 86
きもち (気持ち) 24
ぎもん (疑問) 24
キャンセル 150
きゅうこう (急行) 24
きゅうに (急に) 141
ぎゅうにく (牛肉) 24
ぎゅうにゅう (牛乳) 24
きゅうりょう (給料) 24
きょういく (教育) 25
きょうきゅう (供給) 25
きょうじゅ (教授) 25
きょうそう (競争) 25
きょうだい (兄弟) 25
きょうみ (興味) 25
きょうりょく (協力) 25
きょく (曲) 25
きらいだ (嫌いだ) 115
きらくだ (気楽だ) 115
きる (切る) 86
きる (着る) 86

きれいだ (綺麗だ) 115
きれる (切れる) 86
きをつける (気をつける) 168
きんえん (禁煙) 25
きんし (禁止) 26
きんじょ (近所) 26

く・ク
ぐあい (具合) 26
くうき (空気) 26
くうこう (空港) 26
ぐうぜんだ (偶然だ) 115
くさい (臭い) 130
くすり (薬) 26
くたびれる 86
くだらない 130
くちがおもい (口が重い) 168
くつ (靴) 26
ぐっすり 141
くばる (配る) 86
くび (首) 26
くふう (工夫) 26
くむ (組む) 86
くも (雲) 27
くもる (曇る) 86
くやしい (悔しい) 131
くらい (暗い) 131
クラス 150
クラスメート 150
くらべる (比べる) 87
グループ 150
くるしい (苦しい) 131
くれる (暮れる) 87
くろい (黒い) 131
くろう (苦労) 27
くわしい (詳しい) 131

け・ケ
けいえい (経営) 27
けいかく (計画) 27
けいかん (警官) 27
けいき (景気) 27
けいぐ (敬具) 27

けいけん (経験) 27
けいざい (経済) 27
けいさつ (警察) 28
けいさん (計算) 28
げいじゅつ (芸術) 28
ケーキ 150
けが (怪我) 28
けさ (今朝) 28
けしき (景色) 28
けす (消す) 87
けちだ 115
けつあつ (血圧) 28
けつえき (血液) 28
けっきょく (結局) 141
けっこうだ (結構だ) 115
けっこん (結婚) 28
けっして (決して) 161
けっしん (決心) 29
けっせき (欠席) 29
けってん (欠点) 29
げひんだ (下品だ) 115
けれども・けれど 159
けん (件) 29
けん (券) 29
けん (県) 29
げんいん (原因) 29
けんか (喧嘩) 29
げんかん (玄関) 29
げんきだ (元気だ) 115
けんきゅう (研究) 30
げんきん (現金) 30
けんこう (健康) 30
けんさ (検査) 30
げんざい (現在) 30
げんじつ (現実) 30
げんしょう (減少) 30
げんだい (現代) 30
けんとう (検討) 30
けんぶつ (見物) 31
けんめい (件名) 31

こ・コ
こい (濃い) 131
ごういんだ (強引だ) 116

こうえん (公園/公演/講演) 31
こうか (効果) 31
こうがい (公害) 31
こうぎ (講義) 31
こうくう (航空) 31
こうし (講師) 31
こうじょう (工場) 31
こうちょう (校長) 31
こうつう (交通) 32
こうどう (行動) 32
こうはい (後輩) 32
こうばん (交番) 32
こうりゅう (交流) 32
こえ (声) 32
コーヒー 150
こきゅう (呼吸) 32
こくさい (国際) 32
こくない (国内) 33
こころ (心) 33
ござる 166
こし (腰) 33
こしょう (故障) 33
こじん (個人) 33
こたえる (答える) 87
ことば (言葉) 33
コピー 150
こぼす (零す) 87
こぼれる (零れる) 87
こまかい (細かい) 131
こまる (困る) 87
コミュニケーション 151
こむ (込む・混む) 87
こむぎ (小込) 33
ころぶ (転ぶ) 87
こわい (怖い) 131
こわす (壊す) 88
こわれる (壊れる) 88
コンサート 151
こんざつ (混雑) 33
コントロール 151

さ・サ
さいきん (最近) 33
さいご (最後) 34

さいこう(最高) 34
さいしょ(最初) 34
さいしょう(最小) 34
さいしょう(最少) 34
さいしん(最新) 34
さいた(最多) 34
さいだい(最大) 34
さいてい(最低) 34
ざいりょう(材料) 35
さがす(探す) 88
さかな(魚) 35
さがる(下がる) 88
さかんだ(盛んだ) 116
さぎょう(作業) 35
さく(咲く) 88
さげる(下げる) 88
ささえる(支える) 88
さしあげる(差し上げる) 88
さす(指す・差す) 88
さすが 141
さそう(誘う) 89
さつえい(撮影) 35
ざっし(雑誌) 35
さっぱり 141
さて 159
さびしい(寂しい) 131
さまざまだ(様々だ) 116
さます(覚ます) 89
さむい(寒い) 132
さら(皿) 35
さらに 141
さわぐ(騒ぐ) 89
さわる(触る) 89
さんか(参加) 35
さんがいだて(三階建て) 35
さんぎょう(産業) 35
さんせい(賛成) 36
サンダル 151
ざんねんだ(残念だ) 116

し・シ
し(市) 36
しお(塩) 36
しおからい(塩辛い) 132

しかくい(四角い) 132
しかし 158
しかも 160
しかる(叱る) 89
じかんわり(時間割) 36
じき(時期) 36
しけん(試験) 36
じこ(事故/自己) 36
じさん(持参) 36
ししゅつ(支出) 36
じしょ(辞書) 37
じしん(自身/自信/地震) 37
しずかだ(静かだ) 116
しずかだ(静かだ) 132
じだい(時代) 37
したぎ(下着) 37
したく(支度) 37
したしい(親しい) 132
しっかり 142
じっけん(実験) 37
じつげん(実現) 37
しつこい 132
じっさいに(実際に) 142
じつは(実は) 161
しっぱい(失敗) 37
しつもん(質問) 37
じつようてきだ(実用的だ) 116
しつれい(失礼) 38
じてんしゃ(自転車) 38
じどうはんばいき(自動販売機) 38
しなもの(品物) 38
しはらう(支払う) 89
しばる(縛る) 89
しまい(姉妹) 38
しまう 89
しまる(閉まる) 89
じみだ(地味だ) 116
じむしょ(事務所) 38
しめす(示す) 90
しめる(閉める) 90
しゃしん(写真) 38
しゃべる(喋る) 90
じゃま(邪魔) 38
しゅうかん(週間/習慣) 39
じゅうしょ(住所) 39

しゅうしょく(就職) 39
じゆうだ(自由だ) 116
しゅうにゅう(収入) 39
じゅうぶんだ(十分だ) 116
しゅうまつ(週末) 39
じゅうようだ(重要だ) 117
じゅぎょう(授業) 39
しゅくだい(宿題) 39
しゅくはく(宿泊) 39
しゅじん(主人) 39
しゅだん(手段) 40
しゅっせき(出席) 40
しゅっぱつ(出発) 40
しゅみ(趣味) 40
じゅよう(需要) 38
しゅるい(種類) 40
じゅんび(準備) 40
しよう(使用) 40
じょうおん(常温) 40
しょうかい(紹介) 40
しょうがくきん(奨学金) 41
じょうし(上司) 41
しょうじきだ(正直だ) 117
しょうじょう(少女) 142
じょうずだ(上手だ) 117
じょうたい(状態) 41
しょうたい(招待) 41
しょうち(承知) 41
じょうはんしん(上半身) 41
しょうひ(消費) 41
しょうひん(商品) 41
じょうひんだ(上品だ) 117
じょうぶだ(丈夫だ) 117
しょうめん(正面) 41
しょうゆ(醤油) 42
しょうらい(将来) 42
しょくじだい(食事代) 42
しょくどう(食堂) 42
しょくぶつ(植物) 42
しょくりょうひん(食品) 42
しょるい(書類) 42
しらせる(知らせる) 90
しらべる(調べる) 90
しりあい(知り合い) 42

しりょう(資料) 42
しる[しらせる](知る) 90
しろい(白い) 132
しんがっき(新学期) 43
しんけんだ(真剣だ) 117
じんこう(人口) 43
しんこくだ(深刻だ) 117
しんじる(信じる) 90
じんせい(人生) 43
しんせつだ(親切だ) 117
しんせんだ(新鮮だ) 118
しんだん(診断) 43
しんちょう(身長) 43
しんちょうだ(慎重だ) 118
しんぶん(新聞) 43
じんるい(人類) 43

す・ス
すいえい(水泳) 43
すいどう(水道) 43
ずいぶん 142
すう(吸う) 90
すうじ(数字) 44
スーツ 151
スーツケース 151
スーパー 151
すえっこ(末っ子) 44
すがた(姿) 44
すきだ(好きだ) 118
すくない(少ない) 132
すくなくとも(少なくとも) 142
スクリーン 151
スケジュール 151
すごい 132
すこしも(少しも) 161
すしや(寿司屋) 44
すずしい(涼しい) 133
すすめる(勧める) 90
すすめる(進める) 91
すっかり 142
すっきり 142
ずっと 142
すっぱい(酸っぱい) 133
ステーキ 152

すてきだ(素敵だ) 118
すてる(捨てる) 91
ステレオ(レコード) 152
ストレート 152
ストレス 152
すな(砂) 44
すなおだ(素直だ) 118
すばらしい(素晴らしい) 133
スピーチ 152
すべて(全て) 142
すべる(滑る) 91
すむ(済む) 91
すむ(住む) 91
すると 158
するどい(鋭い) 133
すわる(座る) 91

せ・セ

せいかく(性格) 44
せいかくだ(正確だ) 118
せいかつ(生活) 44
せいこう(成功) 44
ぜいこみ(税込み) 44
せいさん(生産) 45
せいじ(政治) 45
せいしつ(性質) 45
せいじょうだ(正常だ) 118
せいせき(成績) 45
ぜいたくだ(贅沢だ) 118
せいと(生徒) 45
ぜいぬき(税抜き) 45
せいもん(正門) 45
せいよう(西洋) 45
セール 152
せかい(世界) 45
せきにん(責任) 45
せっきょくてきだ(積極的だ) 118
セット 152
せつめい(説明) 46
ぜひ(~たい・~ましょう) 162
せびろ(背広) 46
せまい(狭い) 133
せわ(世話) 46
ぜんいん(全員) 46

せんじつ(先日) 46
せんしゅ(選手) 46
ぜんぜん(全然) 143
せんそう(戦争) 46
ぜんたい(全体) 46
せんたく(洗濯/選択) 47
せんぱい(先輩) 47
せんもん(専門) 47

そ・ソ

そう(沿う) 91
ぞうか(増加) 47
そうじ(掃除) 47
そうだん(相談) 47
そこで 158
そして 159
そつぎょう(卒業) 47
そっくりだ 119
そのうえ 160
そふ(祖父) 47
そぼ(祖母) 47
それから 160
それで 158
それでも 159
それなのに 159
それに 160
それほど 143
そろそろ 143
そんざい(存在) 48
そんなに 143

た・タ

だいきらいだ(大嫌いだ) 119
だいきん(代金) 48
たいくつだ(退屈だ) 119
たいし(大使) 48
だいじだ(大事だ) 119
たいして 143
たいじゅう(体重) 48
だいじょうぶだ(大丈夫だ) 119
だいすきだ(大好きだ) 119
たいせつだ(大切だ) 119
だいたい 143

たいてい 143
だいどころ(台所) 48
だいひょう(代表) 48
たいひん(退院) 48
タイプ 152
たいふう(台風) 48
たいへん(大変) 162
たいへんだ(大変だ) 119
たおす(倒す) 91
たおれる(倒れる) 91
たかい(高い) 133
たかい(高い) 133
だから・ですから 158
だく(抱く) 92
だしあう(出し合う) 92
たしか(確か) 143
たしかだ(確かだ) 119
たしょう(多少) 143
だす(出す) 92
たすかる(助かる) 92
たすけあう(助け合う) 92
たすける(助ける) 92
たずねる(訪ねる) 92
たずねる(尋ねる) 92
ただ 160
ただしい(正しい) 133
たたむ(畳む) 92
たつ(建つ) 93
たつ(経つ) 93
たつ(立つ) 93
たて(縦) 48
たてもの(建物) 49
たとえ 162
たのしい(楽しい) 133
たのしむ(楽しむ) 93
たのむ(頼む) 93
たび(旅) 49
たぶん(~だろう・~でしょう) 162
たべおわる(食べ終わる) 93
たべつづける(食べ続ける) 93
たまご(卵) 49
たまねぎ(玉ねぎ) 49
たまる(溜まる) 93
だめだ(駄目だ) 120
ためる(溜める) 93

たりる(足りる) 94
たんきだ(短気だ) 120
たんじゅんだ(単純だ) 120
たんしょ(短所) 49
たんじょうび(誕生日) 49
ダンス 152
だんたい(団体) 49
だんだん 144
たんとう(担当) 49
たんにん(担任) 49
だんぼう(暖房) 50

ち・チ

ち(血) 50
ちいさい(小さい) 134
チェック 153
チェックアウト 153
チェックイン 153
ちかい(近い) 134
ちがう(違う) 94
ちかづく(近づく) 94
ちかづける(近づける) 94
ちから(力) 50
ちきゅう(地球) 50
ちず(地図) 50
ちっとも 144
チャンス 153
ちゃんと 144
ちゅうか(中華) 50
ちゅうし(中止) 50
ちゅうしゃ(注射) 50
ちゅうしょく(昼食) 50
ちゅうもん(注文) 51
ちょうさ(調査) 51
ちょうし(調子) 51
ちょうしょ(長所) 51
ちょくせつ(直接) 51
ちり(地理) 51
ツア 153

つ・ツ

つい 144
ついに 144

つうがく (通学) 51
つうきん (通勤) 51
つうじる (通じる) 94
つうしん (通信) 51
つうやく (通訳) 52
つかう (使う) 94
つかまえる (捕まえる) 94
つかまる (捕まる) 94
つかれる (疲れる) 94
つきあう (付き合う) 95
つぎつぎに (次々に) 144
つく (付く) 95
つく (着く) 95
つくりかえる (作り替える) 95
つくりだす (作り出す) 95
つくりなおす (作り直す) 95
つくる (作る) 95
つける (付ける) 95
つける (浸ける) 95
つごう (都合) 52
つたえる (伝える) 96
つたわる (伝わる) 96
つづく (続く) 96
つづける (続ける) 96
つつむ (包む) 96
つとめる (勤める) 96
つま (妻) 52
つまらない 134
つまる (詰まる) 96
つめたい (冷たい) 134
つめる (詰める) 96
つよい (強い) 134
つらい (辛い) 134

て・テ
であう (出会う) 96
ていきょう (提供) 52
ていど (程度) 52
ていねいだ (丁寧だ) 120
でかける (出かける) 97
てがるだ (手軽だ) 120
テキスト 153
てきとうだ (適当だ) 120
できるだけ 144

でぐち (出口) 52
てごろだ (手頃だ) 120
デジタルカメラ 153
てつだう (手伝う) 97
てつどう (鉄道) 52
てまえ (手前) 52
でも 159
でる (出る) 97
でんき (電気) 52
てんき (天気) 53
でんきだい (電気代) 53
でんし (電子) 53
てんすう (点数) 53
でんたく (電卓) 53
でんとう (伝統) 53
てんぷら (天ぷら) 53
てんらんかい (展覧会) 53

と・ト
といあわせる (問い合わせる) 97
ドイツ 153
トイレットペーパー 153
どうぐ (道具) 53
とうじつ (当日) 54
とうちゃく (到着) 54
とうとう 144
どうぶつ (動物) 54
どうも 144
とうよう (東洋) 54
どうりょう (同僚) 54
どうろぞい (道路沿い) 54
とおい (遠い) 134
とおす (通す) 97
とおる (通る) 97
どきどき 145
とく (溶く) 97
とく (解く) 97
とくいだ (得意だ) 120
とくちょう (特徴) 54
とくてい (特定) 54
とくべつだ (特別だ) 120
ところが 159
ところで 160
としょ (図書) 54

とちゅう (途中) 55
とっきゅう (特急) 55
とつぜん (突然) 145
とても 162
とどく (届く) 97
とどける (届ける) 98
となり (隣) 55
とにかく 145
とばす (飛ばす) 98
とびだす (飛び出す) 98
とぶ (飛ぶ) 98
とめる (泊める) 98
とめる (止める) 98
とり (鳥) 55
とりかえる (取り替える) 98
とりなおす (撮り直す) 98
どりょく (努力) 55
とれる (取れる) 98
どろぼう (泥棒) 55
とんでもない 134
どんどん 145
どんなに 162

な・ナ
な (名) 55
ナイフ 154
なおる (直る) 99
なおる (治る) 99
なか (仲) 55
ながい (長い) 134
ながす (流す) 99
なかす (泣かす) 99
なかなか 162
なかま (仲間) 55
なかみ (中身) 56
ながれでる (流れ出る) 99
ながれる (流れる) 99
なきだす (泣き出す) 99
なく (泣く) 99
なくす (亡くす) 99
なくす (無くす) 99
なげる (投げる) 100
なさけない (情けない) 135
なぜなら 160

なつ (夏) 56
なつかしい (懐かしい) 135
なみ (波) 56
なみだ (涙) 56
なやむ (悩む) 100
ならう (習う) 100
ならす (慣らす) 100
ならぶ (並ぶ) 100
ならべる (並べる) 100
なるべく 145
なるほど 145
なれる (慣れる) 100
なんだか (何だか) 145
なんと・なんて 163
なんとか (何とか) 145
なんぶ (何部) 56

に・ニ
にあう (似合う) 100
にがい (苦い) 135
にがてだ (苦手だ) 121
にぎやかだ (賑やかだ) 121
にげる (逃げる) 101
にこにこ 145
にし (西) 56
にどと (二度と) 163
にぶい (鈍い) 135
にもつ (荷物) 56
にゅういん (入院) 56
にんぎょう (人形) 56
にんずう (人数) 57

ぬ・ヌ
ぬぐ (脱ぐ) 101
ぬすむ (盗む) 101
ぬらす (濡らす) 101
ぬるい (温い) 135
ぬれる (濡れる) 101

ね・ネ
ねがう (願う) 101
ねこ (猫) 57

ねだん(値段) 57
ねつ(熱) 57
ねっしんだ(熱心だ) 121
ねむい(眠い) 135
ねむる(眠る) 101

の・ノ

のうりょく(能力) 57
のこす(残す) 101
のこる(残る) 101
のぞむ(望む) 102
のびる(伸びる/延びる) 102
のびる(延びる) 102
のぼる(登る) 102
のぼる(上る) 102
のりかえる(乗り換える) 102
のりこえる(乗り越える) 102
のる(乗る/載る) 102
のる(載る) 102
のんびり 146

は・ハ

は(葉) 57
ば(場) 57
ばあい(場合) 57
パートタイム 154
はいけい(拝啓) 57
ばいてん(売店) 58
はいる(入る) 103
はがき(葉書) 58
ばからしい 135
はかる(計る) 103
はく(履く/穿く) 103
はく(穿く) 103
はげしい(激しい) 135
はこ(箱) 58
はし(橋/箸/端) 58
はじまる(始まる) 103
はじめる(始める) 103
はしる(走る) 103
はずかしい(恥ずかしい) 135
はずす(外す) 103
はずれる(外れる) 103

パソコン 154
バタ 154
はだ(肌) 58
はたらく(働く) 104
はつおん(発音) 58
はっきり 146
バック旅行 154
パッケージ 154
はっけん(発見) 58
はつばい(発売) 58
はっぴょう(発表) 58
はでだ(派手だ) 121
はな(花/鼻) 59
はなしあう(話し合う) 104
はなしかける(話しかける) 104
はなしはじめる(話し始める) 104
はやい(早い) 136
はらう(払う) 104
はらがたつ(腹が立つ) 168
はる(張る・貼る) 104
はる(春) 59
バレーボール 154
はれる(晴れる) 104
ハンカチ 154
ばんぐみ(番組) 59
ばんごう(番号) 59
はんたい(反対) 59
はんにん(犯人) 59

ひ・ヒ

ひあたり(日当たり) 59
ひえる(冷える) 104
ひかく(比較) 59
ひがし(東) 59
ひかり(光) 60
ひかる(光る) 104
ひきうける(引き受ける) 105
ひきだし(引き出し) 60
ひく(引く) 105
ひく(引く) 105
ひく(弾く) 105
ひくい(低い) 136
ひこうき(飛行機) 60
ひざし(日差し) 60

びじゅつ(美術) 60
ひしょ(秘書) 60
ひじょうに(非常に) 163
ひじょうに(非常に) 146
びっくり 146
ひっこす(引っ越す) 105
ひっしゃ(筆者) 60
ぴったり 146
ひつようだ(必要だ) 121
ひどい 136
ひとしい(等しい) 136
ひまだ(暇だ) 121
ひみつ(秘密) 60
ひやす(冷やす) 105
ひよう(費用) 60
ひょう(表) 61
ひょうか(評価) 61
ひょうばん(評判) 61
ひょうめん(表面) 61
ひらく(開く) 105
ひろい(広い) 136
ひろう(拾う) 105
ひろがる(広がる) 105

ふ・フ

ファン 154
ふあんだ(不安だ) 121
フィルム 155
ふうとう(封筒) 61
ふうふ(夫婦) 61
ふえる(増える) 106
ぶか(部下) 61
ふかい(深い) 136
ふく(服) 61
ふく(吹く) 106
ふくざつだ(複雑だ) 121
ふくしゅう(復習) 61
ふくそう(服装) 62
ふしぎだ(不思議だ) 121
ぶじだ(無事だ) 122
ふせぐ(防ぐ) 106
ふたたび(再び) 146
ぶたにく(豚肉) 62
ふつう(普通) 62

ぶっか(物価) 62
ぶっしつ(物質) 62
ふとい(太い) 136
ふとる(太る) 106
ふとん(布団) 62
ふね(船) 62
ふべんだ(不便だ) 122
ふまんだ(不満だ) 122
ふむ(踏む) 106
ふやす(増やす) 106
ふゆ(冬) 62
フリ 155
ふりだ(不利だ) 122
ふるい(古い) 136
ふろ(風呂) 62
ぶんか(文化) 63
ぶんしょう(文章) 63
ぶんぼうぐ(文房具) 63

へ・ヘ

へいかん(閉館) 63
へいじつ(平日) 63
へいてん(閉店) 63
へいぼんだ(平凡だ) 122
へいわ(平和) 63
へいわだ(平和だ) 122
ページ 155
へただ(下手だ) 122
ベッド 155
ペット 155
ペットボトル 155
べつに(別に) 163
へらす(減らす) 106
ベル 155
へる(減る) 106
へんか(変化) 63
へんだ(変だ) 122
べんとう(弁当) 63
べんりだ(便利だ) 122

ほ・ホ

ぼうえき(貿易) 64
ほうそう(放送/包装) 64

ほうちょう(包丁) 64
ほうふだ(豊富だ) 123
ほうほう(方法) 64
ほうもん(訪問) 64
ほうりつ(法律) 64
ホームページ 155
ぼく(僕) 64
ポケット 156
ほし(星) 64
ほしい(欲しい) 136
ぼしゅう(募集) 64
ポスター 156
ポスト 156
ほそい(細い) 137
ボタン 155
ホテル 156
ほとんど 146
ほめる(褒める) 106
ほんじつ(本日) 65
ほんやく(翻訳) 65

ま・マ

まあまあだ 123
まいあさ(毎朝) 65
まいつき(毎月) 65
まいにち(毎日) 65
まいばん(毎晩) 65
まがる(曲がる) 107
まく(巻く) 107
まげる(曲げる) 107
まける(負ける) 107
まさか 146
まじめだ(真面目だ) 123
まずい 137
まずしい(貧しい) 137
また 159
まちがえる(間違える) 107
まっくろい(真っ黒い) 137
まっしろい(真っ白い) 137
まっすぐだ(真っ直ぐだ) 123
まったく(全く) 146
マッチ 156
まど(窓) 65
まとまる 107

まとめる(纏める) 107
まなぶ(学ぶ) 107
まにあう(間に合う) 168
まぶしい(眩しい) 137
まもる(守る) 107
まよう(迷う) 108
まるい(丸い) 137
まるで(~ようだ) 163
まわす(回す) 108
まわる(回る) 108
まんぞくだ(満足だ) 123
まんねんひつ(万年筆) 65

み・ミ

みえる(見える) 108
みがく(磨く) 108
みかけ(見かけ) 65
みごとだ(見事だ) 123
みじかい(短い) 137
みずうみ(湖) 66
みせる(見せる) 108
みぢかだ(身近だ) 123
みちにまよう(道に迷う) 168
みつかる(見付かる) 108
みつける(見付ける) 108
みどり(緑) 66
みなと(港) 66
みなみ(南) 66
みなみむき(南向き) 66
みらい(未来) 66
みる(見る) 108

む・ム

むかう(向かう) 109
むかえる(迎える) 109
むきあう(向き合う) 109
むく(向く) 109
むくちだ(無口だ) 123
むける(向ける) 109
むこう(向こう) 66
むこうだ(無効だ) 123
むし(虫) 66
むしあつい(蒸し暑い) 137

むしろ 147
むずかしい(難しい) 138
むすこ(息子) 66
むすめ(娘) 67
むだだ(無駄だ) 124
むちゅうだ(夢中だ) 124
むのうだ(無能だ) 124
むら(村) 67
むりだ(無理だ) 124
むりょう(無料) 67

め・メ

めいかくだ(明確だ) 124
メートル 156
めがね(眼鏡) 67
めずらしい(珍しい) 138
めでたい 138
めんせつ(面接) 67
めんどうだ(面倒だ) 124

も・モ

もうしこみ(申し込み) 67
もうしこむ(申し込む) 109
もうしわけない(申し訳ない) 138
もくてき(目的) 67
もし 163
もしかすると 163
もちろん(勿論) 147
もったいない 138
もっとも(最も) 147
ものがたり(物語) 67
ものさし(物差し) 67
もんだい(問題) 68

や・ヤ

やく(焼く) 109
やくにたつ(役に立つ) 168
やける(焼ける) 109
やさい(野菜) 68
やさしい(易しい) 138
やじるし(矢印) 68
やすい(安い) 138

やせる(痩せる) 109
やちん(家賃) 68
やっと 147
やはり・やっぱり 163
やぶれる(破れる) 110
やむ(止む) 110
やめる(辞める) 110
やめる(止める) 110
やる 110
やわらかい(柔らかい) 138

ゆ・ユ

ゆうがた(夕方) 68
ゆうこうだ(有効だ) 124
ゆうしゅうだ(優秀だ) 124
ゆうじん(友人) 68
ゆうのうだ(有能だ) 124
ゆうはん(夕飯) 68
ゆうめいだ(有名だ) 125
ユーモア 156
ゆうりだ(有利だ) 125
ゆうりょう(有料) 68
ゆしゅつ(輸出) 68
ゆたかだ(豊かだ) 125
ゆっくり 147
ゆにゅう(輸入) 69
ゆれる(揺れる) 110

よ・ヨ

よい・いい(良い) 138
よう(用) 69
ようい(用意) 69
ようけん(用件) 69
ようじ(用事) 69
ようし(用紙) 69
ようす(様子) 69
ようふく(洋服) 69
ようやく 147
よこ(横) 69
よごす(汚す) 110
よごれる(汚れる) 110
よしゅう(予習) 70
よそう(予想) 70

よてい(予定) 70
よなか(夜中) 70
よぶ(呼ぶ) 110
よみおわる(読み終わる) 111
よやく(予約) 70
よる(寄る) 111
よろこぶ(喜ぶ) 111
よろしい(宜しい) 139
よわい(弱い) 139

ら・ラ

らくだ(楽だ) 125
ラジオ 156

リ・リ

りかい(理解) 70
リサイクル 156
りそうてきだ(理想的だ) 125
りっぱだ(立派だ) 125
りゆう(理由) 70
りゅうがく(留学) 70
りょう(量) 70
りよう(利用) 71
りょうきん(料金) 71
りょうしん(両親/良心) 71
りょうり(料理) 71
りょかん(旅館) 71
りょこう(旅行) 71

る・ル

ルール 157
るす(留守) 71

れ・レ

れいぎ(礼儀) 71
れいぞうこ(冷蔵庫) 71
れいぼう(冷房) 72
れきし(歴史) 72
レシート 157
レジスター・レジ 157
レポーター・リポーター 157
レポート 157
れる 164
れんしゅう(練習) 72
れんらく(連絡) 72

ろ・ロ

ろうか(廊下) 72

わ・ワ

わが(我が) 72
わかい(若い) 139
わかす(沸かす) 111
わかもの(若者) 72
わかれる(別れる) 111
わく(沸く) 111
わける(分ける) 111
わざと 147
わざわざ 147
わすれる(忘れる) 111
わだい(話題) 72
わたす(渡す) 111
わたる(渡る) 112
わらう(笑う) 112
わりびき(割引) 72
わる(割る) 112
わるい(悪い) 139
われる(割れる) 112

기타

명사 +건(だて) 73
명사 +代(だい) 73
명사 +抜(ぬ)き 73
명사 +沿(ぞ)い 73
명사 +込(こ)み 73
명사 +向(む)き 73
伺(うかが)う 167
~させられる 165
~させられる 165
~させる 164
~させる 164
~せられる 165
~せる 164
~ていただく 167
~ていただけますか・
~ていただけませんか 167
~てくれる・~てくださる 165
~でござる 167
~てもらう・~ていだく 166
~てやる・~てあげる・
~てさし上げる 165
~られる 164
~れる 164
~れる・られる 166

N3 문법

いくら・どんなに ~ても 169
だって 169
たとえ ~ても 169
~(よ)う 169
~(よ)う 169
~(よ)う+か 169
~(よ)う+とする 170
~(よう)+と思(おも)う 170
~あいだ/~あいだは 170
~あいだに 170
~うえ(に) 170
~うちに 170
~おかげだ/~おかげで 170
~がする 171
~かどうか 171
~かもしれない 171
~から~にかけて 171
~かわりに 171
~かわりに 171
~くせに 171
~くらい 171
~くらい(だ) 172
~くらい~はない 172
~くらいなら 172
~ことがある 172
~ことができる 172
~ことにする 172
~ことになる 172
~ことは~が 172
~さいちゅうに 172
~し 173
~ず 173
~すぎる 173
~せいだ/ ~せいで 173
~そうだ (양태) 173
~そうだ (전문) 173
~だけ 173
~だけ・~だけの 173
~だけだ 173
~だけで(は)ない 174
~だけでも 174
~だって 174

~だって~だって 174	~ところに・~ところへ 180	~ものだ 186	**N3** 한자	
~たところ 174	~として 180	~ものだから・~もので・~もの 186		
~たばかりだ 174	~とする 181	~やすい/~にくい 186		
~たびに 174	~とは・・~というのは 181	~ようだ・みたいだ 187	加	189
~ためだ / ため(に) 175	~な (감탄) 181	~ような/ ~ように 187	可	189
~たら 175	~な (금지) 181	~ように 187	各	189
~だらけ 175	~ながら 181	~ようにする 187	刊	189
~だろう・~でしょう 175	~なければならない 181	~ようになる 187	干	189
~た方がいい 175	~など・・~なんか 182	~ように言う 187	簡	189
~って 175	~なら 182	~らしい 187	減	189
~って 176	~において 182	~らしい 187	甘	189
~って 176	~にかんして 182	~れる・られる 188	個	189
~って? 176	~にすぎない 182	~わけがない 188	客	190
~って+명사 176	~にする 182	~わけだ 188	巨	190
つもりだ 176	~にたいして 182	~わけではない 188	居	190
つもりだ 176	~にちがいない 182	~を(とお)して 188	件	190
つもりだった 176	~について 183	~をちゅうしんに(して) 188	格	190
~である 176	~にとって 183		肩	190
~ていらい 177	~には 183		決	190
~ている/~てある 177	~によって 183		経	190
~ておく 177	~によっては 183		景	190
~てから 177	~によると・~によれば 183		係	191
~てください 177	~にわたって 183		季	191
~てくる 177	~に比べて 183		械	191
~てしかたがない 177	~の(~のは・~のが) 184		告	191
~てしまう 177	~のだ・~んだ 184		固	191
~てはいけない・~てはだめだ 178	~のに 184		苦	191
~てばかりだ・~てばかりいる 178	~のに 184		曲	191
~てほしい/~ないでほしい 178	~のは ~だ 184		谷	191
~てみる 178	~ば 184		困	191
~でも 178	~ば~ほど 184		骨	192
~でも 178	~ばかり 184		共	192
~でも 178	~ばかりだ 185		過	192
~でも 178	~ばかりで(は)ない 185		果	192
~てもいい 179	~はずがない 185		課	192
~と 179	~はずだ 185		観	192
~といい・・~ばいい 179	~はもちろん 185		関	192
~という 179	~ほど(だ) 185		官	192
~ということだ 179	~ほど~ない 185		慣	192
~というより 179	~まで・・までして・・~てまで 186		交	193
~といった 180	~まで・・~までに 186		具	193
~といっても 180	~まま(で) 186		旧	193
~とおり(に) 180	~むき 186		久	193
~とか 180	~むきだ/~むきに / ~むきの 186		局	193
~ところだ 180	~むけだ/~むけに/~むけの 186		君	193

403

軍	193	利	198	比	203	臣	208
券	193	馬	198	費	203	身	208
机	193	晩	198	非	203	辛	208
根	194	末	199	飛	204	実	209
期	194	亡	199	氷	204	失	209
機	194	忘	199	捨	204	岩	209
肌	194	忙	199	史	204	圧	209
娘	194	枚	199	司	204	央	209
内	194	麦	199	寺	204	愛	209
念	194	眠	199	詞	204	約	209
能	194	面	199	辞	204	様	209
団	194	命	199	算	204	余	209
段	195	皿	200	状	205	役	210
達	195	募	200	相	205	易	210
曇	195	毛	200	箱	205	煙	210
談	195	夢	200	席	205	熱	210
当	195	務	200	昔	205	迎	210
対	195	無	200	石	205	営	210
到	195	貿	200	選	205	永	210
島	195	未	200	線	205	泳	210
徒	195	米	200	雪	205	汚	210
渡	196	美	201	城	206	玉	211
登	196	薄	201	成	206	温	211
落	196	反	201	姓	206	完	211
卵	196	般	201	性	206	王	211
冷	196	返	201	星	206	要	211
両	196	坊	201	省	206	欲	211
良	196	倍	201	歳	206	浴	211
量	196	杯	201	細	206	容	211
歴	196	背	201	笑	206	羽	211
連	197	配	202	咲	207	宇	212
恋	197	番	202	続	207	雲	212
列	197	法	202	孫	207	原	212
令	197	変	202	輸	207	園	212
領	197	並	202	数	207	願	212
礼	197	宝	202	受	207	囲	212
例	197	普	202	守	207	位	212
労	197	福	202	宿	207	胃	212
老	197	付	202	順	207	油	212
路	198	夫	203	示	208	由	213
録	198	府	203	式	208	育	213
緑	198	部	203	息	208	移	213
涙	198	仏	203	神	208	因	213
流	198	払	203	信	208	込	213
陸	198	鼻	203	申	208	昨	213

残	213	泉	218	互	223
将	213	鉄	218	呼	223
張	213	庁	218	化	223
章	214	初	219	和	224
再	214	秒	219	丸	224
在	214	草	219	活	224
才	214	最	219	絵	224
材	214	祝	219	吸	224
財	214	取	219		
的	214	側	219		
伝	214	治	219		
畑	214	寝	219		
絶	215	針	220		
折	215	他	220		
点	215	打	220		
占	215	濯	220		
接	215	湯	220		
精	215	痛	220		
定	215	波	220		
庭	215	販	220		
政	215	敗	220		
制	216	貝	221		
際	216	閉	221		
祖	216	包	221		
造	216	表	221		
組	216	彼	221		
存	216	皮	221		
座	216	匹	221		
州	216	必	221		
柱	216	荷	221		
舟	217	限	222		
酒	217	割	222		
駐	217	港	222		
竹	217	解	222		
指	217	幸	222		
支	217	向	222		
枝	217	香	222		
直	217	許	222		
次	217	革	222		
差	218	現	223		
札	218	血	223		
参	218	型	223		
窓	218	形	223		
冊	218	号	223		
妻	218	戸	223		

N4 필수단어

あ・ア
あいさつする 281
あいだ(間) 226
あう(合う) 281
あかちゃん(赤ちゃん) 226
あがる(上がる) 281
あき(秋) 226
あく(開く) 281
あげる 282
あける(開ける) 281
あげる(上げる) 281
あさねぼう(朝寝坊) 226
あじ(味) 226
あし(足) 226
あす(明日) 227
あそび(遊び) 227
あつい(暑い) 312
あつい(厚い) 312
あつまる(集まる) 282
あつめる(集める) 282
あと(後) 227
あやまる(謝る) 282
アルバイト 324
あんしんだ(安心だ) 308
あんな 308
あんない(案?) 227

い・イ
いか(以下) 227
いがい(以外) 227
いかが(如何) 317
いがく(医学) 227
いきる(生きる) 282
いくら 228
いくらでも 331
いけん(意見) 228
いし(石) 228
いじめる(苛める·虐める) 282
いじょう(以上) 228
いそぐ(急ぐ) 282

いたす(致す) 283
いただきます 328
いただく(頂く) 283
いち(一) 228
いちど(一度) 228
いっきに(一気に) 317
いっていらっしゃい 328
いってまいります 328
いと(糸) 228
いない(以内) 229
いなか(田舎) 229
いのる(祈る) 283
いま(今) 317
いまや(今や) 317
いらっしゃる 283
いる(居る) 283
いる(要る) 283

う・ウ
うえる(植える) 283
うがい 229
うかがう(伺う) 284
うけつけ(受付) 229
うける(受ける) 284
うそ(嘘) 229
うち(家) 229
うつ(打つ) 284
うつす(写す) 284
うつる(移る) 284
うで(腕) 229
うまい 312
うら(裏) 230
うりば(売り場) 230
うるさい(煩い) 312
うれしい(嬉しい) 312
うん(運) 230
うんてん(運転) 230
うんてんしゅ(運転手) 230
うんどう(運動) 230

え・エ
え(絵) 230
えき(駅) 231

エスカレ-タ- 324
えだ(枝) 231
えらぶ(選ぶ) 284
エレベ-タ- 324
えん(円) 231
えんりょ(遠慮) 231

お・オ
お(尾) 231
お/ご~ください 333
お~する 333
お~になる 333
おいでになる 384
おいでになる 330
おいわい(お祝い) 231
おうせつま(応接間) 231
おおい(多い) 312
おかげ(お蔭) 232
おかげさまで 328
おかしい(可笑しい) 313
おかねもち(お金持ち) 232
おかわり(お代わり) 232
おき(沖) 232
おく(置く) 285
おくじょう(屋上) 232
おくりもの(贈り物) 232
おくれる(遅れる) 285
おこす(起こす) 285
おこなう(行う) 285
おこる(怒る) 285
おじょうさん(お嬢さん) 232
おす(押す) 285
おだいじに(お大事に) 328
おたく(お宅) 233
おちる(落ちる) 285
おっしゃる 330
おっしゃる(仰る) 286
おっと(夫) 233
おつり(お釣り) 233
おと(音) 233
オ-トバイ 324
おどり(踊り) 233
おどる(踊る) 286

おどろく(驚く) 286
おなじく(同じく) 317
オ-バ- 324
おまたせしました 328
おまつり(お祭り) 233
おみまい(お見舞い) 233
おみやげ(お土産) 234
おめでとう 329
おもいだす(思い出す) 286
おもう(思う) 286
おもちゃ(玩具) 234
おもて(表) 234
おや 331
おりる(下りる) 286
おる 287
おる(折る) 287
おれい(お礼) 234
おれる(折れる) 287
おわり(終わり) 234

か・カ
か(家) 234
かい(階) 234
かい(回) 235
かいがん(海岸) 235
かいぎ(会議) 235
かいじょう(会場) 235
かいわ(会話) 235
かう(買う) 287
かえり(帰り) 235
かえる(変える) 287
かがく(科学) 235
かがみ(鏡) 236
かく(書く) 287
がくぶ(学部) 236
かざる(飾る) 287
かじ(火事) 236
かしこまりました 329
かぜ(風) 236
かぜ(風邪) 236
ガソリン 324
ガソリンスタンド 325
かたい(固い) 313
かたち(形) 236

かたづける(片付ける) 288
かつ(勝つ) 288
がつ(月) 236
カ-テン 325
かなしい(悲しい) 313
かならず(必ず) 317
かねもち(金持ち) 237
かのじょ(彼女) 237
かべ(壁) 237
かまう 288
かみ(紙) 237
かむ(噛む) 288
かよう(通う) 288
ガラス 325
からだ(体) 237
かりに(仮に) 318
かれ(彼) 237
かれら(彼等) 237
かわ(川) 238
かわ(側) 238
かわく(乾く) 288
かわる(変わる) 288
かんがえる(考える) 289
かんけい(関係) 238
かんごふ(看護婦) 238
かんたんだ(簡単だ) 308
がんばる(頑張る) 289

き・キ

き(気) 238
き(木) 238
きかい(機械) 238
きかい(機会) 239
きく(聞く) 289
きこえる(聞こえる) 289
きしゃ(汽車) 239
ぎじゅつ(技術) 239
きせつ(季節) 239
きそく(規則) 239
ギタ- 325
きた(北) 239
きっさてん(喫茶店) 239
きっと 318
きぬ(絹) 240

きびしい(厳しい) 313
きぶん(気分) 240
きまる(決まる) 289
きみ(君) 240
きめる(決める) 289
きもち(気持ち) 240
きもの(着物) 240
きゅうこう(急行) 240
きょう(今日) 240
きょういく(教育) 241
きょうかい(教会) 241
きょうそう(競争) 241
きょうだい(兄弟) 241
きょうみ(興味) 241
きる(着る) 289
きれいだ(奇麗だ) 308
きんじょ(近所) 241

く・ク

ぐあい(具合) 241
くうき(空気) 242
くうこう(空港) 242
くさ(草) 242
くださる(下さる) 290
くび(首) 242
くも(雲) 242
くらい(暗い) 313
くらべる(比べる) 290
くれる 290
くれる(暮れる) 290
くん(君) 242

け・ケ

け(毛) 242
けいかく(計画) 243
けいかん(警官) 243
けいけん(経験) 243
けいざい(経済) 243
けいさつ(警察) 290
けが(怪我) 243
けしき(景色) 243
げしゅく(下宿) 243
けっして(決して) 318

けれど 331
けん(軒) 244
げんいん(原因) 244
けんか(喧?) 244
けんきゅう(研究) 244
けんぶつ(見物) 244

こ・コ

ご(御) 244
ご(語) 244
ご(五) 245
こ(子) 245
こう(請う) 290
こうがい(郊外) 245
こうぎ(講義) 245
こうぎょう(工業) 245
こうこう(高校) 245
こうじょう(工場) 245
こうちょう(校長) 246
こうつう(交通) 246
こうどう(講堂) 246
こうむいん(公務員) 246
こくさい(国際) 246
こころ(心) 246
ございます 330
こしょう(故障) 246
ごぞんじ(ご存じ) 247
こたえ(答え) 247
こたえる(答える) 290
ごちそう(ご馳走) 247
こっち 247
こと(事) 247
ことり(小鳥) 247
このあいだ(この間) 247
このごろ(この頃) 248
こまかい(細かい) 313
ごみ(塵) 248
こめ(米) 248
ごらんになる 330
こわい(怖い) 313
こわす(壊す) 291
こわれる(壊れる) 291
コンサ-ト 325
こんど(今度) 248

こんにちは 329
こんや(今夜) 248

さ・サ

さい(歳) 248
さいきん(最近) 248
さいご(最後) 249
さいしょ(最初) 249
さいふ(財布) 249
さか(坂) 249
さがす(探す) 291
さがる(下がる) 291
さかんだ(盛んだ) 308
さく(咲く) 291
さげる(下げる) 291
さしあげる(差し上げる) 291
さつ(冊) 249
さっき(先) 318
さびしい(寂しい) 314
さま(様) 249
さわぐ(騒ぐ) 292
さわる(触る) 292
さん 250
さん(三) 249
さんぎょう(産業) 250
サンダル 325
サンドイッチ 325

し・シ

じ(字) 250
しあい(試合) 250
しかた(仕方) 250
しかる(叱る) 292
しき(式) 250
しけん(試験) 250
じこ(事故) 251
じしん(地震) 251
した(下) 251
じだい(時代) 251
しだいに(次第に) 318
したぎ(下着) 251
したく(支度) 251
しっかり(確り) 318

しっぱい(失敗) 251
しつれいだ(失礼だ) 308
じてん(辞典) 252
しなもの(品物) 252
しばらく(暫く) 318
しま(島) 252
しまう 292
しみん(市民) 252
じむしょ(事務所) 252
しめる(締める) 292
しめる(閉める) 292
しゃかい(社会) 252
しゃちょう(社長) 252
じゃまだ(邪魔だ) 309
ジャム 326
しゅうかん(週間) 253
じゅうしょ(住所) 253
じゅうぶんだ(十分だ) 309
しゅっせき(出席) 253
しゅっぱつ(出発) 253
しゅみ(趣味) 253
じゅんび(準備) 253
しょうかい(紹介) 253
しょうがつ(正月) 254
しょうがっこう(小学校) 254
しょうせつ(小説) 254
しょうたい(招待) 254
しょうち(承知) 254
しょうちする(承知する) 292
しょうらい(将來) 254
しょくじ(食事) 254
じょせい(女性) 255
しらせる(知らせる) 293
しらべる(調べる) 293
じんこう(人口) 255
じんじゃ(神社) 255
しんせつだ(親切だ) 309
しんぱい(心配) 255
しんぱいだ(心配だ) 309
すいえい(水泳) 255
すいどう(水道) 255
すいようび(水曜日) 255

す・ス

すぎる(過ぎる) 293
すく(空く) 293
すぐ(直ぐ) 319
すくない(少ない) 314
すごい(凄い) 314
すすむ(進む) 293
すっかり 319
ずっと 319
すてる(捨てる) 293
ステレオ 326
すな(砂) 256
すばらしい 314
すべる(続べる) 293
すみ(隅) 256
すむ(済む) 294
すむ(住む) 294
すり(掏摸) 256
する 294
すると 331

せ・セ

せい(背) 256
せいかつ(生活) 256
せいじ(政治) 256
せいよう(西洋) 256
せかい(世界) 257
せき(席) 257
せっけん 257
せつめい(説明) 257
せなか(背中) 257
ぜひ(是非) 257
せわ(世話) 257
せん(線) 258
ぜんぜん(全然) 319
せんそう(戦争) 258
せんたく(洗濯) 258
せんぱい(先輩) 258
せんもん(専門) 258

そ・ソ

そうだん(相談) 258
そこ 258
そだてる(育てる) 294
そつぎょう(卒業) 259
その 259
そふ(祖父) 259
そぼ(祖母) 259
それで 331
それに 331
それはいけません 329
それほど 319
そろそろ 319

た・タ

だい(代) 259
だい(台) 259
たいいく(体育) 259
たいいん(退院) 260
だいがくせい(大学生) 260
だいじだ(大事だ) 309
タイプ 326
だいぶ(大分) 319
たいふう(台風) 260
たいへん(大変) 260
たおれる(倒れる) 294
だから 332
たしかだ(確かだ) 309
たす(足す) 294
だす(出す) 294
たすける(助ける) 295
たずねる(尋ねる) 295
ただいま 329
ただしい(正しい) 314
たてる(建てる) 295
たてる(立てる) 295
たとえば(例えば) 320
たな(棚) 260
たのしみ(楽しみ) 260
たのしむ(楽しむ) 295
たまに(偶に) 320
だめだ(駄目だ) 309
たりる(足りる) 295
だんせい(男性) 260
だんぼう(暖房) 261

ち・チ

ち(血) 261
ちかく(近く) 261
ちから(力) 261
ちち(父) 261
ちっとも 320
ちゅう(中) 261
ちゅうい(注意) 261
ちゅうがっこう(中学校) 262
ちゅうし(中止) 262
ちゅうしゃ(注射) 262
ちゅうしゃじょう(駐車場) 262
ちょうど(丁度) 320
ちり(地理) 262

つ・ツ

つかまえる(捕まえる) 295
つき(〜月) 262
つき(月) 262
つぎ(次) 263
つく(着く) 296
つける(付ける) 296
つける(漬ける) 296
つごう(都合) 263
つたえる(伝える) 296
つづく(続く) 296
つづける(続ける) 296
つつむ(包む) 296
つま(妻) 263
つもり(積もり) 263
つる(釣る) 297
つれる(連れる) 297

て・テ

ていねいだ(丁寧だ) 310
テキスト 326
てきとうだ(適当だ) 310
できるだけ 332
てつだう(手伝う) 297
テニスコート 326
てぶくろ(手袋) 263
てら(寺) 263
てん(点) 263

てんいん(店員) 264
てんきよほう(天気予報) 264
でんとう(電灯) 264
でんぽう(電報) 264
てんらんかい(展覧会) 264

と・ト
と(戸) 264
どう 320
どういたしまして 329
どうぐ(道具) 264
とうとう 320
どうぶつえん(動物園) 265
　ございます 203
とおく(遠く) 265
とおり(通り) 265
とおる(通る) 297
とき(時) 265
ときに(時に) 320
とくに(特に) 321
とくべつだ(特別だ) 310
とこや(床屋) 265
とし(年) 265
とちゅう(途中) 265
とっきゅう(特急) 266
どっち 266
とどける(届ける) 297
とぶ(飛ぶ) 297
とめる(泊める) 297
とりかえる(取り替える) 298
とる(取る) 298
どろぼう(泥棒) 266

な・ナ
なおす(直す) 298
なおる(直る) 298
なおる(治る) 298
ながい(長い) 314
なかなか(中中) 321
ながら 332
なく(泣く) 298
なくす(無くす) 298

なくなる(亡くなる) 299
なくなる(無くなる) 299
なげる(投げる) 299
なさる 299
なぜ(何故) 321
ならう(習う) 299
なる(鳴る) 299
なる(生る) 299
なるべく(成るべく) 321
なるほど 321
なれる(慣れる) 300

に・ニ
におい(匂い) 266
にがい(苦い) 314
にくい(憎い) 315
にげる(逃げる) 300
にっき(日記) 266
にゅういん(入院) 266
にゅうがく(入学) 266
にる(似る) 300
にんぎょう(人形) 267

ぬ・ヌ
ぬすむ(盗む) 300
ぬる(塗る) 300
ぬるい(温い) 315
ぬれる(濡れる) 300

ね・ネ
ねだん(値段) 267
ねつ(熱) 267
ねっしんだ(熱心だ) 310
ねむい(眠い) 315
ねむる(眠る) 300
ねる(寝る) 301

の・ノ
のこる(残る) 301
のど(喉) 267
のぼる(登る) 301

のぼる(上る) 301
のりかえる(乗り換える) 301
のりもの(乗り物) 267

は・ハ
は(歯) 267
ばあい(場合) 267
はい(林) 268
ばい(倍) 268
はいけん(拝見) 268
はいけんする 330
はいしゃ(歯医者) 268
ばかり(許り) 332
はこぶ(運ぶ) 301
はし(端) 268
はじめる(始める) 301
ばしょ(場所) 268
はずかしい(恥ずかしい) 315
はつおん(発音) 268
はっきり 321
はな(鼻) 269
はなみ(花見) 269
はやい(早い) 315
はやくも(早くも) 321
はやし(林) 269
はらう(払う) 302
はる 302
はる(春) 269
ばん(〜番) 269
ばん(晩) 269
はん(半) 270
ばんぐみ(番組) 270

ひ・ヒ
ひ(日) 270
ひ(火) 270
ひえる(冷える) 302
ひがし(東) 270
ひかり(光) 270
ひかる(光る) 302
ひきだし(引き出し) 270
ひげ(鬚) 271
ひこうじょう(飛行場) 271

ひさしぶり(久しぶり) 271
ひさしぶり(久し振り) 310
びじゅつかん(美術館) 271
ひじょうに(非常に) 322
びっくりする 302
ひっこす(引っ越す) 302
ひつようだ(必要だ) 310
ひどい(酷い) 315
ひとり(一人) 271
ひらく(開く) 302
ビル 326
ひるま(昼間) 271
ひるやすみ(昼休み) 271
ひろう(拾う) 303

ふ・フ
ふえる(増える) 303
ふかい(深い) 315
ふく(服) 272
ふく(吹く) 303
ふくざつだ(複雑だ) 310
ふくしゅう(復習) 272
ふつう(普通) 272
ふつうだ(普通だ) 311
ふとる(太る) 303
ふとん(布団) 272
ふね(舟) 272
ふべんだ(不便だ) 311
ふむ(踏む) 303
ふる(降る) 303
プレゼント 326
ぶんがく(文学) 272
ぶんぽう(文法) 272

へ・ヘ
べつに(別に) 322
ベル 327
へん(辺) 273
へんじ(返事) 273

ほ・ホ
ぼうえき(貿易) 273

409

ほうそう(放送) 273
ほうりつ(法律) 273
ほか(外) 273
ぼく(僕) 273
ほし(星) 274
ボタン 327
ほど(程) 332
ほとんど(殆ど) 274
ほめる(褒める) 303
ほんやく(翻訳) 274

ま・マ

まいる(参る) 304
まける(負ける) 304
まず(先ず) 322
または(又は) 332
まちがう(間違う) 304
まつ(待つ) 304
まっすぐだ(真直だ) 311
まにあう(間に合う) 304
まま(間間) 322
まわり(周り) 274
まわる(回る) 304
まんいち(万一) 322
まんが(漫画) 274
まんなか(真ん中) 274

み・ミ

みえる(見える) 304
みずうみ(湖) 274
みそ(味噌) 275
みち(道) 275
みつかる(見つかる) 305
みどり(緑) 275
みな(皆) 275
みなと(港) 275
みる(見る) 305

む・ム

むかう(向かう) 305
むかえる(迎える) 305
むかし(昔) 275

むこう(向こう) 275
むし(虫) 276
むすこ(息子) 276
むすめ(娘) 276
むら(村) 276
むりだ(無理だ) 311

め・メ

めしあがる(召し上がる) 330
めずらしい(珍しい) 316
メートル 327

も・モ

もうしあげる(申し上げる) 330
もうす(申す) 305
もうすぐ 322
もうふ(毛布) 276
もし(若し) 323
もじどおり(文字通り) 323
もっと 323
もどる(戻る) 305
もめん(木綿) 276
もらう(貰う) 305

や・ヤ

やくそく(約束) 276
やくだつ(役立つ) 306
やける(焼ける) 306
やさしい(易しい) 316
やさしい(優しい) 316
やせる(痩せる) 306
やはり 323
やむ(病む) 306
やめる(辞める) 306
やめる(止める) 306
やわらかい(柔らかい) 316

ゆ・ユ

ゆ(湯) 277

ゆうはん(夕飯) 277
ゆうべ(夕べ) 277
ゆしゅつ(輸出) 277
ゆにゅう(輸入) 277
ゆび(指) 277
ゆびわ(指輪) 277
ゆめ(夢) 278
ゆれる(揺れる) 306

よ・ヨ

よう(用) 278
ようい(用意) 278
ようじ(用事) 278
よくいらっしゃいました 329
よしゅう(予習) 278
よてい(予定) 278
よやく(予約) 278
よる(寄る) 307
よる(夜) 279
よろこぶ(喜ぶ) 307
よろしい(宜しい) 316
よわい(弱い) 316

ら・ラ

ラジオ 327

り・リ

りゆう(理由) 279
りよう(利用) 279
りょうほう(両方) 279
りょかん(旅館) 279

る・ル

るす(留守) 279

れ・レ

れい(零) 279
れきし(歴史) 280
れんらく(連絡) 280

わ・ワ

わかす(沸かす) 307
わかれる(別れる) 307
わく(沸く) 307
わけ(訳) 280
わすれもの(忘れ物) 280
わたし(私) 280
わらう(笑う) 307
わりあい(割合) 280
われる(割れる) 307

N4 문법

~(さ)せてください 335
~(さ)せられる 335
~(さ)せる 335
~(よ)うとする 341
~(よ)うと思(おも)う 341
~(ら)れる 345
~か 333
~が 333
~がする 334
~かどうか 334
~かもしれない 334
~がる 334
~ことにしている 335
~ことにする 334
~ことになっている 335
~ことになる 335
~すぎる 336
~そうだ 344
~そうだ 336
~たところだ 336
~たばかりだ 341
~たまま 336
~ために 336
~た通(とお)り(に) 342
~つもりだ 337
~てあげる 337
~てある 337
~ていく 337
~ていただく 342
~ているところだ 337
~ておく 338
~てくださる 342
~てくる 337
~てくれる 338
~てさしあげる 342
~てしまう 338
~てほしい 343
~てみる 338
~てもらう 343
~てやる 342
~ところだ 336
~な 344
~ないで 344
~ながら 345
~なくて 345
~なくなる 345
~なさい 338
~なら 338
~にくい 340
~のが 339
~のだ／んだ 339
~ので 339
~のに 339
~ば~ほど 341
~ばいい 341
~はずだ 340
~ばよかった 341
~べきだ 344
~べきではない 344
~やすい 340
~ようだ 340
~ように 343
~ようにしてください 343
~ようにする 339
~ようになる 340
~らしい 344
~間(あいだ)に 343
~方(かた) 334
~始(はじ)める 339
~終(お)わる 340

N4 한자

ㄱ
家 346
歌 346
強 346
開 346
去 346
建 346
犬 346
京 346
軽 346
界 347
計 347
考 347
工 347
館 347
光 347
広 347
教 347
究 347
区 348
帰 348
近 348
急 348
起 348

ㄷ
茶 348
短 348
答 348
堂 348
代 349
待 349
貸 349
都 349
図 349
度 349
冬 350
動 349
同 349
働 349
頭 350

ㄹ
旅 350
力 350
料 350
理 350
林 350

ㅁ
妹 350
売 350
勉 351
明 351
問 351
文 351
門 351
物 351
味 351
民 351

ㅂ
飯 351
発 352
方 352
別 352
病 352
歩 352
服 352
不 352
体 352

ㅅ
事 352
仕 353
使 353
思 353
死 353
私 353
写 353
産 353
森 353
色 353
暑 354
夕 354
説 354

声	354	引	359	村	363	
洗	354			秋	363	
世	354	**ㅈ**		春	363	
所	354	姉	359	親	364	
送	354	字	359			
首	354	者	359	**ㅌ**		
習	355	自	359	台	364	
乗	355	作	359	太	364	
始	355	場	359	通	364	
市	355	低	359	特	364	
試	355	赤	360			
室	355	田	360	**ㅍ**		
心	355	転	360	便	364	
		切	360	品	364	
ㅇ		正	360	風	364	
悪	355	町	360			
楽	355	弟	360	**ㅎ**		
安	356	題	360	夏	364	
顔	356	早	360	寒	365	
暗	356	朝	361	漢	365	
野	356	鳥	361	合	365	
夜	356	族	361	海	365	
弱	356	終	361	験	365	
薬	356	主	361	県	365	
洋	356	住	361	兄	365	
業	356	注	361	好	365	
研	357	走	361	画	365	
映	357	昼	361	回	366	
英	357	重	362	黒	366	
屋	357	地	362			
曜	357	持	362			
用	357	止	362			
牛	357	池	362			
運	357	知	362			
元	357	紙	362			
員	358	進	362			
遠	358	真	362			
院	358	質	363			
有	358	集	363			
肉	358					
銀	358	**ㅊ**				
音	358	借	363			
意	358	着	363			
医	358	菜	363			
以	359	青	363			

MEMO

MEMO

MEMO

MEMO